U0491025

本书为国家社会科学基金重点项目『项目批准号：15AZX011』结项成果

本书获二〇二二年贵州省出版传媒事业发展专项资金资助

本书获贵州省孔学堂发展基金会资助

【阳明文库】学术专著系列

日本阳明学家经典著作译注与研究丛书 刘金才 主编

三重松庵·三轮执斋·佐藤一斋经典译注与研究

代红光 刘静 潘琳静 译著

孔學堂書局

本书获2022年贵州省出版传媒事业发展专项资金资助
本书获贵州省孔学堂发展基金会资助

图书在版编目（CIP）数据

三重松庵·三轮执斋·佐藤一斋经典译注与研究 / 代红光，刘静，潘琳静译著. — 贵阳：孔学堂书局，2023.5

（阳明文库. 学术专著系列）

ISBN 978-7-80770-412-6

Ⅰ.①三… Ⅱ.①代… ②刘… ③潘… Ⅲ.①王守仁（1472-1528）-哲学思想-研究 Ⅳ.①B248.25

中国国家版本馆CIP数据核字(2023)第021286号

阳明文库（学术专著系列）
日本阳明学家经典著作译注与研究丛书　　刘金才　主编

三重松庵·三轮执斋·佐藤一斋经典译注与研究
SANCHONGSONGAN · SANLUNZHIZHAI · ZUOTENGYIZHAI JINGDIAN YIZHU YU YANJIU

代红光　刘　静　潘琳静　译著

审　　定：刘金才
项目执行：苏　桦
责任编辑：黄文华　陈　倩
责任校对：张基强
书籍设计：曹琼德
排版制作：刘思妤
责任印制：张　莹

出　　品：贵州日报当代融媒体集团
出版发行：孔学堂书局
地　　址：贵阳市乌当区大坡路26号
印　　制：雅昌文化（集团）有限公司
开　　本：889mm×1194mm 1/24
字　　数：330千字
印　　张：14
版　　次：2023年5月第1版
印　　次：2023年5月第1次
书　　号：ISBN 978-7-80770-412-6
定　　价：98.00元

版权所有·翻印必究

阳明文库

编辑出版委员会

主　任　卢雍政

副主任　谢　念　耿　杰

委　员（按姓氏笔画排序）

王大鸣　邓国超　代　乐　朱光洪　李　筑
苏　桦　夏　虹　谢丹华　蔡光辉　戴建伟

办公室主任　耿　杰

办公室副主任　邓国超　李　筑　苏　桦

学术委员会（按姓氏笔画排序）

顾　问　安乐哲　杜维明　陈　来　陈祖武

主　任　郭齐勇

副主任　顾　久

委　员

丁为祥　干春松　朱　承　刘金才　李承贵
杨国荣　肖立斌　吴　光　吴　震　何　俊
张学智　张新民　陆永胜　陈立胜　欧阳祯人
赵平略　姚新中　索晓霞　钱　明　徐　圻
董　平　蒋国保　温海明

总序

一、缘起

明代大儒王守仁(1472—1529)集心学之大成而创立的阳明心学,成就了中国儒家思想史上一个新的高峰,是中华传统思想文化的精华。阳明心学自16世纪初创立以降,其"门徒遍天下,流传逾百年"(《明儒学案》),形成了黔中、江右、浙中、楚中、闽粤、南中、北方、泰州八大王门学派,不仅在明代中后期"震动一世,而风行天下",对中国人文精神发展和近代思想的启蒙发挥了"震霆启寐,烈耀破迷"的作用,而且渐次传播到东亚诸国,被输入国基于自我文化自觉认知、吸纳、阐发和转化,诞生了一批批异域阳明学者和流派,著述浩瀚,言说纷呈,对传播、丰富、拓展阳明心学思想和促进东亚人文精神的发展做出了重要贡献。

特别是与中国一衣带水的邻邦日本,早在1513年,就有室町幕府(1336—1573)遣明正使、高僧了庵桂悟(1424—1514)在浙江拜会王阳明"辩空""论教",获得阳明所赠《送日东正使了庵和尚归国序》及其心学著作。了庵桂悟东归后开始了阳明心学的传播,于儒学被定为官方意识形态的江户幕府(1603—1868)治世初期,应运诞生了以"近江圣人"中江藤树(1608—1648)为始祖的日本阳明学。自17世纪40年代初中江藤树开办藤树书院、著《翁问答》《孝经启蒙》等而开创具有日本特色的阳明学流派,阳明心学的"心即理""致良知""知行合一""万物一体之仁"等核心思想和精神便在日本近世儒学者和中下阶层中不断传布。他们以"致良知"为宗,视"心"为"万物之本体",立"孝德"为"明德"伦理之核心,主张以良知为镜而慎独、自省和践行,以及反对泥古而强调"时·处·位"之权变等思想,尽管经历了"蕃山遭禁"(1687—1691)、宽正"异学之禁"(1787—1793)等坎坷,但一直薪火相传,学者辈出、著作层现,形成了独特的日本近世阳明学之谱系。

纵观继中江藤树之后的日本近世阳明学发展轨迹,各个时期都涌现出了具有代表性的人物、著作和受阳明心学影响的思想精神。例如在江户时代前期,既有阳明学主事功派代表熊泽蕃山(1619—

1691）及其《集义和书》和《大学或问》，亦有阳明学主内省派代表渊冈山（1617—1686）及其《冈山先生示教录》等。在江户时代中期，既有主张"致良知""知行合一"之旨为孔孟之正宗的三重松庵（1674—1734）及其《王学名义》，亦有被称为"外朱内王之学"的大阪怀德堂第一任学主三宅石庵（1665—1730）及其《藤树先生书简杂著》；既有以传播阳明学为使命而在日本最先注解《传习录》的三轮执斋（1669—1744）及其《日用心法》和《四句教讲义》等，亦有倡"致良知"之教、明"天地万物一体"之义的中根东里（1694—1765）及其《大人歌》和"人说"等。在江户时代后期，既有主张"朱王调和"的佐藤一斋（1772—1859）及其《言志四录》和《传习录栏外书》等，亦有开陈"良知、太虚"之哲学的贫民起义领袖大盐中斋（1793—1837）及其《洗心洞札记》和《儒门空虚聚语》等。幕末更出现了大力张扬阳明"万物一体"思想的吉村秋阳（1799—1866）及其《王学提纲》、农政家二宫尊德（1787—1856）强调"至诚即神·实行为先"的"报德思想"，以及藩政改革家山田方谷（1805—1877）贯彻"致良知"的"诚意本位主义"精神等。

正是这些日本近世阳明学家言说和思想的传承及其对社会大众的近代思想启蒙作用，使阳明学不但成为日本江户时代封建社会思想解体的催化剂，而且成了鼓舞吉田松阴、高杉晋作、西乡隆盛等幕末志士进行倒幕维新的思想武器和行为动力，为成就明治维新变革做出了重要贡献。到了日本迈向近代化的明治时代（1868—1912）中期，还以国粹主义者三宅雪岭出版《王阳明》、平民主义者德富苏峰出版《吉田松阴》为先导，兴起了阳明学复兴运动，《日本之阳明学》（高濑武次郎，1898）、《日本阳明学派之哲学》（井上哲次郎，1900）、《精神修养与阳明学》（岛有生，1902）、《阳明学神髓》（杉原夷山，1904）、《吉田松阴精神修养谈》（杉原三省，1909）等著作纷纷问世，阳明学不仅被用为抑制道德西化风潮，重铸日本"国民之道德心"和救治腐败、匡救时弊的良药，而且被井上哲次郎等日本近代知识精英定位为"代表心德的东洋道德的精华和东方哲学史的最重要构成部分"。由此可见，日本阳明学不仅使阳明心学的内涵和外延、价值和意义得到了极大的丰富和扩展，而且对日本的人文精神的发展、近代思想的发育以及近世以来的社会革新和进步产生了重要影响。

日本近世阳明学的主要人物和思想著述，在前述的明治阳明学复兴运动中，经日本国家主义汉学家高濑武次郎在其所著《日本之阳明学》中强调中国"王学末流"吸收了阳明学"枯禅元素"，"日本阳明学"发扬了阳明学"事业元素"而形成了"凛然有生气，懦夫能立志，顽夫亦有廉风"之特质，成就了"维新诸豪杰的惊天动地之伟业"，而被正式定名为与"中国阳明学"相对应的"日本阳明学"。在高濑著述的基础上，御用文人井上哲次郎出版《日本阳明学派之哲学》，较系统地梳理了从中江藤树一直到幕末吉田松阴等的"日本阳明学"谱系，强调"日本阳明学派成活泼之事迹，留赫奕之痕迹"，具有让国民"领悟陶铸日本国民之心性的德教精神"，从而基于日本国家主义和哲学思想史，构建了与"日本朱子学派""日本古学派"相并列的"日本阳明学派"之体系。日本近世阳明学的主要著作，也于日本明治三十四年（1901），由井上哲次郎、蟹江义丸编成《王阳明学之部》上、中、下三卷收入《日本伦理汇编》出版。第一次世界大战后岩波书店陆续出版的《日本思想大系》，也推出了《中江藤树》《熊泽蕃山》《佐藤一斋　大盐中斋》等专卷，使日本阳明学成为阳明心学在东亚传播和本土化的典型而备受瞩目，发展为日本思想研究乃至东亚思想研究的显学之一。

然而令人遗憾的是，上述日本近世阳明学家的代表性著作，在我国除了三轮执斋所注释的《标注传习录》（吴志远、李小希译，2014）外，至今没有一部原典完整地译注为现代汉语出版，也未见有人对其中一部原著进行完整解读和专门研究。这使中国大多不懂日文的学者在研究中只能使用日本阳明学的第二、第三手资料，参考经近代日本阳明学研究者解读和确立的观点，很难全面了解阳明心学在日本被容受、改造和发展的过程及内容，也很难确切地认识和把握日本代表性阳明学家的思想特色及其实践的特质。这种状况既严重影响着阳明学普世价值研究的深化和拓展，也有碍中国读者深入了解和认知日本阳明学，不利于提高国人对阳明思想文化普遍价值的认识。

为此，我们于2015年申报了国家社会科学基金重点项目"日本阳明学家经典著作译注与研究"（项目批准号：15AZX011）并获批，对6位日本近世最具代表性的阳明学家及其经典著作进行了中文译注和研究，于2021年2月以"良好"成绩结项。现经课题组成员进一步修改完善，冠以《日本阳明学家经典著作译注与研究丛书》之名出版，以期为弥补上述中国阳明学界的缺憾，进一步推动阳明学普世价值研究的深化和拓展提供有益的助力。

二、译注与研究的对象和目的、意义

（一）译注与研究对象的选取

迄今的日本学界，对于何为"日本阳明学"、何为"日本阳明学家"的范畴界定并非完全一致。其中既有专指"日本近世阳明学"之说，亦有指包括具有国家主义和民粹主义性质的"日本近代阳明学"之说，有的将近代直至现代日本有关中国阳明学和日本阳明学的研究统称为"日本阳明学"，极端者甚至将仅发表过一篇题为《作为革命哲学的阳明学》文章的现代日本著名右翼作家三岛由纪夫（1925—1970）也称为"日本阳明学者"。因此，我们选取日本阳明学家及其经典著作作为译注与研究的对象，首先应明确"日本阳明学"和"日本阳明学家"的范畴及选取原则。

"日本阳明学"之说，发端于前述的高濑武次郎的《日本之阳明学》，成型于井上哲次郎的《日本阳明学派之哲学》。井上提出的日本阳明学之范畴，在时间上界定在了日本近世（江户时代），在谱系建构上不仅包括了以中江藤树为首的日本近世阳明学的学者及其著述，而且包含了曾受阳明心学思想影响或倾慕阳明学的思想家和政治家及其言说等。其为主张日本阳明学较之于中国阳明学的"先进性"与"革命性"，彰显阳明学对于明治维新大业的贡献，将幕末开国论者佐久间象山、横井小楠、河井继之助，尊王思想家吉田松阴，倒幕维新志士高杉晋作、西乡隆盛等算不上阳明学者之人，也纳入了日本阳明学派的谱系。这不仅使"明治维新的成功有赖于阳明学""阳明学是明治维新的原动力"等说法风靡于世，也导致许多人往往以幕末阳明学来解释和定性日本阳明学（中国近代知识精英如梁启超、章太炎等人以及近现代学者张君劢、朱谦之等也多受此影响），以致有学者将井上建构的日本阳明学称为"日本国家主义阳明学"，批评其有"政治化""历史后设"或"后见之明"之嫌。然而井上建构（有人称其为"塑造"）的日本阳明学谱系，尽管具有明显的政治化乃至为近代日本国家主义服务的倾向，但其基本上是以扎实的文献史料为依据的，最大可能地囊括了从江户初期中江藤树到幕末云井龙雄（1844—1870）等的近70名阳明学者或关涉阳明心学的思想家和践学者，描述出了日本近世阳明学的主要历史形态，是迄今学界最详细、较有系统和被普遍接受的"日本近世阳明学谱系"。因此，我们对"日本阳明学家及其经典著作"的选取，仍然参考井上哲次郎的"日本近世阳明学谱系"，将"日本阳明学家"的范围界定在日本近世尊崇、学研、阐发和著述阳明心学的儒学者。

我们知道，日本阳明学的生成发展历经德川时代260多年。在以"封建领主土地所有制""士农工商等级身份制"和"朱子学思想统治"为基石的幕藩体制下，朱子学成为代表武士阶级"武尊町卑""义理本位"价值伦理的官学，而阳明学则成了中下阶层"四民平等""情心本位（心本情主）"价值伦理的代表。日本阳明学的境遇，虽然未必像明治阳明学者吉本襄所说"一直受到严重压抑，几乎命悬一线"（《阳明学》第4卷第60号），但总体上处于"在野"的地位，经历了如下非常曲折的历程：中江藤树"由朱转王"创始，其弟子熊泽蕃山等继承发展，"蕃山遭禁"后三重松庵等坚守不懈，"元禄文化"（1688—1705年间以新兴町人特别是京阪商人为主体展开的，以重人性、合理性为精神特质的町人文化）高潮后三轮执斋等奋力中兴，宽正"异学之禁"后佐藤一斋等"朱王调和"论重构，幕末大盐中斋等革命性地再兴阳明学。因此本丛书对日本近世阳明学家及其著作的选择，遵循既要照顾日本阳明学纵向性发展历程，又要照顾其学术历史形态，集中反映其在各个阶段的思想特征之原则，选取了如下具有代表性的日本近世阳明学家及其经典著作为译注和研究的对象。

1. 日本阳明学派创始人中江藤树及其代表作《翁问答》，译注日文底本为山井勇、山下龍二等编：《日本思想大系29：中江藤樹》，岩波书店1974年版。

2. 日本近世初期阳明学主事功派代表人物熊泽蕃山及其代表作《集义和书》，译注日文底本为後藤陽一、友枝龍太郎编：《日本思想大系30：熊沢蕃山》，岩波书店1971年版。

3. 日本近世中期坚守阳明学代表人物三重松庵及其所著《王学名义》，译注日文底本为井上哲次郎、蟹江義丸共编：《日本倫理彙編 卷之二 王陽明學派》，東京育成會1903年版。

4. 日本近世中期阳明学中兴代表人物三轮执斋及其所著《日用心法》和《四句教讲义》，译注日文底本为井上哲次郎、蟹江義丸共编：《日本倫理彙編 卷之二 王陽明學派》，東京育成會1901年版。

5. 日本近世后期大儒、朱王调和派代表人物佐藤一斋及其所著《言志录》，译注日文底本为相良亨、溝口雄三校注：《日本思想大系46：佐藤一斎 大塩中斎》，岩波书店1980年版。

6. 日本近世末期阳明学再兴代表人物大盐中斋及其所著《洗心洞札记》，译注日文底本为相良亨、溝口雄三校注：《日本思想大系46：佐藤一斎 大塩中斎》，岩波书店1980年版。①

（二）译注与研究的目的和意义

译注与研究上述日本近世阳明学家的经典著作具有以下的目的和意义：

1. 本丛书所遴选和译注的七部日本近世阳明学家的日文原典著

---

① 译注日文底本图书信息保持日文原貌。

作，迄今没有一部译为汉语或进行中文编注而出版，因而本丛书的译注成果，不仅能为中国的阳明学研究者提供重要的研究资料和素材，而且能填补世界阳明学界译注领域的一个空白。

2. 本丛书所译注的七部著作，是自日本阳明学开创者中江藤树至幕末将阳明学再兴并付诸实践的大盐中斋之著作中最具代表性的经典著作。将其译为汉语和进行中文编注，不仅可以使不懂日文的中国读者全面了解和把握阳明学在日本被容受乃至本土化的过程及内容，而且有助于中国学者深入认知和研究日本阳明学的特质。

3. 本丛书所译注的七部著作，是最能体现日本阳明学者对中国儒学吸纳、阐发和践履的代表性著作，其汉译文本展现了日本阳明学在形成过程中对中国儒学各派思想及概念的容受轨迹及其基于自我实践需要而转化、创新的内容，这对于深化中国阳明学研究以及拓展阳明学普世价值的研究具有重要的学术价值和资料参考价值。

4. 本丛书各辑（卷）在中文译注所选著作之前，首先对作者的人生经历、人物性格及著述业绩，该著作的生成背景、成书经纬、思想精髓进行了基于时代背景和社会文化语境的评介，明确了其思想价值和译注意义。这对于中国研究者和读者详细了解和准确把握作者的言说特点和学问立场，确切地根据该著作的文化语境读解其思想内容和观点，深入地认识日本阳明学的思想特质具有重要的导读性意义。

5. 迄今，在有关日本阳明学的研究中，未见一项是对某部近世阳明学家经典著作的专门研究。本丛书各辑在每位阳明学家经典著作的译注之后，以"思想评述"为题，就每位作者的学问历程和思想形成轨迹，各部著作的核心思想内容及其与中国阳明学的渊源、异同、学术和实践价值、影响、历史作用等，进行了综合考察和较为深入地论析，阐明了各部著作的思想特征及其在日本思想史上的地位、学术价值与现实意义。这对于明确日本阳明学的品格特色及其在世界阳明学中的地位，深化和丰富国际阳明学研究不无裨益。

三、译注与研究的原则和方法

（一）和文类著作汉译和注释的原则和方法

1. 和文类著作汉译的原则和方法

本丛书收入的中江藤树著《翁问答》、熊泽蕃山著《集义和书》、三重松庵著《王学名义》、三轮执斋著《日用心法》及《四句教讲义》，均是近世日语著作，其所使用的文体，基本上是由中世日语向近代日语演变过程的"候文"体（日语文言文体）。因而在汉译作业中要求努力做到：（1）在坚持忠于原著的原则下，特别注意近世日语语法和词语的表述意义，做到确切把握原意而实现日汉书面语的等值转换，译成相应的汉语；（2）在争取译作与原作语义等值的前提下，使词、词组、句、超句体、篇章之间实现最大的等值转换；（3）运用日汉书面语的翻译转换规则，把具有体用对峙式的日语翻译成动宾平衡式的流畅汉语；（4）日文原著中的中文著作名、引文和用语的翻译和注释，尽量找到中文原典进行核定。

2. 和文类著作汉译中的注释对象和方法

和文类著作汉译中的注释，一律采用脚注形式，加注的主要对象和方法为：（1）对文中的"引经据典"注出其原典出处或原典内容；（2）中文读者不熟悉的日本专用术语或生僻词语，注明其义，并标明"译者注"；（3）中文读者较为陌生的典故、古代人物、历史事件、年号、地名等，添加注释；（4）无法译为确切汉语而直接用日文"汉字词汇"表达的词语，进行注解；（5）原文中由中文典籍译成日语后的同源词语，进行相应标注。

（二）日本古典汉文类著作译注的体例和方法

本丛书收入的佐藤一斋著《言志录》和大盐中斋著《洗心洞札记》，均是用日本古典汉文写成，其中夹杂了大量中文繁体字、异体字、日文特殊汉字以及各种不同文字、词义用法，故译注工作主要是对原著各条进行原文点校、难解词语注解和翻译为现代汉语。译注体例参考中华书局"中国古典名著译注丛书"之体例，设"原文（点校）""注解""今译"三个部分，主要对象和方法如下。

1."原文（点校）"部分的主要内容和方法：（1）按照中文古典通常的点逗方法对原文添加了标点；（2）原文中的中文繁体汉字皆改为现代汉语中常用简体字；（3）原文中日文特有写法的汉字，皆改为中文常用汉字写法；（4）现代汉语中仍沿用的部分古字予以保留。

2."注解"部分的主要对象为：（1）文中"引经据典"的原典出处；（2）中文读者陌生的典故、历史事件、名人别号等；（3）中文读者难解的日本专用术语或生僻词语；（4）关乎识解原文本义的概念性词语等。

3."今译"部分遵循忠于原著的原则，为准确表达原著之原义和体现原作文笔之风格，译文采取了文白夹杂的译法，尽量保留了部分现代汉语中常见的古汉语词句用法，而将较为晦涩、生僻的古文以及日式汉语古文部分译成现代汉语。

（三）对作家作品研究的理论和方法

1. 援用历史学的理论和方法，对作者的人生经历、著述业绩、学问历程、思想形成轨迹以及本部著作撰著的时代背景和成书经纬进行了考察和评介。

2. 利用文本分析的方法，从思想史角度，对各部著作的主要内容、所反映的核心思想内涵和特征进行了基于时代背景和社会文化语境的解读和分析。

3. 援用比较哲学和比较文化学的理论和方法，对各作者作品的思想渊源和特质及其与中国阳明学的容受关系、异同、在日本思想史上的地位、学术价值和现实意义等进行了学术性评析。

四、丛书构成结构与主要内容

本丛书按日本阳明学创始、继发、坚守、中兴、"朱王调和"和再兴的发展轨迹，选取6名日本阳明学家及其7部经典著作进行了译注，由四辑共六个单元构成。每辑附有"总序"和"总跋"，每个单元由"作家作品述介""作品译注"和"作家作品思想评述"三个部分构成。

"总序"部分阐述了本丛书的缘起及目的、译注及研究的对象及意义,明确了对6位日本阳明学家的著作进行译注和研究的方法与体例,概述了各单元译注与研究的主要内容。各辑的主要内容如下。

第一辑:《中江藤树〈翁问答〉译注与研究》,由三部分构成。第一部分为"中江藤树生平与《翁问答》述介",对日本阳明学创始人中江藤树的生平、人物性格及业绩,《翁问答》的生成背景、成书经纬、思想价值和译注意义进行了评介;第二部分为"《翁问答》译注",对《翁问答》全书进行了汉译和注释;第三部分为"中江藤树《翁问答》思想评述",对中江藤树由朱子学转向阳明学的心路历程、思想形成轨迹,《翁问答》的主要内容和思想精髓进行了深入地考察和分析,并通过考察中江藤树认知和阐发阳明学的视角和立场及其思想对于民众道德培育的影响,探究了他的阳明学思想与中国阳明心学思想的关系和异同,阐明了其人其书以"孝德"为本位,主张以良知为镜而慎独、自省,践行和强调"时·处·位"之思想特色,明确了其在日本思想史上的价值和对日本近世以来的道德教育的意义。

第二辑:《熊泽蕃山〈集义和书〉译注与研究》,由三部分构成。第一部分为"熊泽蕃山生平与《集义和书》述介",对熊泽蕃山拜中江藤树为师求学、出仕从政、著书立说以及因反抗幕府被幽禁致死的人生经历,智、仁、勇品格,主要著述业绩,《集义和书》的撰写宗旨、成书背景和主要内容、价值进行了述介;第二部分为"《集义和书》译注",对《集义和书》全书四卷——《书信问答》《心法图解》《始物解》《论义》进行了汉译和注释;第三部分为"熊泽蕃山《集义和书》思想评述",对熊泽蕃山从学阳明学的心路历程、重视践履和强调"即知即行"及"时·处·位"之权变等思想的形成轨迹,《集义和书》的核心思想内容进行了较深入的考察和分析,并通过阐析熊泽蕃山阳明学思想的特质、其与中国阳明学的异同及其历史影响和作用,阐明了熊泽蕃山及其《集义和书》的思想特色,其人其书在日本思想史上的地位、学术价值与现实意义。

第三辑上卷:《三重松庵〈王学名义〉译注与研究》,由三部分构成。第一部分为"三重松庵与《王学名义》述介",对三重松庵的人生经历,其古义学思想沿袭和邂逅王学的过程,《王学名义》的撰写宗旨、成书经纬、主要内容和译注价值进行了评介;第二部分为"《王学名义》译注",对《王学名义》全书(上、下卷)进行了汉译和注释;第三部分为"三重松庵《王学名义》思想评述",对松庵将古义学与王学相融合的思想形成轨迹、《王学名义》的思想内涵和精神指向进行了比较深入地考察和分析,并通过阐析三重松庵的核心思想与中国阳明心学思想的渊源关系和异同,明确了松庵及其《王学名义》视致良知及知行合一之旨为孔孟之正宗的思想特色,揭示了其人其书在日本思想史上的价值和意义。

第三辑中卷:《三轮执斋〈日用心法〉·〈四句教讲义〉译注与研究》,由四部分构成。第一部分为"三轮执斋与《日用心法》及《四句教讲义》述介",对三轮执斋的人生经历、由朱子学转向阳明学的过程及著述业绩、《日用心法》和《四句教讲义》的成书经纬及其价值和译注意义进行了评介;第二部分为"《日用心法》译注",对《日用心法》全文进行了汉译和注释;第三部分为"《四句教讲义》译注",对《四句教讲义》全文进行了汉译和注释;第四部分为"三轮执斋《日用心法》及《四句教讲义》思想评述",对三轮执斋的学问历程和思想形成轨迹,《日用心法》和《四句教讲义》的生成背景、主要内容和思想精髓及其学术价值和社会意义进行了综合考察和分析,并通过考析其阳明学思想与中国阳明心学思想的关系和异同,认为执斋阳明学的思想特色是将阳明心学与尧舜之传、孔孟之道相贯通,强调"执心"为"日用行仪"之功夫,"四句教"为本于人心本体之诚实而有正学脉、示学术、励学业之作用,从而揭示了其人其书对于日本近世中期阳明学中兴的作用和意义。

第三辑下卷:《佐藤一斋〈言志录〉译注与研究》,由三部分构成。第一部分为"佐藤一斋与《言志录》述介",对佐藤一斋的人生经历、志学心路、著述业绩和学术品格,《言志录》的成书经纬、主要思想内容及其译注价值进行了评介;第二部分为"《言志录》译注",对《言志录》全书进行了点校、注解和今译;第三部分为"佐藤一斋《言志录》思想评述",对佐藤一斋的思想形成轨迹、《言志录》基于儒家工夫论的四大论域的主要内容和思想指归进行了深入细致的阐释和论析,阐明了一斋基于日本儒学自觉的立场而阐发儒家思想的学术特色,揭示了其将朱子学和阳明学进行调和的"朱王会同"思想指向。同时,通过考察和分析一斋生前身后的思想影响和作用,阐明了其人其书对于儒学思想史的重要意义和当代价值。

第四辑:《大盐中斋〈洗心洞札记〉译注与研究》,由三部分构成。第一部分为"大盐中斋生平与〈洗心洞札记〉述介",对大盐中斋的人生经历、思想沿袭、著述业绩、主要事迹及其历史影像,《洗心洞札记》的成书背景及其开陈"良知、太虚"之哲学的价值进行了评介;第二部分为"《洗心洞札记》译注",对《洗心洞札记》全书进行了原文点校、注解和今译;第三部分为"大盐中斋《洗心洞札记》思想评述",对大盐中斋的思想形成轨迹,《洗心洞札记》的主要内容、思想精髓和特质进行了较为深入的考察和分析,并将《洗心洞札记》作为王学在日本被继承和容受的一个案例,探讨了其开陈"良知、太虚"之哲学在对抗朱子学的新儒教中的历史地位,揭示了其学术价值及其对于当代的启示意义。

综上所述,热盼能为读者阅读和识解这套《日本阳明学家经典著作译注与研究丛书》提供有益的参考和助力。

刘金才
2022 年 7 月于北京

目录

三重松庵《王学名义》译注与研究

第一部分 三重松庵生平与《王学名义》述介

一、三重松庵生平简介 / 002

二、《王学名义》述介 / 004

三、内容结构与参考文献 / 008

第二部分 《王学名义》译注

《王学名义》刊印序 / 012

上卷

一、致良知 / 014

二、父子有亲 / 015

三、君臣有义 / 018

四、夫妇有别 / 020

五、长幼有序 / 021

六、朋友有信 / 022

七、孝 / 023

下卷

一、大学说 / 027

二、仁义礼智信 / 031

三、孝悌忠信 / 033

四、心性情 / 035

五、理气 / 038

六、知行合一 / 040

七、阳明子四句教法 / 040

后记 / 042

第二部分 三重松庵《王学名义》思想评述

前言 / 044

一、松庵阳明学思想的形成 / 044

二、对"致良知"论的诠释和运用 / 046

三、对"孝道"思想的识解 / 049

四、松庵的平民教育思想 / 051

五、结语 / 054

参考文献 / 057

三轮执斋《日用心法》·《四句教讲义》译注与研究

第一部分 三轮执斋生平与《日用心法》及《四句教讲义》述介

一、三轮执斋其人 / 064

二、内容简介和价值评述 / 066

三、内容结构与参考文献 / 067

第二部分 《日用心法》译注

序一　木刻版序 / 070

序二　执斋记 / 070

序三　执斋日用心法序 / 072

一、立志为始 / 072

二、知辱为助 / 074

三、孝悌为本 / 075

四、养气 / 076

五、广量 / 078

六、考量气象 / 079

七、内省 / 080

八、致良知 / 081

九、言行念虑不可妄 / 085

十、执中 / 086

第三部分　《四句教讲义》译注

序 / 094

前言 / 095

一、释义 / 095

二、主意·功夫 / 096

三、《四句教讲义》或问 / 101

第四部分　三轮执斋《日用心法》及《四句教讲义》思想评述

前言 / 112

一、三轮执斋阳明学思想的形成轨迹 / 113

二、《日用心法》主要思想及其意义 / 116

三、《四句教讲义》主要思想及其意义 / 122

四、三轮执斋的阳明学思想特色及价值意义 / 125

参考文献 / 127

附录：三轮执斋年谱 /129

佐藤一斋《言志录》译注与研究

第一部分　佐藤一斋生平与《言志录》述介

一、佐藤一斋生平 /136

二、《言志录》述介 / 138

三、参考文献及注释体例说明 / 141

第二部分 《言志录》译注

第三部分 佐藤一斋《言志录》思想评述

一、一斋思想的形成历程 / 260

二、《言志录》思想特色 / 262

三、学术价值与现实意义 / 278

参考文献 / 283

附录：佐藤一斋年谱 / 285

总跋 / 305

三重松庵《王学名义》译注与研究

刘静 译著

第一部分 三重松庵生平与《王学名义》述介

《王学名义》是日本江户时代中期儒学者三重松庵的一部具有代表性的阳明学著作。"王学"乃王阳明之心学,"名义"乃事物立名之含义。《王学名义》出版序言中说:"君子不可以不修身。思修身,不可以不问学;思问学,不可以不明其名义;思明其名义,不可以不就明师资良友而求之也。"① 《王学名义》是三重松庵为其门人弟子学习王阳明之学、通晓其名义而著。

一、三重松庵生平简介

　　三重松庵(1674—1734),名贞亮,称新七郎,姓平氏,京都人,是江户时代中期的一名儒学者,与同时期的三轮执斋共同倡导阳明学。其家世、履历、性行不详,其生平简介主要见于古义学派著名学者伊藤东涯(1670—1736)《绍述先生文集》中的《三重松庵墓志》。

　　　　松庵翁讳贞亮,字新七,姓平氏。葛原亲王十五世孙三重周防守,讳曰政平,其后又十五世为讳政周,乃翁之父也。世家于京兆,妣中村氏。延宝二年三月五日生,享保十九年六月十二日殁,生卒皆在甲寅岁。翁夙好学,初信新建王氏之旨,后兼从先子学,枕藉经传,志存古道,旁及百氏,探其根奥,不贪荣利,泊如也。求之于今世,亦不多见之人也。其亲友托长胤表其墓云。②

　　此《墓志》,虽没有详细说明三重松庵的家庭背景,但从中可知他并非庶民出身,而是葛原亲王之后裔,属于桓武平氏一支。三重松庵60岁去世,一生未曾为士为官,专于研究儒佛神之学问经典,办学施教,留下不少著作,主要学术经历如下。

　　三重松庵17岁(1691)时,应父亲之命学习佛儒之书,对佛儒等诸子百家之书均有涉猎,虽知感知佛儒之关键在于本心,但却不

---

① 三重松庵:《王学名义》,井上哲次郎、蟹江义丸编:《日本伦理汇编》(第2卷),(日本)育成会1901年版,第333页。
② 伊藤东涯:《绍述先生文集》(第14卷),(日本)古义堂藏本1761版,第15页。

见其端。于是受永源寺全应禅师之垂示，参悟"赵州无佛性"之意，但终无所获。后通读《象山集要》，由杨慈湖（1141—1226）折服本心之说，获知四端之心为本心，恍然见其端，开始研习宋明心学。

26岁（1700）时拜谒勘解由小路大纳言韶光卿，受其恩惠，得以自由阅读其家中藏书。而后听从韶光卿之命，投入古义学派创始人伊藤仁斋先生门下，常与北村可昌、田中亲长等古义学派学者讲议研习，探讨学问。松庵与其他同门均以古典儒学为宗而蔑视神道不同，认为神道乃本邦之国音，亦应探究其义而不应盲目反对。

28岁（1702）时开始试读王阳明所著《传习录》，初时未晓其文义，读而久之，对良知之学恍然似有所省，然后知阳明子之学真切简易，乃"粹然大中至正之归矣"。于是著书《王学名义》二卷，指摘朱子学之弊，以教化弟子将良知之学作为兴国教民之道。

33岁（1707）时受门生丰满教元的邀请前往江州八幡山，致力于讲授儒学以及儒医多年。

44岁（1718）之时，顿觉神道乃本国古有之教法，认为从国体尊严角度看亦有其卓越性，遂开始研究神道。为此曾入吉田二位兼敬卿（江户时代中期吉田神道大家）之门学习，后着力于从儒学思想视角研究具有代表性的神道典籍。

57岁（1731）时对《旧事纪》进行注解，建立了独特的神道学说。著有《三经训传》、《旧事纪训解》（二卷）等多本神道典籍训解。①

综上可知，三重松庵并不是一位单纯的阳明学者，他对儒学、佛学、神道均有涉及和研究。年轻的时候修习儒佛之学，遍读四书五经、濂洛关闽之学，曾入古义学派创始人伊藤仁斋门下。松庵认同仁斋复古儒学的观点，主张读孔孟的原典直接汲取其义，其间著有古本《大学》讲义及其他儒学经典注解数卷。

但是，以伊藤仁斋为代表的古义学派拒绝接受程朱理学和阳明学等宋明诸学，而三重松庵虽然反对朱子理学，却十分赞同王阳明的良知心学。同时，他与仁斋虽然在对待宋明理学问题上观点不同，但在其《王学名义》的阐述中，仍可见些许的观点受到了

---

① 三重松庵：《旧事纪训解》（上卷），（日本）明世堂书店1944版，第12—13页。

仁斋古义学思想的影响。例如在阐发孟子"人皆可以为舜尧"的观点时，仁斋认为舜尧与人同类，皆有恻隐之心、羞恶之心，以仁义为本性，只是庶民时有舍弃，舜尧则将其"扩充"。松庵在解释致良知之学时，就把"致"阐发为"扩充"，认为扩充良知则可为舜尧。

三重松庵后期虽然也曾入吉田神道之门学习研究神道，并赞同吉田神道批判"佛本神迹"①的神道学说，但在与之思想观点出现分歧时，松庵依然坚持自己的观点，并以自己前期研修儒学的丰富经验和学识，独力注解了《旧事纪》《六根清净祓》《神锐声母经》等神道典籍，撰著了《三经训传》《旧事纪训解》等书籍。除此之外，为使门人能够正确地学习汉书典籍，理解孔孟之精粹，还撰写了解释汉语助语之用法的《助语辞钞》二卷。

三重松庵一生的学问遍及神儒佛，但其最关注的重点仍然是儒学，尤其为王阳明思想所折服。他虽然未曾拜在阳明学大家的门下学习，其哲学思想也未能在中江藤树、渊冈山、熊泽蕃山等日本阳明学前辈思想基础上有重要突破，但是在朱子学盛行而阳明学受压的江户时代中期，敢于以一己之力开办学塾讲授阳明心学，用致良知之学注解百姓日用生活之道，宣扬"万物一体"的平等主义精神等，实为难能可贵。即便在其后期神道典籍的注解中，他也留下了诸多阳明心学思想的痕迹，为使具有宗教意识的原始神道具有完整的理论形态做了儒学式的解释，故被称为江户时代中期坚持传播阳明学思想的代表性学者之一。

二、《王学名义》述介

（一）成书经纬

《王学名义》是三重松庵研究和阐发阳明学思想的代表性著作，于1702年完稿。关于该书撰著之原委，松庵在其《后记》中如是写道：

　　余少溺志异端，既乃稍知从事正学，而苦于众说之纷扰疲

---

① 指"本地垂迹说"，即主张"佛菩萨为本地，神祇为垂迹、化现"的学说，与主张"以神祇为本地，佛菩萨为垂迹"的"神本佛迹"说相对。

苶，茫无可入也。一日尝读《传习录》，初未晓文义，读之已久，而恍然似有所省者，然后知阳明子之学，真切简易而粹然大中至正之归矣。然世之学者徒守书册，泥言语，全无交涉，而不复知，竞相呹呹，以乱正学，其已入于异端。此朱门末国之弊，而未有能救之者也，良可叹夫。……村上氏子明亮年十七，聪敏而好读书，不拘于时，请学于余，余嘉其志，为著《王学名义》二卷以贻之，意使晓其名义也。[1]

由此可知，三重松庵撰著《王学名义》主要出于如下三个原因和目的：松庵在"苦于众说之纷扰疲苶而茫无可入"时开始研读《传习录》等阳明著作，明确了"阳明子之学真切简易而粹然大中至正之归"之思想；其二是由于松庵对曾被王阳明批评的"徒守书册而不复知，竞相呹呹，以乱正学"之类的当时"朱门末流之弊"深感愤懑，意欲以良知学解救之；第三是为了传道解惑，即为解答和勉励敏而好学、有志于学的村上氏子明亮等弟子之惑，使之明晓王学之名义。

松庵门生丰满教元在学习《王学名义》书稿后，深切认识到该著概括和具现了恩师"王子致良知及知行合一之旨""实孔孟之正宗"的思想主张，具有纠正世间阳明学者"违乎王子者"之说解的意义。[2] 为了使同门学子就学真明师松庵而受读该著，更好地理解阳明的致良知之学，他于1710年对《王学名义》书稿进行了整理，并附序刊印发行。

三重松庵一生著书颇多，其中关于王学之论，现存的仅有《王学名义》一书，该书创造性地提出了致良知及知行合一之旨乃孔孟之正宗的思想，集中体现了江户时代中期日本阳明学的思想倾向。松庵在著《王学名义》之后，曾赴江州八幡山讲学多年，而此地乃是日本阳明学始祖中江藤树创办藤树书院传讲阳明学之地，信奉阳明学者众多，说明松庵后期的讲学和研究也与藤树后学有一定的交集。

---

[1] 三重松庵《王学名义》，井上哲次郎、蟹江义丸编：《日本伦理汇编》（第2卷），第366页。
[2] 参见《王学名义》刊印序。

（二）主要内容

《王学名义》分为上下两卷，主要阐发的即是王阳明的致良知之学。全书上下卷各有七节，分别援用致良知之学，从不同角度论述了在江户时代背景下如何为人的若干道理和准则。该著的核心思想是，一切的行为、道理和准则，皆可以用致良知之学来解释，包括四书五经所述之学问；良知人人皆有，只要致良知，人人皆能成为贤人、圣人。

上卷第一节对"致良知"之基本意义进行了阐释，认为此三字乃学问之关要，圣人教人之第一义。第二节至第六节运用致良知之学对五伦之道进行了诠释，主要内容为父子互致良知，则父慈子孝，即父子有亲；君臣互致良知，则君使臣以仁礼，臣事君以忠，即君臣有义；夫妇互致良知，则夫以和义而倡妇，妇顺正而从夫，即夫妇有别；兄弟互致良知，则兄以惠爱弟，弟以悌敬兄，即长幼有序；朋友互致良知，真诚信赖且相互爱敬，即朋友有信。第七节重点论述了"孝为至德要道"，主张孝道与致良知同理，无论帝王还是庶民，皆须行孝道，扩充爱敬之诚。松庵在阐释和论说过程中，始终坚持贯彻阳明学"万物一体"的平等主义思想，用通俗易懂的语言阐述如何将"致良知"运用于日常人伦关系，以益于平民百姓认同和接受。

下卷七节内容分别为《大学说》《仁义礼智信》《孝悌忠信》《心性情》《理气》《知行合一》《阳明子四句教法》。第一节《大学说》对王阳明《大学问》的明明德思想进行了阐发，认为格物、致知、诚意、正心、修身，即明明德，即致吾心良知于己身，其名虽异，归根结底不过一个致吾心良知。其后的第二、第三节均以此为基调进行了阐释，认为仁义礼智信之五者乃是唯一一个吾心良知表德之别号，一味求之于心外之物而失其真……则失却圣人之道"；"孝悌忠信"亦为致良知之别名。第四节的"心性情"论，认为孟子所说的"四端之心"，其实是指一个吾心良知，其所说的"扩充"即指致良知；主张心与性"二者均是一个吾心良知之异名"，"若吾心良知之道正理顺，无论男女之情，抑或饮食、衣服、官位、财宝，可悉皆转为道用"。第五节的"理气"论，将五伦视为"吾心良知之条理"，将"为善为恶"视为"气之动"，认为能知晓其气之动自当为善而不可为恶之理之神明，则称为吾心良知，此良知即理。第六节的"知行合一"部分，不仅援用了阳明"知是行之始，行是知之成"这一对知与行之关系的论说，而且以孝悌和饮食为例，通俗说明了知行相即不离，不可一分为二的道理。第七节《四句教法》，称"四句教"为"心学四诀"，将其中的"善"解释为"正五伦五常之道"，将"恶"解释为"乱五伦五常之道"，认为学问之道，可集约于此四句教法之中，而四句教法又可集约为致良知三字，不论贵贱贫富，均当以致良知三字为目标，勤尽各自相应之职分。

（三）价值评述

日本江户时代，德川幕府以朱子学为官学，儒家思想对当时日本的政治、经济、文化都产生了很大的影响。在江户时代前期和中期，教育的主体主要是以贵族、武士阶层为主，以农工商为主的庶民教育比较落后，研究儒学思想者多是有汉学基础的僧侣、贵族以及上级武士，故其所谈论和研究的儒学很难为广大民众广泛理解和接受。

三重松庵的《王学名义》，通俗易懂地阐释了"致良知"之学，大大缩短了大众与阳明学之间的距离，为阳明学在日本进一步传播和发展起到了奠定群众基础的作用。日本近世儒学研究学者严桥遵诚曾对松庵的言说和思想做了如下评价："作为学说，其创新性和学术性值得推荐之处或许不太明显，但其学说可取之处在于将'致良知'的高尚理论进行了浅显的解释，其巧妙的解说通俗易懂，很容易让人接受，对当时的教育界而言，是非常有益的。"[①]

如众所知，日本江户中期朱子学占据主导地位，阳明学的发展处于受压的低潮期，而在士农工商身份等级制统治下的平民百姓，则需要阳明学的亲民理论思想武装和提升自己。因而此时日本的阳明学者，相对于理论的提高和创新，如何正确地定义阳明心学并将其通俗易懂地传播给庶民大众才是最为重要的。《王学名义》定义"王子致良知及知行合一之旨实乃孔孟之正宗"，用致良知之学通俗易懂地注解百姓日用生活之道，宣扬"万物一体"的平等主义精神，不仅契合了江户时代中期庶民教育对于阳明心学的需求，而且为日

---

① 严桥遵诚：《大日本伦理思想发达史》（下卷），（日本）目黑书店1915年版，第107页。

本阳明学在低潮时期仍能坚持传播和施教于庶民做出了贡献。

三、内容结构与参考文献

（一）内容结构

《三重松庵〈王学名义〉译注与研究》的结构内容分为三个部分。

第一部分为"三重松庵生平与《王学名义》述介"，对三重松庵的人生经历，其古义学思想沿袭和邂逅王学的过程及著述业绩，其《王学名义》的撰写宗旨、成书经纬以及主要内容和译注价值进行了评介。

第二部分为核心内容：《王学名义》译注。本部分内容在译注时，按照《王学名义》原著所设的顺序，分为"《王学名义》刊印序""上卷""下卷""后记"四个部分。上下卷又分节，上卷有七节，分别为《致良知》《父子有亲》《君臣有义》《夫妇有别》《长幼有序》《朋友有信》《孝》；下卷亦有七节，分别为《大学说》《仁义礼智信》《孝悌忠信》《心性情》《理气》《知行合一》《阳明子四句教法》。

第三部分为"三重松庵《王学名义》思想评述"。主要对三重松庵的思想形成轨迹、《王学名义》的生成背景及其所述内容的思想精髓进行了比较深入的考察和分析，并通过阐析三重松庵的核心思想内涵与中国阳明学思想的渊源关系和差异，探究了三重松庵及《王学名义》的思想特色及其与日本传统思想文化的关系，揭示了其在日本思想史上的学术价值和意义。

（二）译注底本与参考文献

《王学名义》的译注日文底本选自井上哲次郎、蟹江义丸编的《日本伦理汇编卷之二王阳明学派》（东京育成会1903）。在译注和研究过程中，还参考了以下文献书籍：（1）名世堂书店1944年刊行的三重松庵《旧事纪训解》；（2）富山房1900年刊行的井上哲次郎《日本阳明学派之哲学》；（3）伊藤东涯《绍述先生文集》（1761）；（4）目黑书店1915年刊行的岩桥遵诚《大日本伦理思想发达史》等。

《王学名义》的"刊序"和作者"后记"均是用日语汉文所写，所以这部分不进行汉译，主要是添加句读，对其中的一些生僻或专用术语、引典及其出处和意义等加以注释，以助读者理解作者所述内容。正文原文全是用近世日语写成，其所使用的文体也基本上是日语文言文体（"候文"体）。因此在译注作业中，除了将其翻译为相应意义的汉语外，还尽量保持了其文言文的语体风格；为便于读者更确切地识解作者所述内容和思想，对文中出现的一些关于日中古代的专门术语、典故、历史事件和人物等进行了注解，对中文典籍译成日语后的同源词汇也进行了相应标注。

第二部分

《王学名义》译注

《王学名义》刊印序

经^①曰："自天子以至于庶人，壹是皆以修身为本。"^②故君子不可以不修身。思修身，不可以不问学；问学，不可以不明其名义；思明其名义，不可以不就明师资良友而求之也。夫仁义礼智，实六经^③之纲要。而孝悌忠信，是五典^④之功夫，最不可以不明焉者也。濂洛关闽^⑤之学，其说纤密，其书繁多。虽然，其于理也，或合或离，茫茫乎难见津涯。是以，学者不能无惑焉。三重松庵先生，尝^⑥研究九经^⑦，折衷诸贤，以谓子王子致良知及知行合一之旨，切近于世教^⑧，而实孔孟之正宗也。然本邦近世，间有称阳明学者，而其说解违乎王子者不少矣。先生概之，尝著《王学名义》二卷，意欲以发药^⑨初学也。予顾其为书，演以方语，录以国字，其于名义也，昭昭乎如揭日月而照太虚，不亦懿乎！呜呼，可谓真明师矣。吾党之士，安得不就学而受读哉。书未遂印流，学者苦誊写，仍请先生手书。锓梓^⑩以惠同志云。

宝永^⑪庚寅六月朔日，江州八幡后学^⑫丰满教元才允^⑬谨序。

---

① 指"四书五经"。
② 语出《大学》："自天子以至于庶人，壹是皆以修身为本。其本乱而末治者否矣。其所厚者薄，而其所薄者厚，未之有也！"
③ 指《诗》《书》《礼》《易》《乐》《春秋》。
④ 又称"五常"，指仁、义、礼、智、信。
⑤ 濂，指周敦颐，因其原居道州营道濂溪，世称濂溪先生，为宋代理学之祖；洛，指程颐、程颢兄弟，因其家居洛阳，世称其学为洛学；关，指张载，因其家居关中，世称横渠先生，故张载之学称关学；闽，指朱熹，朱熹曾讲学于福建考亭，故称闽学，又称"考亭派"。
⑥ 经历、经过。
⑦ "九经"在中国隋、宋、明、清各代所指各有不同，从作序者和《王学名义》的撰写时间和内容看，应该是指清初纳兰性德《通志堂经解》中所说的九经，即指《易》《书》《诗》《春秋》《三礼》《孝经》《论语》《孟子》《四书》。
⑧ 世间所行之教。
⑨ "善言劝人以当药石"之意。
⑩ 刻板印刷。书板多用梓木，故称。
⑪ 东山天皇·中御门天皇时代的年号（1704—1711）。宝永庚寅年为1710年。
⑫ 江州即旧近江国别名，相当于现在的滋贺县，是日本阳明学始祖中江藤树创办藤树书院和讲授阳明学的地方。此处的"江州八幡后学"，即"中江藤树后学"之意，是作序者的自称。
⑬ 丰满教元才允，《王学名义》作序者，三重松庵的弟子。

一

上卷

一、致良知

"致良知"三字乃学问之关要，圣人教人之第一义也。良者，本然之善是也，[1]谓之源于本性之善。知者，谓之明觉之自然。即如看花知花，看月知月，视善为善，视恶为恶，作为明晓此等之心的神明，人所同具，皆是天赐禀赋，故将此等源自本性之善的智慧，称为吾心之良知。因此，如天道之春夏秋冬运行，古今不变，如柳绿花红、甘草甜黄连苦、牛耕田狗守夜，吾心之良知亦更如万古一日，无任何变化。目辨黑白，耳听声音，鼻闻香臭，口辨甘苦，身感冷暖，今昔之人皆无不同。知善为善，知恶为恶，知孝悌仁义之吾心良知，不论是尧舜世代之人，抑或末世后代之人，均无不同，皆为同一神明所致。

故而，诸如年仅两三岁之孩童，即便无人施教，亦无他人为之操心，其自己便自然知道爱父母，渐渐长大之后便自然知道尊敬兄长。无论贵贱贤愚，抑或京城繁华之地与穷乡僻壤，皆无差别，虽然人与人之间没有契约，但却自有相同之吾心良知。未丧失此吾心良知之人，则可称为圣人、贤人。然而，迷妄之凡夫，目窥美色则迷恋，耳听悦耳之声则心动，鼻闻香气则口馋贪味，朝夕种种欲心妄念不断，自昧吾心之良知，行不孝不悌之事。此与禽兽已相去不远，实乃可悲可怜也。然若吾心之良知未曾泯灭，则会时时显现出来。其证据是，如虽不知孺子任何之事，但见其陷落井中，无论何等恶人亦会自发萌生怵惕恻隐之心[2]，此乃有吾心良知之故也。关于吾心良知之"发"，即将其推广施行之"致良知"之谓也。所谓"致"，即"推极也"[3]。可以训读为"いたす（ITASU）"[4]，也可以读作"きはむる（KIWAMURU）"[5]。例如，十是从一开始数到二三四，顺次而数到十的。吾心一念之良知亦是如此，即见到君主而生忠节之心，

---

[1] 语出朱熹《孟子集注》："良者，本然之善也。"
[2] 惊慌恐惧而又同情之心。语出孟子《公孙丑上》："人皆有不忍人之心。先王有不忍人之心，斯有不忍人之政矣。以不忍人之心，行不忍人之政，治天下可运之掌上。所以谓人皆有不忍人之心者，今人乍见孺子将入于井，皆有怵惕恻隐之心，非所以内交于孺子之父母也，非所以要誉于乡党朋友也，非恶其声而然也。"
[3] 语出朱熹《大学章句》："致，推极也。知，犹识也。"
[4] 日语汉字标为"致"。
[5] 日语汉字标为"极"。

见到父兄而生孝悌之心。认知其一念，则行至极致也。只知晓忠孝君父之心的萌发，可称为吾心之良知，但却不可称为"致良知"。而四书、五经中所述，皆为致吾心良知之注文①也。因此，若以"致良知"三字为目标而读四书、五经，则皆成我身之行，可为今日之用。然若四书、五经与我身分离，则毫无益处可言。正因如此，此三字乃学问之关要，圣人教人之第一义，尤为阳明学之宗旨。

二、父子有亲

父子训读为"おやこ（OYAKO）"②。父即父亲也。若言父亲，母亲亦在其中。"亲"训读为"したしむ（SHITASHIMU）"③，乃亲密、和睦之意。父慈而子孝，互致吾心之良知而善待、爱敬对方，即是"父子有亲"。上至帝王之贵，下至士民之贱，当知此同样之理。夫子之孝行乃人之第一行，万善之源，吾心良知最初一念之本然也。故而，欲致吾心良知孝行之德，应先知父母之恩。

胎孕十月期间，母亲备受怀妊之苦，父亲祈愿母子平安。临产时节，母亲深受切身之痛，父亲亦异常担忧，坐卧不安，若母子平安，则会深感再续一命之喜。养育孩子之时，母亲卧于濡湿之处，而将孩子置于干暖之褥垫。若孩子睡得香甜，母亲之身躯亦不能伸展，衣装不整，无暇打扮，心中只是挂念孩子的平安。哺乳三年期间，父母之苦，难以言尽。待渐渐成人，则要使其求师问学，盼其出类拔萃成为有智慧才学之人。待到娶妻年纪，则要求伉俪，设家业，谋富贵荣华。若其子昌盛强于他人，则无限欣喜；倘若衰微劣于他人，则寝食难安、坐卧不宁。父母如此慈爱怜恤，不辞辛苦养育之子，其身体发肤之一丝一毫，皆为父母之恩德。因此，父母之恩情比天更高比海更深。如此高深博大之恩，迷妄之凡夫却不知报答。而无论何等愚痴之人，皆知要报答一饭之恩，此乃存有吾心良知之故。存有吾心良知而忘记父母之恩者，是为欲望之心所蔽也。如能将父母之恩与一饭之恩相比较，则不言而喻，自知父母恩重如山，自会

---

① 注释。
② 日语汉字标为"親子"。
③ 日语汉字标为"親"。

萌发欲报答父母恩情之吾心良知。故应从其萌发便以孝行为始而推广行之。

　　然而世间之人，多唯富贵为至上之物，或作为第一所求，故对与己之便者无限爱敬，甚至堪忍恶言之辱，而对父母则轻视怠慢，即便闻只言呵斥之语也勃然大怒；或疏忽父母而宠爱妻妾，或抛弃父母而只管养育子女。倘若父母之慈爱不深抑或有无道之事，则心怀怨恨，甚或视若仇敌而大行不孝。爱敬成就自己富贵之人，是因其有荣吾身之恩；宠爱妻妾，则是因其有遂吾身欲望之乐；而疼爱子女，则是因其乃吾之分身也。然若无此身，则无获得富贵之天资，亦无享受妻妾之娱，更无可分与子女之身体。故而，无论富贵、抑或妻妾、子女，皆为因有此身而获之欢乐也。既然如此即应知晓，正因为父母生育了自己之身，自己才能享受富贵、妻妾之快乐，才能养育子女而老有所依，此一切之根本皆父母之恩德也。因父母之恩的确确博大无比，乃恩德之大根本，故应首先以爱敬父母为本，将对自兄弟姊妹至世人以及禽兽草木之爱敬行为称为"孝"，谓之"顺德"。如若忘记根本之大恩，不爱敬父母，只知报答枝叶之小恩而爱敬他人，则称为不孝，谓之悖德。而诸如迷妄之凡夫"因父母之慈爱不深或有无道之事可不孝"之念，乃迷中之惑也。之所以称其为"迷中之惑"，是因若知晓礼义人情深厚，即使是对素昧平生之路人，亦知当和睦相处。若如此，因父母慈爱深厚有道而行孝，可谓之易行之孝，此等易行之孝难以称为真孝行。只有父母慈爱不深且无道而行孝，方能称为真正之孝行。大舜之父名曰瞽叟，是一不识贤愚的极其愚顽之人，憎恶大舜，欲将其杀死，但大舜仍竭尽孝行，故成为善人。因此，应以大舜之孝行为典范。如将于己有无限深恩之父母与毫无恩情关系之路人同等看待，则是冷酷无情。孝行之条目虽然众多，但可集约为两条：第一是让父母心安愉悦；第二是敬养父母。让父母心安愉悦，即做到端正自己心术而躬行①，勤勉于诸般家业，不随意浪费财富，节俭之时亦体谅父母之心和不让孩子受苦，避免其产生遭遇灾祸患难之恐慌；用心教化妻子臣妾，使其皆和颜悦色、谦卑地爱敬父母——即便是苟且之命亦不违背懈怠，兄弟同族和和睦睦。若能如此，父母自然心安愉悦也。此外，

---

① 指身体力行；亲身实行。语出《论语·述而》："躬行君子，则吾未之有得。"

要不顾自身之劳苦，尽心竭力使父母食物有滋有味，衣服轻暖，欢欢乐乐地生活。父母若有疾病则求良医治疗，竭尽全力看护。此即孝养之大概也。

倘若父母有不义之行为，要婉言劝说父母知晓；若父母不认可，则应说明是非善恶，直言规劝；若父母发怒不听规劝，亦应和颜悦色，以孝心敬劝之。即应如此多番直言敬劝，抑或拜托父母之知心好友予以晓谕，以让父母之心术躬行合于道为孝行之第一。而父母天命有限，当其永别逝去之时，应尽哀悼之诚，以礼法葬之，居丧尽哀戚之情①。（服丧须要穿着本朝服装——作者注）丧阕②时建立祠堂，供奉父母之神主。（祠堂即俗称的供奉死者灵魂之地，神主即是位牌——作者注）朔望俗节（朔是初一，望是十五，俗节即传统节日——作者注）、忌日之祭奠，应尽爱敬之诚，如同父母在世之时。如此致吾心良知之孝行，乃子女事奉双亲之道之概要也。

然而若有不幸之事发生，即母亲先于父亲去世，抑或父亲背心休弃母亲而迎娶继母，亦应将继母视为生育己身之亲生母亲而尽孝行，同理，继母亦应将继子当作自己亲生之子而倍加慈爱。然而若是迷妄之凡夫，则会称其为无血缘之亲子关系，皆将对方视为外人，不相互爱敬，只管以恶交恶，最终视如仇敌，实乃可悲可叹！所谓父母疼爱孩子，应首先为其选择学问之师，学习仁义之道，以使之成为贤人、智者为根本。不忍让孩子受一时之苦，凡事随其所愿而育是姑息之爱。因若凡事随其子之意，则会致使其不明人道，近于禽兽。如此看似慈爱，实为憎恶也。且吾身既受之于亲，即双亲之身也，而育子为恶者则如同恶双亲之身。故不教子为不孝之第一也。兴家废家，皆子孙也。不教育子孙而求其繁昌，即如同无网捕鱼、无弓射鸟。人之性情各有不同，教育之方法亦难一概而论，但首先当以做学问而明我心之良知为根本。

纵然有才艺之名誉、富贵之荣华，若吾心之良知愚昧而心术躬行不正，则必将被天道所弃，遭众人所憎，一两代之中而灭绝。纵然鲜有未灭绝者，亦必因其庸庸碌碌，而使其先祖蒙羞。迷妄之凡夫视现时一朝一夕富贵名誉为至极，而不知吾心之良知方为无上之

---

① 语出《孝经·丧亲》："孝子之丧亲也，哭不偯……食旨不甘，此哀戚之情也。"
② 丧期已满。

灵宝。只专注现时之侥幸而目无其他，乃极其可悲之短见。而教育子孙当以年幼时为根本。古有胎教之说，即自怀孕时便开始教育。即是说，母亲之行为礼仪乃至起居坐卧和饮食，皆须中规中矩，目不视邪色，耳不听淫声，朝夕只见闻圣人之道。如此而所生之子，则形貌端庄，智慧才学过人。然而现今之人，只知教口说之词，而不知教育之实，是故多以为幼时不可教也。教之实质在于致吾心良知于吾身，其所指即人之自然变化。由于各个国家水质不同，因而人的气质也会略有差异，而关于所说语言，原本京城与乡村并无差别，即若将婴儿放在京城养育，关东出生者亦会说京城话，京城出生婴儿若在关东养育，亦会说关东话。幼儿之心术躬行亦是如此，皆因耳闻目睹和效仿父母、乳母而变化，故而当以父母、乳母之德行为教育子孙之根本。因此，父母应当正其心，修其身，选择人品良好之乳母。待到孩子七八岁时，若其天资聪慧，则使其读《大学》《中庸》之首章，以及阳明子之《大学问》，并常为其讲解其中之道理，而使其以悟道为基础，学习急用之技能。倘若其禀赋愚钝，则应使其在不知不觉中听闻大学之道理，而不丧失吾心之良知。待到十五六岁时，教育之侧重点则在于择师和择友。另有择业之事，当根据其才干而选定，士农工商皆可。如此方是疼爱亲生之子之大要也。无论父慈抑或子孝，皆为吾心良知自然爱敬之体现，即所谓父子有亲也。至于曾祖父母、祖父母、伯叔父母、伯叔姑，以及外祖父母、伯叔舅、姨母之类，皆为父之列，当致爱敬之诚意。孙、曾孙、侄子、侄女、外孙、从侄之类，皆为子之列，当行慈爱之亲。

三、君臣有义

"君"训读为"きみ（KIMI）"①，用以指主君。"臣"训读为"つかへひと（TUKAEHITO）"②，用以指家臣。从帝王将军，至诸侯、大夫诸士、农夫、百工、商贾，虽其地位尊卑各有不同，然一切皆称主人和赖方③为君，仕宦者④皆称为臣。所谓"义"，即建立相互

---

① 日语汉字亦标为"君"。
② 日语汉字标为"仕"。
③ 靠山，指所依靠之人。
④ 指奉行职事之仆人、臣属。

基于义理之交际关系。君使臣以仁礼，臣事君以忠，致吾心之良知，即是君臣有义。所谓君使臣之仁礼，其仁即是遵从义理而爱之，其礼则是遵从其阶级之道理而不高傲自居。同为臣下，其官位亦有高低，即使各个阶层之间道理无穷，但毕竟不外乎仁礼二字。虽因所生之贵贱而或者为君，或者为臣，然原本皆乃天地之子，故与你我皆兄弟乃同一道理。因此，对扶持①于我者，当情深义重珍惜之，不可以有丝毫怠慢。至于大臣，尤其国家重臣，如果国家安定，当给予其高位厚禄，委以相应之职事，彬彬以礼爱敬之。但事关罪人之刑戮、善人之褒美，以及国家之威严和施民以恩德，绝不可委以他人。当明辨士大夫以下诸士之才干，布施与其身份相应之爱敬，论其忠功之大小而行赏。农工商贾乃国之宝，为政者当予以怜护，以使之得其利，乐其乐。此即君所为仁礼之大概也。

所谓臣事君以忠，即为臣忠心不二，专思主君之事而不顾自我，恪尽职守，舍命为主君奉公②效忠。尽管因其阶级不同奉公之品级有大小之分，但效忠之心志却属同一之道理。君之恩与双亲之恩相齐，均皆重恩，故当以侍奉双亲之心尽心事君。因若无双亲，我身则不能生育；若无主君，我身则无以将养。因臣子之阶级不同，忠亦有大忠与小忠之分。家臣总管之忠，即纵然是君之嗜好，如若其乃不良之事则必须制止；如主君厌恶之事，如若其乃善事，则必须劝其为之，以使君之心术躬行合于道，匡正政道，使国家昌盛。如此之尽心即谓大忠也。诸士之忠，则是专一敬君，不论善恶是非而唯命是从，不顾生命而恪尽其职守，此即谓小忠也。

而郡守县令之职守，则是负责管理平民百姓，处理年贡劳役之事，全心全意致力于利君惠民之事，不得有丝毫利己之私欲。凡检查收成或催促税捐之事，不可为难百姓。平庸之县令，只会重收赋税而不顾民众之穷困，以为令君之库满仓即是利君。至于横征暴敛，更是大恶之事也。因若强征捐税，则会使平民百姓穷困不堪而四处逃散，耕作之人减少，地里生长作物亦随之递减，民怨日益加深，常言道"跳蚤之气亦可上天"③，最终必致为君之利反成恶理之结果，

---

①指武家的主君给予家臣俸禄。江户时代指给予下级武士年奉（1年的大米或金钱）。
②为朝廷、国家献身效力；日本封建时代，指家臣为君主专门服兵役等。
③基本寓意：即便是微小或微不足道者，若不懈努力亦可如愿所偿。此处蕴含意旨为平民百姓虽然弱小，但若积怨日甚，亦会危及作为统治者的主君。

此绝非忠之所谓也。鉴于此理，即便是奉行公务指令，亦当仔细判断是非，无任何徇负偏颇，不为私人关系贿赂所惑。

若以军之忠而论，则当忠心无二舍身效命疆场，以礼义之端与深情厚意征服英雄之心，体恤军中士兵，运筹灭敌而立功勋，此为军中大将之大忠也。奋不顾身冲锋陷阵，斩杀、擒获敌人，此即士卒之忠也。

至于庶民，其得以居于其国，勤于产业，安身立命，既是承主君之恩德，亦是蒙主君之扶持，故而可称为草莽之臣，亦属于臣下之列。草莽之臣当遵守国家政策法规，勤于家业，不懈怠年贡劳役，敬畏国君，绝不暗中恶意诽谤，此即庶民之忠也。

如此君臣同致吾心良知，君以仁礼使臣，臣以尽忠节事君，即君臣有义之谓也。上至帝王，下至匠人，虽然有贵贱之不同，但当知主人与仆从之交际之道，乃同一之道理。

四、夫妇有别

"夫"训读为"をつと（OTTO）"①，"妇"训读为"女"②，写作"夫妇"，读作"めをと（MEOTO）"③。上至帝王，下至土著居民，夫与妻相连称为夫妇。"别"训读为"わかち（WAKACHI）"④，即说男女存在差别。夫以和义而倡妇，妇顺正而从夫，致吾心之良知，正视男女之别，相互爱敬，和睦相处，即是夫妇有别之谓也。夫之倡妇谓之"和义"，"和"乃是亲爱和睦之谓；而所谓"义"，即是遵从义理而判断是非。大凡夫妇之交，常因沉溺于爱欲之和，失却义理之判断，致使父子兄弟一族之亲情被离间而结怨成恨，抑或导致破家亡国。此类之事，自古以来不计其数。又如有悖夫妇之伦者，不顾礼法而胡作乱为。此皆乃迷妄之凡夫之所为也。夫妇乃先妣⑤之嗣，祭祀之助，子孙相继之所寓，故自当和睦。然而，如若失却义理之判断，则会沉溺于爱欲之私，乱家之礼法，失夫妇之礼

---

① 日语汉字亦标为"夫"。
② 日语发音为"め"。
③ 日语汉字标为"夫婦"。
④ 日语汉字亦标为"別"。
⑤ 故去的母亲。

义,故丈夫当以和义二字为倡妇之道。而所谓妇事夫之顺正①,其"顺"是指心志柔和,从言语神色至起居动静,均以温顺姿态承奉之。所谓"正",即正直遵守义理法则,毫无随心所欲淫乐之风。妇以夫为依靠,视夫家为自己娘家,遵循夫妇一体之理,不以生我之父母为父母,而以丈夫之父母为自己之父母。亦即说,以对公爹公婆诚尽孝道为"顺正"之第一。因此,所谓"为妇之道",即心正不邪而谨慎躬行,凡事皆遵从丈夫之命,毫不任性随意;专心勤于衣服饮食之事,齐家养育子孙;较之自己之双亲,优先以真情对待丈夫之双亲,一心和睦家庭,怜恤家人,用心施恩;纵然有智慧才干,亦不溢于表面,而以柔顺为本;丈夫逝去之后,不再见其他男性。夫妇如此致吾心之良知,以和义倡妇,以顺正从夫,正视男女内外之别,即是夫妇有别之谓。

五、长幼有序

所谓"长",即指温和敦厚之人,先我出生之人。"幼"训读为"いとけなし(ITOKENASHI)"②,是指较我后出生之人,即兄弟姐妹。"序"读作"つゐで(TSUIDE)"③,是谓前后之顺序。兄以惠爱弟,弟以悌敬兄,致吾心之良知,相互爱敬,和睦相处,此即"长幼有序"之谓。弟弟尊重兄长之行事称之为悌。因按理而论,对他人年老官位尊贵者当予以敬顺,何况是一母同胞、先我出生的兄长?更当敬顺事之。因此,敬爱兄长仅次于敬爱父母,当尽心竭力事之。而兄长交惠于弟,则兼有"友""爱"之二义。其"爱",即是指如同爱亲生之子般殷勤亲爱之;其"友",即是指如同朋友切磋琢磨④般劝善警恶之。因按理论之,与年少而官位低下之他人相交亦当诚恳待之,何况弟弟与我同受父母血气而如一体,更当施与友爱之惠。然而,大凡迷妄之凡夫,其兄弟之交,多较与他人更为疏远,为微

---

① 和顺正直;不邪辟。语出《礼记·乐记》:"奸声、乱色不留聪明,淫乐、慝礼不接心术,惰慢、邪辟之气不设于身体,使耳、目、鼻、口、心知、百体皆由顺正,以行其义。"
② 日语汉字亦标为"幼"。
③ 日语汉字亦标为"序"。
④ 切磋琢磨:比喻互相商量研究,学习长处,纠正缺点。语出王充《论衡·量知篇》:"人之学问;知能成就;犹骨象玉石;切磋琢磨也。"

小之欲相争而视为仇敌。深信"兄弟终究成外人"①之传统僵化邪说，自身相戕，骨肉相残，愚蠢蒙昧至极。虽同为父母所生，但由于其出生先后之序，则兄为贵、弟为贱，此乃自然之序也。兄弟皆致吾心之良知而明惠悌之道，是谓"长幼有序"。而所谓兄，其中亦包括姐姐；所谓弟，其中亦包括妹妹。即使是姊妹，亦不可有丝毫轻怠，而应殷勤爱敬之。堂兄弟、远房堂兄弟以及表兄弟、嫂子、弟媳等，皆在兄弟之列，当据其身份相应爱敬之。

六、朋友有信

朋友二字皆读作"とも（TOMO）"②。虽然如此，但"朋"乃是指称"疏远"，而"友"，则是指称"志同而相亲"。"信"训读为"まこと（MAKOTO）"③，用以指称毫不虚伪、真诚。朋友之交，致吾心之良知，真诚信赖且相互爱敬，即是"朋友有信"。此朋友之交，既有志不同却有血脉之亲者，亦有同乡邻里抑或同朝为官共事者等，常有友而不心之面友④，亦时有志同道合之心友，虽说种类各不相同，但当根据其等级，遵从义理而立道，相互间之"气之动"⑤发用其自然之善，而绝无发用其恶之理。所谓吾心之良知，即心有知觉之神明，此即理也。因此，理乃气之条理，气乃理之所依⑥，无气则无理，当明了气即理、理即气之道理。

《孟子》中所说"养浩然之气"⑦，其"浩然"意指洪水无阻，一泻而下，浩浩荡荡奔腾不息之气势。而人原本由天禀得之气，至大至刚，乃广大坚强之勇气，不为物所役，不为事所夺，无所畏惧，不屈不挠，即使逢遇天下第一大事，也毫不动摇，故称"浩然之气"。然而，凡庸之人则不知养此至大至刚之勇气，为物所役、为事

---

① 意为兄弟不如父母亲，分家三年成外人。即指父母与子女的关系割也割不断，但兄弟姐妹之间的亲情会因利益关系和结婚等而变得淡薄，变得如同外人。
② 日语汉字标为"朋"或"友"。
③ 日语汉字标为"誠"。
④ 面合神离的朋友。语出扬雄《法言·学行》："朋而不心，面朋也；友而不心，面友也。"
⑤ 气之动：性的发用。语出《王文成公全书·传习录上》："无善无恶者理之静，有善有恶者气之动。不动于气，即无善无恶，是谓至善。"
⑥ 源自王夫之《思问录·内篇》："气者，理之依也。"
⑦ 语出《孟子》："问曰：'敢问夫子恶乎长？'曰：'我知言，我善养吾浩然之气。'"

所夺，软弱怯懦。养其气之功夫，即以集义而事之。所谓集义，其"集"译为"あつむる（ATSUMURU）"①；其"义"则是心得其所宜之谓。诸事万端皆合于义即是"集义"，即致良知也。因此，致吾心之良知而行事，大凡天下之事，皆可心得其宜，自省心无愧怍②而畅快淋漓之时，浩然大刚之勇气自然而生，通行于万事而无所畏惧，即便关涉大国乃至天下之政事，亦毫无动摇之心。《大学》中有"心广体胖"③之说，与《论语》所言"内省不疚，夫何忧何惧"④之意相同。

此外，有关于理，如若无先师施教于我，则吾心之良知虽然具备，却不知致吾心之良知，致使迷惑之心日深，尽做不忠不孝、无礼无义之事，最终变得近乎禽兽，失身、败家，甚至祸乱国之天下。故此，蒙受先师之教诲，致吾心之良知，方可明晓三纲五常之道，方可立身、治家，使国家安定，天下太平。是故师恩之深，如同君父之恩。因君、亲、师三者具有相同之恩情，故应毕恭毕敬，竭心力爱敬之。在家报亲恩，当差报君恩，受教之时唯师尊之命是从。为报师恩甚至不惜牺牲性命。不言而喻，为君亲师雪耻报仇亦是理所当然之事。然而君亲师三者之恩同为一理，并无高下之别，故尽爱敬之诚而恭奉之事，谓之"三事"。

七、孝

孝，乃指人一出生即爱父母的最初一念之吾心良知，上自帝王贵胄，下至士庶贱民，悉皆如此。古代圣人教授修身、齐家、治国、平天下之法，其所授内容虽多，然却不外乎是由致吾心良知与最初一念之孝扩充而来。故大圣先师孔子说，以孝为至德要道。所谓"至德要道"，其意是指仁义之德、五伦之道之关要。以此"至德要道"交君臣父子夫妇兄弟朋友，即为亲、义、别、序、信，如此则

---

① 日语汉字标为"集"，表示"集合""汇合"之意。
② 指惭愧；羞愧。语出《孟子·尽心上》："仰不愧于天，俯不怍于人。"
③ 指人心胸开阔，体态安详舒适。语出《大学》："曾子曰：'十目所视，十手所指，其严乎！'富润屋，德润身，心广体胖，故君子必诚其意。"
④ 意为自我反省如果问心无愧，那还有什么可以忧虑、畏惧的呢？语出《论语·颜渊》："子曰：'君子不忧不惧。'曰：'不忧不惧，斯谓之君子已乎？'子曰：'内省不疚，夫何忧何惧！'"

能和睦,上下皆无怨。以此祭祀神明,则神明纳受,以此施于天下,则天下太平,以此治国则国家安定,以此齐家则家齐,以此行身守心则身修心正。如此,庶民可集蓄财富,其身得以安乐;士人可升官位,得以彰显美名;卿大夫可兴家;诸侯可享一国之荣华;天子可保万乘之位,得四海之富,子孙长久。

若简而言之,则"至德要道"可究为"爱敬"二字。"爱"即亲密和睦,"敬"即尊崇而不轻慢。以五伦①而言,爱敬父母,乃是最初一念良知之根本,不更原本之名,即谓之孝。由此以交境而建其名,则以爱敬之心事君而忠心不二者谓之忠,使臣以义正之礼者谓之仁,教子以善者谓之慈,恭顺兄长者谓之悌,责善友弟者谓之惠,善事丈夫坚守贞洁者谓之顺,能倡妇立义者谓之和,交友以诚者谓之信。加之天下之事,虽千端万绪无以穷尽,但归根结底在于一个吾心之良知,不外乎是致爱敬之诚之扩充而已。况且,大圣先师孔子在《孝经》教谕中,业已阐明五等之孝。所谓五等,其"等"乃是等级之意,训读为"しな(SHINA)"②,用以指事物的等级之差别。人有上下阶级之别,一为天子,乃坐拥天下之皇位;二为诸侯,居治理分国的大名③之位;三为卿大夫,受天子诸侯之命而处理国家政事,居家老④执权之位;四为士,训读为"さぶらひ(SABURAI)"⑤,是谓隶属于卿大夫而做各种差事之人;五为庶人,即指农夫、百工⑥、商贾三者。吾心良知之爱敬孝德,贵贱悉皆一体,然而由于有上述五段之阶级,故有与其大小高下身份相应之孝行,此即谓五等之孝。

所谓天子之孝行,即致吾心之良知和爱敬之诚,唯以天下为目标,推举贤才委任天下之政事,择人善用,量其才干而授予官职,不怠慢小国之臣,正天下政事法度,爱怜万民如子,使万国之人德

---

① 五伦指的是古代中国的五种人伦关系和言行准则,即古人所谓君臣、父子、兄弟、夫妇、朋友五种人伦关系。忠、孝、悌、忍、善为"五伦"关系准则。
② 日语汉字标为"品"。
③ 在日本战国时代是指领有封地的家臣,统一管辖领地内事务的独立的领主;在江户时代是指直接供职于将军、俸禄在一万石以上的领主,或俸禄在一万石以上的藩国国主。
④ 武家的重臣,主宰家政、统率家中之人。亦指该官职名,江户时代此官职一藩中设置数名,多为世袭。
⑤ 日语汉字标为"侍"。
⑥ 从事各种工艺生产的人。

义广化,家家皆孝子,举国皆忠臣,统一治理天下,从诸侯到庶人,人人无怨无憾,皆大欢喜①,以祭慰其先王之神灵,此即天子之孝之大概也。

所谓诸侯之孝行,即致吾心良知之爱敬,正心躬行,谨守朝廷之制度,从上卿至下士皆授与相应之职,时时处处以礼相待,正政道爱怜百姓,抚养无依无靠之孤儿寡妇,使士与庶民悉皆欢心满意,其国长治久安、繁荣昌盛,以祭慰先君之神灵,此即诸侯之孝之大概也。

卿大夫之孝行,即致吾心之良知而修心正行,举止言行皆可成为人之规范,能谨言慎行、言出必行,一心志在为君为国,毫无营私、利欲之心,治世时能兴天下国泰民安之政道,乱世时能运筹帷幄,挥军破敌而恪尽职守,以祭慰先祖之灵,此即卿大夫孝行之大概也。

士之孝行,则是致吾心之良知,爱敬君主,一心一意守节尽忠,勤于职守,对较我位高者毕恭毕敬,与同僚相交和和睦睦,行军作战奋勇当先,建功立勋,确保其知行俸禄,以祭慰先祖之灵,此即士之孝之大概也。

庶人之孝行,则是农夫、百工商贾各致吾心之良知,能各勤其业,积米谷,蓄金银,节用财富,不乱浪费,谨慎正心躬行,敬畏规矩,遵守法度,置自己妻儿于第二,时刻将父母衣食之事置于第一位,尽心竭力让父母生活安乐,万事皆欢,即以孝养父母为庶人之孝。

如上所述可知,天子、诸侯、卿大夫、士乃至庶人,虽可根据其等级之高下分为五等之孝,但归根结底无外乎各致一个吾心之良知。大凡讨论圣人、贤人之学问,皆随时、就事而论其语,如或不同,当知唯致良知三字可得其究竟。

---

① 大家都欢欢喜喜,人人都高兴满意。语出《金刚经》:"佛说是经已……一切世间天人、阿修罗,闻佛所说,皆大欢喜,信受奉行。"

下卷

一、大学说

《大学》，乃孔门相传之书，论述了始自尧舜的治理天下国家之道。大学者，大人之学也。① 大人者，以天地万物为一体者也。② 其学问之道在明明德、在亲民、在止于至善。③ 夫明德，乃吾心良知之发现，而自然灵昭不昧，天地万物一体之仁者也。故此，大人之能以天地万物为一体，非意之所起也。吾心良知之仁，原本即与天地万物为一体，岂止大人如此，小人亦同也。是故见孺子之入井，而必有怵惕恻隐之心焉，是其仁之与孺子而为一体也。孺子犹同类者也，见鸟兽之哀鸣觳觫，而必有不忍之心，是其仁之与鸟兽而为一体也。鸟兽犹有知觉者也，见草木之摧折而必有悯恤之心焉，是其仁之与草木而为一体也。草木犹有生意者也，见瓦石之毁坏而必有顾惜之心焉，是其仁之与瓦石而为一体也。④ 此乃天地万物皆同一气，相通于吾心良知之明德之故也。然而，由于小人之目好色，耳趋于声音，鼻趋于香味，口趋于美味，四肢趋于安逸，⑤ 故生私欲妄念，戕物圮类（物是指鸟兽草木之类，类指的是人伦——作者注）甚时竟至父子兄弟骨肉残残，如此则一体之仁亡矣。故夫大人之学者，亦惟去其私欲妄念之蔽，以明其明德，复其天地万物一体之仁而已耳，是谓之明明德也。⑥ 所谓亲民，其"民"读作"たみ（TAMI）"⑦，也训读为"ひと（HITO）"⑧，其所指是自家中父子兄弟至天下人之相对于自己而存在之人，此外鸟兽草木之类亦当视为同类包含其中；亲民之"亲"译作"したしむ（SHITASHIMU）"，是"仁爱、

---

① 语出朱熹《大学章句》："大学者，大人之学也。"
② 语出王守仁《大学问》："大人者，以天地万物为一体者也。其视天下犹一家，中国犹一人焉。"
③ 语出《大学》："大学之道，在明明德，在亲民，在止于至善。"
④ 源自王守仁《大学问》："大人之能以天地万物为一体，非意之也，其心之仁本若是，其与天地万物而为一也，岂惟大人，虽小人之心亦莫不然，彼顾自小之耳。是故见孺子之入井，而必有怵惕恻隐之心焉，是其仁之与孺子而为一体也。孺子犹同类者也，见鸟兽之哀鸣觳觫，而必有不忍之心，是其仁之与鸟兽而为一体也。鸟兽犹有知觉者也，见草木之摧折而必有悯恤之心焉，是其仁之与草木而为一体也。草木犹有生意者也，见瓦石之毁坏而必有顾惜之心焉，是其仁之与瓦石而为一体也。"
⑤ 源自《孟子·告子上》："口之于味也，目之于色也，耳之于声也，鼻之于臭也，四肢之于安佚也，性也。有命焉，君子不谓性也。"
⑥ 源自《大学问》："故夫为大人之学者，亦惟去其私欲之蔽，以明其明德，复其天地万物一体之然而已耳。"
⑦ 日语汉字标为"民"。
⑧ 日语汉字标为"人"。

和睦"之意,即指天地万物一体之仁之用。是故亲吾之父而及亲人之父,以及亲天下人之父,则吾之仁实与吾之父、人之父以及天下人之父而为一体矣,而后孝之明德始明矣!亲吾之兄,而及亲人之兄,以及亲天下人之兄,则吾之仁实与吾之兄、人之兄以及天下人之兄而为一体矣,而后悌之明德始明矣!① 无论是君臣还是夫妇、朋友,乃至山川、鬼神、鸟兽、草木,皆以诚实而亲之,以达吾一体之仁之用,而后吾之明德始明,而真正以天地万物为一体矣。② 此即谓亲民。故此,亲民在于明明德之实事,而明明德者则在于亲民。所谓明明德者,即立其天地万物一体之体也;而所谓亲民者,即达其天地万物一体之用也。③（所谓体用,"体"训读为"すがた（SUGATA）"④;"用"指的是其功用。例如"手"是其体,而写字作画则是其用。所谓"达",即是指使其达及非常完全周到之程度。——作者注）所谓"止至善",其"至善"是指吾心良知之本体所具天然之中之性（"天然"是指不假人之力自然而然;"中"讲的是不过不及,适当之道理。——作者注）,乃明明德、亲民之根本极则也⑤（"极则"指的是终极目标——作者注）。"止"则译为"とどまる（TODOMARU）"⑥,指的是保全良知之本体,不为私欲贪念所更变。夫良知至善之发见,可应万事万端,明觉是非、善恶,而亦莫不自有天然之中。⑦ 安于其天然之中,即止至善之谓也。而欲亲民、明明德,则须不昧吾心良知之发见,行天地万物一体之仁,为复良知之本体,以止至善为明明德、亲民之本。即如物之方圆以规矩为本,物之轻重以权衡为本,物之长短以尺度为本。故应知明明德在于亲民,亲民在于止于至善。然而大圣人孔子解释此明明德、亲民、止善之道,则是指格物、致知、诚意、正心、修身、齐家、

---

① 源自《大学问》:"是故亲吾之父,以及人之父,以及天下人之父,而后吾之仁实与吾之父、人之父与天下人之父而为一体矣。实与之为一体,而后孝之明德始明矣!亲吾之兄,以及人之兄,以及天下人之兄,而后吾之仁实与吾之兄、人之兄与天下人之兄而为一体矣。实与之为一体,而后悌之明德始明矣!"
② 源自《大学问》:"君臣也,夫妇也,朋友也,以至于山川鬼神鸟兽草木也,莫不实有以亲之,以达吾一体之仁,然后吾之明德始无不明,而真能以天地万物为一体矣。"
③ 语出《大学问》:"明明德者,立其天地万物一体之体也;亲民者,达其天地万物一体之用也。"
④ 日语汉字标为"姿"。
⑤ 源自《大学问》:"至善者,明德、亲民之极则也。"
⑥ 日语汉字标为"止"。
⑦ 源自《大学问》:"至善之发见,是而是焉,非而非焉,轻重厚薄,随感随应,变动不居,而亦莫不自有天然之中。"

治国、平天下。

所谓"平天下",可释为"平定天下"。致吾心良知,以一体之仁而亲天下之人,正政道,养民立法,薄税敛,省刑罚,用贤人,舍恶人,建学校,厚孝悌之道(学校是指做学问的地方——作者注),使天下之人悉皆和睦、平等且善而无憾相处。即吾欲明明德于天下,然天下之本在于国,欲平天下则必先治国。① 所谓治国,即治理国家,说的是致吾心之良知而亲全国之人,使家家户户父子相亲,兄弟夫妇和睦,秩序井然,是谓为政道,即吾欲明明德于一国也。然国之本在于家,欲治其国,必先齐家。所谓齐家,可译为"治理家庭",即致吾心之良知而亲一家之人,使父子兄弟夫妇相互和睦,上下相亲,全家之人悉皆从理而无所不齐,此即吾欲明明德于一家也。然而家之本在于身,欲齐家,必先修身。所谓修身,可译为"治理自身",即致吾心之良知,目不视非礼之色,耳不听非礼之声,口不说非礼之言,身不为非礼之事,即谓皆唯道理而从之。然而,目视、耳听、口言、身动,基本皆由心所生。故欲修其身,必先正其心。所谓正心,可译为"端正心性"。所谓"正",通常是指使其圆满之意。然心寂然不动之时,则以天命之性为纯粹至善良知之本体。(所谓"天命之性",即是由上天赋予人心之与生俱来之良知;所谓"纯粹至善",即是至纯至粹之善,无丝毫恶之杂念——作者注)。如此,则心之本体无不正也,何从而用其正之之功乎?② 虽然,一念发动谓之意,但意动之始却有善有恶,即有不正之处也。故欲正其心者,必先诚其意。

所谓诚意,可译为"致使意念真诚"。致诚者,是谓表里如一之真实,无一丝一毫之虚伪。若其所发一念之意而为善,则好之如同好美色而真诚好之;然若其所发一念之意而为恶,则恶之如同恶恶臭而真诚恶之③。此即诚其意之谓也。然而,如若不明其善恶之分,则会将真假对错混淆,既不能真诚好善,亦不能真诚恶恶。故欲诚

---

① 源自《大学》:"古之欲明明德于天下者,先治其国;欲治其国者,先齐其家;欲齐其家者,先修其身;欲修其身者,先正其心;欲正其心者,先诚其意;欲诚其意者,先致其知,致知在格物。"
② 源自《大学问》:"然心之本体则性也,性无不善,则心之本体本无不正也。何从而用其正之之功乎?"
③ 源自《大学问》:"凡其发一念而善也,好之真如好好色,发一念而恶也,恶之真如恶恶臭,则意无不诚,而心可正矣。"

其意者，必先致知焉。① 所谓致知，其"知"是人与生俱来之天性，自然灵昭不昧，见善知善，见恶知恶，即指知觉万物之道理之吾心良知。而"致"译为"いたす（ITASU）"②，即尽力充分彰显吾心良知之光明之意。凡其一念之意发动而为善，则吾心之良知自知之，其发动而为恶亦知之。如若欲能辨别善恶，以诚其意，关键所在是致吾心之良知。之所以如此，是因为意念之发，吾心良知既知其为善矣，然若不能真心诚意好之遵行之，甚或背道而驰远离之，则是以善为恶，而自昧其知善之良知矣。③ 意念之所发，吾心之良知既知其为不善矣，然若不能真心诚意恶之。甚或复蹈而为之，则是以恶为善，而自昧其知恶之良知矣。若如此，则是虽曰知之，却犹如不知也，又将如何诚其意乎？故而，今对于良知所知之善意，无不真诚而好之；对于良知所知之恶意，无不真诚而恶之。如此则不欺昧自己之良知而意可诚也。然欲致其良知，非在于影响恍惚而空洞无物之说辞，而是必有其实实在在之事物。故而致知即在于格物。④ 所谓格物，物者，事也，译为"こと"⑤。凡意之所发，其所在必有其物。⑥ 例如，意之所发，在于事亲，则事亲便是一物也。从夫妇兄弟朋友之交，至鸟兽虫鱼草木之类，凡意之所在，悉皆为物也。格者，正也，训读为"ただす（TADASU）"⑦。正其不正以归于正之谓也。正其不正者，去恶之谓也。归于正者，为善之谓也。⑧ 凡吾心良知所知之善，虽诚欲好之，但若不即其意之所在之物而实实在在以为之，则是物有未格，而好善之意犹为未诚也。就有没有被完全诚意的部分，从而可以说那喜欢善的愿望还有不诚恳的成分。

---

① 源自《大学问》："然意之所发，有善有恶，不有以明其善恶之分，亦将真妄错杂，虽欲诚之，不可得而诚矣。故欲诚其意者，必在于致知焉。"
② 日语汉字标为"致"。
③ 源自《大学问》："意念之发，吾心之良知既知其为善矣，使其不能诚有以好之，而复背而去之，则是以善为恶，而自昧其知善之良知矣。"
④ 源自《大学问》："意念之所发，吾之良知既知其为不善矣，使其不能诚有以恶之，而复蹈而为之，则是以恶为善，而自昧其知恶之良知矣。若是，则虽曰知之，犹不知也，意其可得而诚乎？今于良知之善恶者，无不诚好而诚恶之，则不自欺其良知而意可诚也已。然欲致其良知，亦岂影响恍惚而悬空无实之谓乎？是必实有其事矣。故致知必在于格物。"
⑤ 日语汉字标为"事"。
⑥ 源自《大学问》："物者，事也，凡意之所发必有其事，意所在之事谓之物。"
⑦ 日语汉字标为"正"。
⑧ 源自《大学问》："格者，正也，正其不正以归于正之谓也。正其不正者，去恶之谓也。归于正者，为善之谓也。"

吾心良知所知之恶，虽诚欲恶之，但若不即其意之所在之物而实实在在以去之，则是物有未格，而恶之之意犹为未诚也。①故吾心良知之所知之善者，则即其意之所在之物而实为之；吾心良知之所知之恶者，则即其意之所在之物而实去之。②如是，则物格而后知至，始无自欺，其意之所发，则好善，恶恶，真真实实而意诚。意既诚，由是心正，而复至善之本体。心既正，由是视听言动皆合礼，而得以身修。如此，士庶人③明明德于一家，而得以齐家；卿大夫诸侯明明德于一国，而得以治国；天子明明德于天下，而得以平天下，是以天地万物为一体也。而格物、致知、诚意、正心、身修，即明明德，即致吾心之良知于己身。齐家治国平天下，即安于亲民之至极，复吾心良知之本体。因此，其名虽异，但归根结底是在一个致吾心良知。此乃天地万物为一体之大人之学，尧舜之正传、孔氏之心印，号之曰大学也。诸贤大儒之中，唯阳明子之说独得其宗，故述其旨而为《大学说》。

二、仁义礼智信

仁义礼智信，此五者亦谓之五常，又谓之五性。所谓五常，"常"训读为"つね（TSUNE）"④，其意是指上至帝王下至士民而日常不断应行之道，古往今来不变之德，故谓之五常。而五性，则是指人悉皆由上天赋予之本性，故如此谓之。

仁者之字意，虽然难以一字而言之，但见《论语》中之"仁者爱人"，当可理解为慈悲恩爱之德，可将其训读为"いつくしみ（ITSUKUSHIMI）"⑤。因此，吾心良知慈悲之体现，首先是孝养父母，使夫妇兄弟全家之人和和睦睦，亲爱世间所有之人，怜悯鸟兽虫鱼

---

① 源自《大学问》："良知所知之善，虽诚欲好之矣，苟不即其意之所在之物而实有以为之，则是物有未格，而好之之意犹为未诚也。良知所知之恶，虽诚欲恶之矣，苟不即其意之所在之物而实有以去之，则是物有未格，而恶之之意犹为未诚也。"
② 源自《大学问》："良知所知之恶，虽诚欲恶之矣，苟不即其意之所在之物而实有以去之，则是物有未格，而恶之之意犹为未诚也。今焉于其良知所知之善者，即其意之所在之物而实为之，无有乎不尽。于其良知所知之恶者，即其意之所在之物而实去之，无有乎不尽。"
③ 士人和庶民，泛指普通人。
④ 日语汉字标为"常"。
⑤ 日语汉字标为"慈"。

草木等万物，远近内外无所不至，成天地万物一体之德，此即称为仁。

义者，宜也，①训读为"よろし（YOROSHI）"②，即如能斩物之利刀一般，能将当圆之物削制成圆，将当方之物裁制成方，使各自长短曲直皆处于相宜相适之状态。吾心良知之裁制所发，当为者为之，不当为者不为，当生则生，当死则死，若合当受之理，即使天下亦可受之，若不合当受之道，即便一草一木亦不可受之。即于世间万事万物皆适当相宜而行之德，称为义。

礼者，理也，③履也。④"理"训读为"すぢめ（SUJIME）"⑤，"履"训读为"ふむ（FUMU）"⑥，其意即践行合乎事物之道理。吾心良知之恭敬所发，在于相应贵贱亲疏等级身份而明确适宜之做法，决无丝毫之紊乱，相宜履行其节文条理⑦，此即称为礼。

智者，知也。"智"训读为"さとる（SATORU）"⑧，也读作"しる（SHIRU）"⑨，乃是知觉事物道理之意。吾心良知之是非之发见，是对于天下之道理能是非分明地辨别善恶，毫不怀疑地坚守道理而不失，此即称为智。

信者，实也。"信"训读为"まこと（MAKOTO）"⑩，是指真实而无毫发之虚伪。吾心良知真实之发见，是于仁义礼智毫无虚伪、真实无妄，此即称为信。

纵然天下善多，纵然天下理多，但皆包含于此五德之中。故此，圣人以此为教化之核心，我等亦当懂得将其视为吾心良知之雅号。

此仁义礼智信之五者，称为道德。其理由是因为"道"训读为"みち（MICHI）"⑪，指的是人们常住往来之街道。而此五常是指人当贵贱贤愚无别，经常不断行往，从帝王之贵到土著居民之贱即如同通行街道，故称为道。而"德"，则释为"得也"⑫，训读为"う

---

① 源自《中庸》："仁者人也，亲亲为大；义者宜也，尊贤为大。"
② 日语汉字标为"宜"。
③ 语出《礼记·仲尼燕居》："礼也者，理也。"
④ 语出《礼记·祭义》："礼者，履也。"
⑤ 日语汉字标为"筋目"。
⑥ 日语汉字标为"履"。
⑦ 体统仪节。
⑧ 日语汉字标为"悟"。
⑨ 日语汉字标为"知"。
⑩ 日语汉字标为"诚"。
⑪ 日语汉字标为"道"。
⑫ 源自朱熹《论语集注·学而》："德者，得也，行到而有得于心者也。"

る（URU）"①。其有两种含义，其一是指五常之理由上天自然赋予而使"我有"之意，即《大学》中所谓明德之类是也。其二是指五常之理虽为天性，亦有为私欲所夺做学问，躬行而有得于心所致之"我有"，即《大学》中所谓盛德之类，《论语》中所见之德字，多是如此。

　　大圣孔子在《论语》中专门论说了"仁"字。如同《孟子》中所见"仁，人心也"②之说，所谓"仁"，即指良知爱敬之本心。如此，唯仁是举则包括仁义礼智信，是为万善万行之总称。当时之人天赋聪明，能通晓其理。如亚圣孟子之时，处于周代之末，称为战国之世，一味只顾战事，而圣人之道则鲜为人知，与世隔离，渐衰，使人之禀赋愚钝，加之杨朱墨翟③等邪说暴行流行于世之故，导致仁义之两说并立。然而若举仁义，则礼智信皆在其中矣。之所以如此说，是因为"礼"乃指行仁义之节文，"智"乃指能明辨行仁义之行为道理而守之不去，"信"乃指行仁义而真诚不变。由此可说，所谓仁义，即自五伦五常至万善万行之德无不兼备者。是故《易经·说卦》中有"立人之道曰仁与义"④之说。时至汉朝，世风日衰，圣人远去，导致仁义礼智信被详分并言。然而世间之学者，俨然不知仁义礼智信之五者乃唯一一个吾心良知表德之别号，一味求之于心外之物而失其真、弃其本，将穷事物之末之道理诠释为"格"，致使其学问支离破碎，失却圣人之道。故此，当将大贤阳明子致良知三字作为学问之关要，以之为进入吾人之道之标准，因为此乃真正孔孟之宗旨。

三、孝悌忠信

　　所谓孝悌，即如《尔雅·释训》中所释："善事父母为孝，善事兄长为悌。"因此，吾心良知爱敬之发见，致真诚恻怛，善事父母称为孝，善事兄长称为悌。自君臣夫妇朋友之交至惠和鸟兽草木之类，

---

① 日语汉字标为"得"。
② 语出《孟子》："仁，人心也；义，人路也。"
③ 杨朱（约前395—约前335），杨姓，字子居，魏国人，中国战国初期伟大的思想家、哲学家。杨朱主张"贵己""重生""人人不损一毫"的思想，是道家杨朱学派的创始人。墨子（生卒年不详），名翟，东周春秋末期战国初期宋国人。墨子是宋国贵族目夷的后代，生前担任宋国大夫，是墨家学派的创始人，也是战国时期著名的思想家、教育家、科学家、军事家。
④ 源自《易经·说卦》："是以立天之道曰阴与阳，立地之道曰柔与刚，立人之道曰仁与义。"

其事不可计量，千变万化，但唯有事父母从兄长、致吾心良知，可无遗缺渗漏，一以贯之。而事亲之孝即仁也，从兄之悌即义也。仁义由博施众生而得名，孝悌由善事亲兄而得名。总而言之，皆乃吾心良知之异名也。

忠信二字皆训读为"まこと（MAKOTO）"①。程伊川②有言："尽己之谓忠，以实之谓信。"此说最为完善，其"尽己"，是说对内心尽吾心良知之真诚而无丝毫虚妄；其所谓"以实"，即是尽吾心良知真诚之心去行事。诚然，亦有人称之为"忠恕"。"忠"由"中"与"心"组成，即表示自己尽心而真实之意。"恕"由"如"与"心"组成，具有"如心"之意义，即如同对自己之心一般真实地推量他人之心之意。因此，以己真诚之心推量他人之心，则无私心杂念，其好则人亦好之，我恶则人亦恶之。而人亦欲如己之心而为之，则称为"恕"。往时有位大内介义隆先生，他久住京城为官，其夫人向其爱妾赠送了一首和歌：

同是人之身，掐己可晓人之痛，同为夫君人，己恋当知人眷心。

此歌能契合"恕"义。所谓的"掐己"③即是"つめる（TSUMERU）"④。因此，即如若掐拧己身感疼便知他人之身同样会痛，如此推己及人则知，我所眷恋者，他人亦同样会眷恋。以此和歌，当可领会"恕"之含义。而忠信忠恕虽同，但却稍有差异。"忠信"是指尽真诚而行事，而"忠恕"则是指尽真诚推量人心而行事，但二者皆为致良知之别名。《大学》中所谓"絜矩之道"⑤，即是指"恕"。所谓絜矩，其"絜"，即度也，训读为"はかる（HAKARU）"⑥；其"矩"所指的是曲尺。凡制造物之方法，以矩为定规而度之。诸如此般，以吾心之良知为标准，度量天下人之心，为安恤老者、尊敬长者、抚恤幼者，以遂众人所愿而从政事，此即

---

① 日语汉字标为"誠"。
② 程颐（1033—1107），字正叔，世居中山，后徙为河南府洛阳（今河南洛阳）人，世称伊川先生，北宋理学家、教育家。为程颢之胞弟。历官汝州团练推官、西京国子监教授。元祐元年（1086）除秘书省校书郎，授崇政殿说书。
③ 日语为"身を抓む（MIOTSUMU）"，即掐拧自己身体之意；引申意义为设身处地同情他人，推己及人。
④ 日语汉字标注为"抓"，意思与前注同。
⑤ 语出《大学》："所谓平天下在治其国者，上老老，而民兴孝；上长长，而民兴弟；上恤孤，而民不倍。是以君子有絜矩之道也。"
⑥ 日语汉字标为"测"。

称为絜矩之道。此絜矩之道是治理天下国家之关要，亦为致良知之别名。

四、心性情

"心"译读为"こころ（KOKORO）"，是为一身之主宰，指称人之神明。因此，应眼观色、耳听声乃至万事千端所需而主宰者，即此心法。《尚书·大禹谟》中，大舜为了告知禹王此心法之功夫，说："人心惟危，道心惟微，惟精惟一，允执厥中。"①亦即说，此心原本即是唯一一个，而非两物之一，但吾心之良知昏昧，则有所见闻便起邪念烦恼，故称为人心。故此，目视男女之美色则为恋慕之心所迷，耳听淫声则爱欲之心更深，一味贪图口食美味饮佳酿、身着锦衣绣服住宫殿楼阁，而有如此极尽欢乐之心，必会丧身、破家、灭国、乱天下，正因人心之发乃危殆道理，故当警惕人心"惟危"。吾心良知之本体寂然不动，无声无臭，道心中正入微为宜。然而，道心并非在人心之外，人心之得其正者，即谓之道心，失其正者，即谓之人心。②然若吾心良知之道正理顺，无论男女之情，抑或饮食、衣服、官位、财宝，可悉皆转为道用，则人心即道心。所谓"惟精惟一"，即指其修行之功夫。"精"字训读为"しらげ（SHIRAGE）"③，意为舂米使其透彻清亮，由此"精"字则由"米"旁加上"青"而组成，即如要使米透彻洁白，须加以舂簸筛拣，去人心之邪念则须道心良知为一。所谓"允执厥中"，即指人心没有邪念而道心良知为一，如此则自五伦至鸟兽竹木之类，悉皆符合天然之中正。

孟子所言"四端之心"，即道心。孟子说："恻隐之心，仁之端也；羞恶之心，义之端也；辞让之心，礼之端也；是非之心，智之端也。"④"恻隐"译作"いたみいたむ（ITAMIITAMU）"⑤，

---

① 语出《尚书·大禹谟》。
② 语出王守仁《王文成公全书》："人心之得其正者即道心；道心之失其正者即人心。"
③ 日语汉字标为"精"。
④ 语出《孟子·公孙丑上》："恻隐之心，仁之端也；羞恶之心，义之端也；辞让之心，礼之端也；是非之心，智之端也。"这就是孟子的"四端说"。
⑤ 日语汉字标为"痛"。

意思是感同身受而怜悯之心发自心底；"羞恶"译作"はじにくむ（HAJINIKUMU）"①，是指对自己之恶心生羞耻，对他人之恶心生厌恶；"辞让"即推让物品，谦让于人；"是非"即视善为是，视恶为非。此四心谓之四端，其"端"乃本始之意，是指事物之根本之端始。恻隐羞恶辞让是非之心，是为吾心良知之发见，仁义礼智之本始，故谓之四端之心。孟子说教此四端之心，要求扩充之而修行。所谓扩充，其"扩"译为"おしひろむ（OSHIHIROMU）"②，其"充"常用于"充实""充满"等词语中，译为"みつる（MITSURU）"③，是将物体扩展至充盈丰满之意。孟子所言之意是，人有四端之心，即犹如其身有四体，乃人人如是本具之性，不待外求。故此，若推广此心使其充满本体，则仁义礼智之德可现，天地万物可为一体。四端之心，虽然其名分之为四而有所不同，但其实是指一个吾心良知，扩充即指致良知。所谓性，既可释为"生"，亦可释为"理"，由竖心旁加上一个"生"字而组成，译为"こころね"④，其所指的是人由天具性，吾心良知之本体生生不息之道理。（所谓"生生"，是指良知善念之发见即如天地万物之发生。——作者注）

关于心与性，其名称虽为二，但实为一体。由上天赋予人者称为性，人禀赋于天而主宰一身者，称为心，二者均是一个吾心良知之异名。《论语》中所说"性相近，习相远"⑤，是古今论性之本旨。所谓"性相近"，即指吾心良知之本体具有无论圣人、途人同由上天禀赋之至善；所谓"习相远"，说的是习于善而致吾心良知，则会成为圣贤君子，习于恶而昧吾心良知，则会成为小人恶人。孟子的性善说讲述的是"性相近"的意旨。此外，《中庸》提出了"性·道·教"之三说。其中说道："天命之谓性，率性之谓道，修道之谓教。"⑥ "命"常用作命令，是指自上而下之命令，即如敕命宣命之类，皆为宣达天皇命令之意；而"性"，则是指人心

---

① 日语汉字标为"恥"。
② 日语汉字标为"推広"。
③ 日语汉字标为"満"。
④ 日语汉字标为"心根"。
⑤ 源自《论语·阳货》："子曰：'性相近也，习相远也。'"
⑥ 语出《中庸》："天命之谓性，率性之谓道，修道之谓教。"

之生理，即吾心良知之本体。虽说天道无言，但人自然具性，即如天之所命，故曰"天命之谓性"。所谓"率性之谓道"，是指遵循吾心良知之天性，则自然显现父子之亲、君臣之义，夫妇之别、长幼之叙、朋友之信。然而，贤人以下之人，不能遵循天性之道，故圣人为之立教，以使人人恢复吾心良知之本体，此即"修道之谓教"。而其教之关要，可简略为"慎独"二字。所谓"独"，是指人所不知而己所独知之地，①即吾心良知之本念。所谓"慎"，即凡事细心处理，以无过失。故而慎独亦可理解为致良知之异名。"情"乃性之动而有其名，存在于内心而尚未萌动者则是性，接触事物并且感动则是情。情有七种，即喜、怒、哀、惧、忧、恶、欲。"喜"译为"よろこぶ（YOROKOBU）"②，是"感觉高兴"之意；"怒"译为"いかる（IKARU）"③，是"愤怒"之意；"哀"译为"かなしむ（KANASHIMU）"④，是指"哀物而悲"之意；"惧"译为"おそるる（OSORURU）"⑤，是指"临事而惧"；"爱"译为"いとおしむ（ITOOSHIMU）"⑥，是指"珍爱事物"；"恶"译为"にくむ（NIKUMU）"⑦，是指对某物嫌忌厌恶；"欲"译为"おもう（OMOU）"⑧，是"心中贪念某物"之意。此七情，凡为人者，无不能具有者，圣人凡夫皆同，而恶者则无。圣人之吾心良知光明，故七情即为仁义礼智之德，而凡夫之吾心良知昏昧，故则不当怒而怒，不当喜而喜，随七情纵欲，致使邪欲日益骄盛，而至不义无道。有人将其称为情欲，如刘昼所说："性之所感者，情也；情之所安者，欲也。"⑨因此，情之太过者则谓之欲，诸如眼之悦色，耳之好声，鼻之爱香，口之嗜味之类，则智者愚人亦同，乃性之所感之情。然而，愚人情之所发骄盛，安于一行三昧而失道理之正，则称为欲，

---

① 语出朱熹《中庸章句》："独者，人所不知而己所独知之地也。"
② 日语汉字标为"喜"。
③ 日语汉字标为"怒"。
④ 日语汉字标为"哀"。
⑤ 日语汉字标为"恐"。
⑥ 日语汉字标为"爱"。
⑦ 日语汉字标为"恶"。
⑧ 日语汉字标为"思"。
⑨ 语出《刘子·防御》。关于《刘子》的成书时间和著者，目前尚无定说，学界多认为最有可能的是南梁刘勰（约465—约520），或者北齐刘昼（514—565）。作者在此书中认为是刘昼所著。

此亦可称为"人欲"或者"物败"①。又有人称为"意",与"情"之意义相似。"情"是由内心自然所发之性之动,而"意"则是由心之一念思量辨别所起之心之动。然而综合心、性、情、意四者观之,可以做出如下理解:凡事物之来则有交感,而成为其主宰者即心,或喜或怒者是为情,致其喜怒之根本者是为性,思量辨别此当喜彼当怒者是为意。

五、理气

"理"字常读解为条理,指人之日常当行条理。即父子之亲、君臣之义、夫妇之别、长幼之叙、朋友之信,是为吾心良知之条理。而关于"气",《孟子》中解释说:"气,体之充也。"②即是说,目视、耳听、鼻嗅、口言语、嘴尝味、运动四肢者,称为气。气充满人之全身,从头顶至脚趾无所不及,乃为善为恶者气之动也。如此,能知晓其气之动自当为善而不可为恶之理之神明,则称为吾心之良知,此即理也。

因此,理即气中之条理,离开气则不会有理。由此可知,气即理,理即气。此外,《孟子》有"养浩然之气"③之说,浩然指洪水之出无阻,悠悠流行之貌,而人原本由天禀得之气,至大至刚,乃宏大坚强之勇气,为事无所畏惧、不屈不挠,即使面临天下第一大事,亦泰然自若,故称浩然之气。然而凡庸之人,则不知养此大刚之勇气,为事胆怯,优柔懦弱。养其气之功夫,当以集义为事。④所谓集义,其"集"译为"あつむる(ATSUMURU)"⑤,其"义"是指心得其宜⑥,万事千端皆合乎道义谓之集义,即致良知。因此,若致吾心之良知行事,则大凡天下之事,皆可心得其宜,自省而毫无愧怍。心情畅快,则生浩然大刚之勇气,万事雷厉风行而无所畏惧,即便事关大国,抑或天下之政事,亦心如磐石,笃定自若。《大

---

① 为物所驱使,即拜物主义之意。
② 源自《孟子·公孙丑上》:"夫志,气之帅也;气,体之充也。"
③ 语出《孟子》:"我善养吾浩然之气。"
④ 语出朱熹《孟子集注》:"养气者,必以集义为事,而勿预期其效。"
⑤ 日语汉字标为"集"。
⑥ 源自王守仁《传习录》:"义者,宜也,心得其宜之谓义。"

学》中所说"心广体胖",《论语》中所说"内省不疚,夫何忧何惧",皆同此意。

关于理气之说,若就天道言之,《周易·系辞》中所说"生生之谓易"①即指"气",其所说"易有太极"②即指"理"。所谓"易",即变易也,译为"かはる(KAWARU)"③,是指天地一元之气变阴易阳,春夏秋冬循环不止,万物生生不息,此即气也。其气生生,使柳绿花红鸢飞鱼跃,尽显各自之道理。其神灵则称为太极,即理也。此外,之所以将"理"称为"太极",是因为"太"乃无上无外之义,"极"是指"至极之际"。正因为"理"是天地万物当然之至极,故而得此尊崇赞美之名。若以人而言,其一心之念念不息之中便具吾心之良知,称为"易有太极"。

此外,关于理气,亦有人称之为"天道天命"。天道有三义,即流行、对待和主宰。一是"流行"谓之天道,指天地一元之气一度为阴,一度为阳,春夏秋冬循环不止,《周易·系辞》中所说"一阴一阳之谓道"④,便是此义。二是"对待"谓之天道,指天地、日月、山川、水火,以及昼夜之明暗、寒暑之往来,皆各阴阳相对相待,《周易·说卦》所说"立天之道,曰阴与阳"⑤,便是此义。三是"主宰",指人修善事则兴福,为奸作恶则降祸,将皇天上帝称为天道,《尚书》中所说"天道福善祸淫"⑥,便是指此。所谓天命,其"天"是指自然法尔之理,即指不假人力自成之理;其"命"常读解为命令,是指由上对下之指令。吾心之良知能辨善恶、知爱敬孝悌,是由天、自然赋予之理。因此,禀赋于天者谓之天命,禀赋于人者谓之为性,此即性命之理也。然而,圣人所言之天命,多是基于贫富贵贱吉凶祸福生死存亡之体现而言,认为人之贫富生死皆是天道所为,不是人之所为不及,不招自然而至,故谓之天命。因此,致吾心良知,致其道,吉凶祸福之自至即是天命,而无丝毫合道则是人之造作所为,非天命也。然而世间凡夫,因诸事无以养生,则将疾

---

① 语出《周易·系辞》:"日新之谓盛德,生生之谓易。"
② 语出《周易·系辞》:"易有太极,是生两仪。"
③ 日语汉字标为"变"。
④ 语出《周易·系辞》:"一阴一阳之谓道,继之者善也,成之者性也。"
⑤ 语出《周易·说卦》:"是以立天之道,曰阴与阳;立地之道,曰柔与刚;立人之道,曰仁与义。"
⑥ 语出《尚书·汤诰》:"天道福善祸淫,降灾于夏,以彰厥罪。"

病、家业不勤而贫困、触犯朝廷法律而受刑之类称为天命，或称为过去罪业其时节到来；亦有放逸躬行，诸事皆唯天道是从者，称只需坐等良机。诸如此类之说，皆大错特错，当知此乃唯我作为之虚事，而并非天命。

六、知行合一

"知"译为"しる（SHIRU）"①，即指能够识解事物之道理；"行"译为"をこなう（OKONAU）"②，是修道于身之意；"合一"译为"あはせひとつにす（AWASEHITOTUNISU）"③。无论是儒学还是佛教，都将"知行"一分为二，故而多被理解为先要心中懂得事物之道理，其后再身体力行。然而阳明子之说宣称"知是行之始，行是知之成"④，立言"知行合一"。以要言之，欲行孝悌之心，既是知，亦是行之始，即其孝悌之深浅是知得行，而行则是知之成就。譬如饮食，有欲饮食之心而知饮食，其欲饮食之心，则是行之开始。饮食之味道，是待入口之后而知，即是知之成。所谓知孝悌，是指能行孝悌，不是仅仅知晓孝悌之理。是故知即行，行即知，知行相即不离，不一分为二，即是知行合一。此乃阳明学之宗旨，亦是孔孟之本旨。其具体论述见《传习传》，现简略阐述其大概。

七、阳明子四句教法

无善无恶心之体，有善有恶意之动，知善知恶是良知，为善去恶是格物。⑤

阳明子，讳守仁，字伯安，姓王。明朝正德年间人士，乃文武双全名将，才德兼备之贤儒。南方宸濠，实力强劲之朝敌，阳明子灭之，被封为新建伯，由天子赐谥号文成公，从祀孔庙。阳明，是

---

① 日语汉字标为"知"。
② 日语汉字标为"行"。
③ 日语汉字标为"合一"。
④ 语出王守仁《传习录》："知者行之始，行者知之成。"
⑤ 语出王守仁《传习录》，是王阳明的心学四诀。

其别号，子，是有德男子之称，表示尊崇先儒之意义。阳明子有众多弟子，经常与之讨论学问，教导其上述心学四诀。

所谓心之体，即天命之性。一念未发动之时，尚无善之名，况有恶乎？故有"无善无恶心之体"之说。所谓意之动，即心中有一念产生，于是始有善恶之名，故称"有善有恶意之动"。其一念善恶之发动，如有明辨孰善孰恶之智慧机能，则称为良知，是故有"知善知恶是良知"之说。所谓格物，格者，释为"正也"①，译为"ただす（TADASU）"②；物者，乃"事"之意，③译为"こと（KOTO）"④。凡心思躬行之事，正其事之不正，即正心术躬行为格物。正即善，不正即恶。吾心之良知乃天理之明觉处，自然知善恶，然若被人欲之私所昏，自欺吾心之良知而作恶，则会不行格物。故而当开发吾心良知，从师做学问，明晓圣人之教，明辨善恶之理，行善去恶。此即谓之"为善去恶是格物"。当知大凡所说之善，即指正五伦五常之道，所说之恶，即指乱五伦五常之道。总之，学问之道，可集约于此四句教法之中，而四句教法又可集约为致良知三字，知此理而行之者称为儒者。然而世上之人，认为唯讲谈书物、能记历代之事、赋诗作文者方是儒者，此类看法十分荒谬。所谓儒者，即濡也，⑤译为"うるほす（URUHOSU）"⑥，即以五伦五常之道施惠其身之意。因此，上至帝王将军，下至土民百姓，能致吾心之良知，正五伦五常之道，勤各自之职分者，皆可一同称为儒者。因此，正如宋景濂⑦之所说："二帝儒而帝，三王儒而王，皋陶伊尹周公儒而臣，孔子儒而师。"⑧（二帝指的是帝尧、帝舜；三王指的是夏禹王、殷汤王、周文王。——作者注）由此观之，凡是行五伦五常之道者皆为儒者，并非只是书物读诵者。所以不论贵贱贫富，均当以致良知三字为目标，

---

① 语出王守仁《大学问》："格者，正也，正其不正以归于正也。"
② 日语汉字标为"正"。
③ 语出王守仁《大学问》："物者，事也，凡意之所发必有其事，意所在之事谓之物。"
④ 日语汉字标为"事"。
⑤ 语出郑玄《三礼目录》："又儒者濡也，以先王之道，能濡其身。"
⑥ 日语汉字标为"潤"。
⑦ 宋景濂：宋濂（1310—1381），初名寿，字景濂，号潜溪，别号龙门子、玄真遁叟等，汉族。祖籍金华潜溪，后迁居金华浦江。元末明初著名政治家、文学家、史学家、思想家，与高启、刘基并称为"明初诗文三大家"，又与章溢、刘基、叶琛并称为"浙东四先生"。
⑧ 语出《明儒学案》："三皇儒而皇，五帝儒而帝，三王儒而王，皋夔稷契伊傅周召儒而相，孔子儒而师，然则孔门一帝王之教耳，帝王一天地之道耳。"

尽身份相应之职分。是乃学问之本旨。

后记

余少溺志异端，既乃稍知从事正学，而苦于众说之纷扰疲苶，茫无可入也。① 一日尝读《传习录》，初未晓文义，读之已久，而恍然似有所省者，然后知阳明子之学，真切简易而粹然大中至正之归矣。然世之学者徒守书册，泥言语，全无交涉，② 而不复知，竟相呶呶，以乱正学，其已入于异端，③ 此朱门末国④之弊，而未有能救之者也，良可叹夫。然朱门之学，行乎本邦也，盖二百余年矣。其植根固，其流波漫，择其可语者诲之，犹时兴余悖，其声谠谠，而况其余乎。滔滔者天下皆是也，⑤ 余岂敢议之哉。村上氏子明亮年十七，聪敏而好读书，不拘于时，请学于余，余嘉其志，为著《王学名义》二卷以贻之，意使晓其名义也。夫雕虫篆刻，道之绪余，而况俚谚之秕糠，岂足以陶铸至道哉。虽然不晓名义而欲通其道，犹七年之病，求三年之艾，也不亦难乎。若夫直求本原于言诠之外，真有以验其必然而无疑者，则存乎其自力耳。

元禄壬午⑥七月既望⑦，平安后学松庵三重新七郎平贞亮识。

---

① 源自王守仁《朱子晚年定论》："守仁早岁业举，溺志词章之习，既乃稍知从事正学，而苦于众说之纷扰疲苶，茫无可入，因求诸老、释，欣然有会于心，以为圣人之学在此矣！""疲苶"，同"疲苶"，"疲劳困顿"之意。
② 语出王守仁《传习录》："士德曰：晚年之悔，如谓'向来定本之悟'，又谓'虽读得书，何益于吾事？'又谓'此与守书籍，泥言语，全无交涉'，是他到此方悔从前用功之错，方去切己自修矣。"
③ 出自王守仁《朱子晚年定论》："予既自幸其说之不谬于朱子，又喜朱子之先得我心之同，然且慨夫世之学者徒守朱子中年未定之说，而不复知求其晚岁既悟之论，竞相呶呶，以乱正学，不自知其已入于异端；辄采录而衷集之，私以示夫同志，庶几无疑于吾说，而圣学之明可冀矣！"
④ 末国：同日语"末流"之意。后辈，流派的分支。
⑤ 语出《论语·微子》："滔滔者天下皆是也，而谁以易之？"
⑥ 元禄十五年（1702）。
⑦ 阴历十六日的夜晚。

第三部分

三重松庵《王学名义》思想评述

前言

三重松庵的生平经历在"述介"中已经进行了概述。松庵修习儒学之后曾经入古义学派的伊藤仁斋门下研究儒学经典，后接触《传习录》《大学问》等王阳明著作，从而对王阳明"致良知"及"知行合一"之说推崇备至，视其为"切近于世教"的孔孟之正宗，著书《王学名义》，并大力倡导传播阳明心学。松庵的思想学说，虽然涉及古义学、阳明学和神道学，但近代日本著名哲学家、思想史学家井上哲次郎在编纂《日本伦理汇编》以及撰著《日本阳明学派之哲学》之时，皆将其列入了阳明学派之列，可见其关于阳明心学的学说在日本阳明学史上的地位。

《王学名义》是三重松庵研究和阐发其阳明学思想的代表性著作，其撰著的直接目的是为教授有志于学的门人弟子，使其明晓王学之名义，更深层的目的是以良知学解救当时"朱门末流之弊"。王阳明的心学思想早期在中国被称为"王学"或"余姚之学"，《王学名义》正是沿用了这一传统称谓，称其为"王学"。

三重松庵的思想形成过程与其他很多日本阳明学家非常相似，即先习佛学，后入儒学，儒学之中又先孔孟，后朱子，在对朱子学有所置疑之后而转向研习和信奉阳明心学。三重松庵的《王学名义》实际上都在阐释其对致良知之学的识解。他认为万事之理皆可用致良知来解释，五伦、孝、知行合一、四句教等皆为致良知之异名，是为孔孟之正宗。三重松庵对于日本阳明学的意义在于，其在江户时代中期朱子学盛行而阳明学被压抑的背景下，依然敢于基于自己的良知和庶民社会的需要诠释阳明的致良知之学，为传播阳明学思想和发展庶民教育做出了贡献。故译注和研究《王学名义》，不仅可以从中了解三重松庵对阳明学思想理论进行识解和阐发的具体内容，而且可以由此了解日本阳明学派在江户时代中期的境遇，揭示三重松庵学说对于日本阳明学的发展以及庶民教育的意义。

一、松庵阳明学思想的形成

三重松庵阳明学思想的形成是在江户时代中期。由于德川幕府在江户时代初期即开始大力倡导儒学，故发展至江户时代中期，其已经在政治、经济、文化、艺术等多领域产生了广泛而深刻的影响。尤其是儒学中的程朱理学，其所主张的"存天理，灭人欲"，强调恪守本分、反对以下犯上等思想，正好符合幕藩统治者的政治需求。幕藩统治者希望通过朱子学将外在的政治要求转化为内在的道德自省，维护严格的士农工商四民身份等级制和封建领主土地所有制。由此，朱子学被认定为"官学"，地位凌驾于其他儒学思想派别之上，包括阳明学派在内的其他各思想学派均受其压制。尤其是阳明学派，被认为具有反朱子学的性质，自熊泽蕃山遭遇幕府冤狱病逝（1691）后，阳明学派受到了严重的打击，很少有人再敢明目张胆地倡导阳明学，遂使阳明学进入了低沉期。

在此背景之下，三重松庵年少时期首先接触到了孔孟之学及其后的朱子学说。松庵对孔孟之学深信不疑，认为孔孟所提倡的"仁义礼智信"是人人日常应行之道，古往今来不变之德。[①] 故而松庵在研习孔孟思想的同时，将自己的学习体悟著成古本《大学》讲义数卷，用于向门人弟子传道解惑。松庵推崇孔孟思想不仅仅限于学术研究或讲学，而是同时用于指导自己的德行。松庵一生淡泊名利，从未为士从仕，专心研究学问，致力于庶民教育，这也证明了其对孔孟思想的青睐。

松庵曾入古义学派创始人伊藤仁斋门下学习研究儒学古典，与仁斋门人北村可昌、田中亲长等人一同研习探讨儒学思想。仁斋治学严谨，提倡复古儒学，坚持唯物主义的气一元论，批判朱熹关于以理为本、理在气先的唯心主义观点，这对其后松庵独特思想理论的形成具有一定的影响。例如松庵在《王学名义》下卷关于"理气"的阐释，就认为"理即气中之条理，离开气则不会有理"。这与仁斋的古义学观点颇有相似之处。

松庵虽然受到了仁斋思想学说的影响，但是我们认为他受仁斋影响最大的应该是在治学方法和态度方面。仁斋创立的古义学派虽以儒学为宗，但却独尊孔孟，对朱子学说和阳明学说一概否定；然而松庵虽然同样厌弃朱子学说，认为其曲解了孔孟学说之义，反对朱熹提出的"存天理，灭人欲"的观点，但是在对于阳明学说的态度上却没有盲从。在当时阳明心学被压制的情况下，松庵反复研读

---

① 三重松庵：《王学名义》，井上哲次郎、蟹江义丸编：《日本伦理汇编》（第2卷），第354页。

《传习录》《大学问》，体会阳明学思想之精髓，评价"致良知""知行合一"学说思想为"孔孟之宗旨"，坚持研习、宣讲阳明心学，实在难能可贵。其所著《王学名义》二卷，不仅将阳明心学思想进行了通俗化的阐释，而且将其融到日本民众的日常之道中，非常有利于普通民众对阳明学的理解和接受。

三重松庵正是通过古义学对孔孟思想进行深入研究，才认识到阳明心学独得孔孟之正宗，才能以"致良知"与"知行合一"的观点精辟、准确地阐释了孔孟"仁"与"义"的思想精髓。由于历史背景的不同，他在学习、研究、传播阳明学的过程中，对阳明心学做了本土化、时代化的诠释，形成了自己独特的阳明学思想。松庵的思想主张尽管由于当时阳明学受压而未能与其他阳明学者进行广泛交流而扩展，但是他初期讲学的京都是藤树后学渊冈山创建京都学馆之地，后期讲学的江州八幡山，是藤树开塾讲学之地，因此可说，其阳明学思想的形成与藤树后学也不无关系。

二、对"致良知"论的诠释和运用

众所周知，"致良知"是阳明心学思想的核心主旨，而《王学名义》则是三重松庵研读《传习录》《大学问》等阳明著作后，对"致良知"论的阐释和总结。《王学名义》开篇即说道："此三字为学问之关要，圣人教人之第一义也"①，并在上卷中论述了如何用王学的"致良知"理解"五常"之道。松庵在文中说道：

> 父慈而子孝，互致吾心良知而善待、爱敬对方，即是"父子有亲"。……君使臣以仁礼，臣事君以忠，君臣同致吾心良知，即是"君臣有义"。……夫以和义倡妇，妇以顺正从夫，致吾心良知，正视男女内外差别，相互爱敬，即是"夫妇有别"。……兄以惠爱弟，弟以悌敬兄，致吾心之良知，相互爱敬，和睦相处，此即"长幼有序"之谓。……朋友之交，致吾心之良知，真诚

---

① 三重松庵：《王学名义》，井上哲次郎、蟹江义丸编：《日本伦理汇编》（第2卷），第335页。

信赖且互相爱敬，即是"朋友有信"。①

因此，松庵认为："四书、五经中所述，皆为致吾心良知之注文也。"若以"致良知"三字为目标而读四书、五经，则皆成我身之行，可为今日之用。然若四书、五经与我身分离，则毫无益处可言。正因如此，此三字乃学问之关要，圣人教人之第一义，尤为阳明学之宗旨。②

我们知道，"致良知"并非王守仁的独创，而是他对《大学》第八条"致知"的新的解释。③"良知"二字来源于《孟子·尽心上》，孟子曰："人之所不学而能者，其良能也；所不虑而知者，其良知也。"阳明说："知是心之本体，心自然会知；见父自然知孝，见兄自然知弟，见孺子入井自然知恻隐，此便是良知，不假外求。若良知之发，更无私意障碍，即所谓'充其恻隐之心，而仁不可胜用矣。'"④三重松庵在此基础上进而阐释说："良，是本然之善，是来自于本性的善。知，是自然的明觉。看花知花，看月知月，知善为善，知恶为恶，能知此心之神明，皆是天赐禀赋，此等来自本性之善的智慧即是吾心良知。"⑤由此可见，松庵对"良知"的认知，与孟子和王阳明所说意义皆同，即认为良知乃本性之体现，是一种自觉，人人心中皆有良知，不假外求。对于"致"，松庵解释说："致，推极也"⑥"吾心一念之良知，即见到君主产生忠节之心；见到父兄产生孝悌之心。认知其一念，行至极致"⑦。

关于"致良知"，《传习录》中的解释是："良知良能，愚夫愚妇与圣人同。但惟圣人能致其良知，而愚夫愚妇不能致，此圣愚之所由分也。"⑧王阳明认为，良知良能，愚夫愚妇与圣人皆有之，"致"却只有圣人能够做到，愚夫愚妇与常人则不能。在这里，作为"心之本体"的"良知"，很明显被纳入了形而上的范畴，而"致

---

① 三重松庵：《王学名义》，井上哲次郎、蟹江义丸编：《日本伦理汇编》（第2卷），第336—345页。
② 三重松庵：《王学名义》，井上哲次郎、蟹江义丸编：《日本伦理汇编》（第2卷），第335页。
③ 崔在穆：《东亚阳明学》，中国人民大学出版社2009年版，第34页。
④ 王阳明：《传习录全鉴》（第2版），中国纺织出版社2014年版，第19页。
⑤ 三重松庵：《王学名义》，井上哲次郎、蟹江义丸编：《日本伦理汇编》（第2卷），第334页。
⑥ 三重松庵：《王学名义》，井上哲次郎、蟹江义丸编：《日本伦理汇编》（第2卷），第334页。
⑦ 三重松庵：《王学名义》，井上哲次郎、蟹江义丸编：《日本伦理汇编》（第2卷），第334页。
⑧ 思履：《图解王阳明全书》，中国华侨出版社2013年版，第270页。

良知"则要"存天理，去人欲"，因此被纳入了形而下的范畴，即王阳明在形而上的本体"良知"世界中是强调圣愚"合一"的，而在形而下的现实世界则强调圣愚区分。这种观点，应该说是由于他对明朝中叶现实社会中存在的道德理性与私意私欲的严重冲突而产生的思考。[1]亦即说王阳明认为，心是唯一的本体，圣人最重要的功夫，就是要使本身所具有的良知不为外物所蒙蔽，通过存"良知"之"天理"，去除遮蔽本心的"人欲"之杂，达到恢复本心的状态。

三重松庵在阳明此说的基础上进一步进行了阐发，他论述道："吾心良知乃天理之明觉处，自然知善恶，然若被人欲之私所昏，自欺吾心良知而作恶，则会不行格物。故而当开发吾心良知，从师做学问，明晓圣人之教，明辨善恶之理，行善去恶。"[2]并认为"格物去蔽"是实现"致良知"的基本方法，而"格物去蔽"最好的方法是"博学之，审问之，慎思之，明辨之，笃行之"。即松庵主张，要做到"致良知"和"格物去蔽"，就要努力地去认知宇宙间万事万物，获取更多的知识，通过追根求源，进行谨慎的思考和仔细的推敲，明辨是非对错，去伪存真，坚定勇敢地去践行已经掌握的理论知识，以达到学以致用的最终目的。这种认识可说完全体现了松庵对王阳明的"知行合一"思想的识解。

在松庵对"致良知"的阐释中，不仅强调了"吾心之良知"和"致良知"的内涵和意义，而且将其与"感恩"和"报恩"思想结合在了一起，认为所谓吾心之良知，即心有知觉之神明，此即理也。吾心之良知虽然人皆有之，但如果不知致吾心之良知，致使迷惑之心日深，则会最终变得近乎禽兽，尽做不忠不孝、无礼无义之事；因先师之教诲，方知致吾心良知，明晓三纲五常之道，得以立身、治家，故而先师之恩，等同于君父之恩；父之恩，在于授之吾身，得以享受生活之乐；君之恩，在于知遇之恩；而师之恩，则在于使其知晓致吾心良知。三者恩情无高下之别，应尽爱敬之诚、恭奉之事。

在《王学名义》下卷的《大学说》《知行合一》《阳明子四句教法》等节中，松庵也无处不在诠释《致良知》论的运用，目的是使吾门人弟子知晓万事万物皆同理，学会理解、运用《致良知》论，

---

[1] 方国根：《王阳明"致良知"道德哲学及其精神维度》，《学术界》2014年第196期，第55页。
[2] 三重松庵：《王学名义》，井上哲次郎、蟹江义丸编：《日本伦理汇编》（第2卷），第364页。

可解决世间一切问题。

三、对"孝道"思想的识解

孝道是儒家思想的核心理念之一，也是东方传统道德行为的重要准则。《孝经》上说："夫孝，天之经也，地之义也，民之行也。天地之经而民是则之。"①《尔雅》上说："善事父母为孝。"王阳明对于孝道的阐发，是基于其"致良知"学说的，认为孝是人的自然本性，源于心之本体，由"良知"所发，"良知"是行孝的基础，心至诚才能行至孝。"孝"为一切道德之根本，知孝就知如何去躬行孝道。大圣人孔子将"孝"称为"至德要道"，三重松庵在《王学名义》中对此做出了如下解释：

> 所谓"至德要道"，其义是指仁义之德、五伦之道之关要。以此"至德要道"交君臣父子夫妇兄弟朋友，即亲、义、别、序、信，如此则能和睦，上下皆无怨。以此祭祀神明，则神明纳受，以此施于天下，则天下太平，以此治国则国家安定，以此齐家则家齐，以此行身守心则身修心正。如此，庶民集蓄财富，其身得以安乐；士人可升官位，得以彰显美名；卿大夫可兴家；诸侯可享一国之荣华；天子可保万乘之位，得四海之富，子孙长久。②

由此可以看出，松庵对于"孝"的理解已经远超中国传统儒家文化中"孝"的范畴。在中国的孝道思想当中，"孝"的对象是以家为单位的父母等有血缘关系的亲属，这是因为血脉传承对于中国人十分重要，有血缘关系的人才是行孝的对象，所以才有"不孝有三，无后为大"的说法。而松庵则认为，"孝"的对象不仅仅可以扩大到君主、恩师，转换为"忠"和"敬"，还可以把孝道思想引入夫妇、兄弟、朋友的关系之中。亦即说，也可体现为"夫妇有别、长幼有序、朋友有信"，表现出了日本阳明学自中江藤树以来一直以"孝德"为"明

---

① 宫晓卫:《孝经人伦的至理》，上海古籍出版社2008年版，第63页。
② 三重松庵:《王学名义》，井上哲次郎、蟹江义丸编:《日本伦理汇编》（第2卷），第346页。

德"伦理之核心的特色。

以父母为例,行孝的形式有很多。《大戴礼记·曾子大孝》记载:"孝有三:大孝尊亲,其次不辱,其下能养。"①而松庵则将"行孝"总结为二,说:"第一是让父母心安愉悦;第二是敬养父母。让父母心安愉悦,即做到端正自己心术而躬行,勤勉于诸般家业,不随意浪费财富,节俭之时亦体谅父母之心和不让孩子受苦,避免其产生遭遇灾祸患难之恐慌;用心教化妻子臣妾,使其皆和颜悦色、谦卑地爱敬父母——即便是苟且之命亦不违背懈怠,兄弟同族和和睦睦。若能如此,父母自然心安愉悦也。"②

上述松庵对"行孝"的阐释,可说是其孝道观的基本内涵。在此基础上,松庵对其孝道观又进行了补充,认为"不教子为不孝之第一"③。他说:"吾身既受之于亲,即双亲之身也。而育子为恶者则如同恶双亲之身。故不教子为不孝之第一也。"④这实际上是"让双亲之心安乐"的进一步体现,也是对《孝经》的阐发。因为《孝经》中就有"立身行道,扬名于后世,以显父母,孝之终也"⑤的论述。在松庵看来,子之身即吾身,吾身即双亲之身,不好好教育子孙,不能使其将父母传下来的家业发扬光大,扬名于后世,使父母显赫荣耀,便是对父母之最大不孝。这种思想观念对后世日本的"家观念"和"家制度"的形成产生了较深的影响。我们知道,近现代日本社会中的"家",大多是家产与家业的运营集团。从这个意义上说,"家"在社会上是作为生活单位和生产单位的集合体而存在的,具有较之血缘更重视地缘关系的特征。"家"的重要性超越其成员的生死,以永世存续为目标,世世代代都担负着这个任务。⑥因此日本的家观念与中国传统的家观念有很大不同,即中国更加重视血脉的传承,而且以长子、嫡子继承为主,即便能把家业发扬光大,使父母显赫,但若无后,也会愧对父母,被视为"大不孝";而日本的"家"则有超出以血缘为纽带的深刻内涵,"家"这一功能共同体的延续、

---

① 安冠英、张云令:《孝道文化古今谈》,金盾出版社2015年版,第183页。
② 三重松庵:《王学名义》,井上哲次郎、蟹江义丸编:《日本伦理汇编》(第2卷),第338页。
③ 三重松庵:《王学名义》,井上哲次郎、蟹江义丸编:《日本伦理汇编》(第2卷),第339页。
④ 三重松庵:《王学名义》,井上哲次郎、蟹江义丸编:《日本伦理汇编》(第2卷),第339页。
⑤ 宫晓卫:《孝经人伦的至理》,第3页。
⑥ 有贺喜左卫门:《日本的家族》,(日本)至文堂1965年版,第22页。

发展被视为凌驾于人根血脉的继承之上。如在家业的继承方面，多实行"一子继承""能者继承""养子继承"等制度。因此，松庵的"不教子为不孝之第一"的观点，可说正体现了日本这种传统"家"观念，是中国儒家"孝"文化在日本受到其基于自我文化传统的认知、吸纳和阐发而产生的，并非对中国"孝"文化的生搬硬套。

松庵对"行孝"认识的最大特点是，他虽然主张行孝就是要让父母老有所依、心安愉悦，但也不赞成愚孝。认为父母若有不义之行为，不能任由其为之，但也不能直言批评让父母怏怏不悦，而应说明其是非善恶，婉言规劝，若父母不听劝，可拜托父母的知心好友予以晓谕，想方设法让父母之心术躬行合于道，这才是真正的行孝。

四、松庵的平民教育思想

日本在江户时代之前，很少有官办的民间学校，私学也极为薄弱，僧侣是知识的所有者和主要传播者，教育基木上是贵族与上层武士的奢侈品。① 德川幕府成立后，实施以文治国、以德治国的封建统治制度，开始重视儒学的教育，认为只有儒学倡导的"三纲五常"和"礼义廉耻"等伦理道德才是幕府得以长治久安的根本保障，才能为日本带来稳定和太平。因此，不仅德川幕府建立了幕府直属学校——昌平黉（又称江户学问所或昌平坂学问所），而且一些地方大名也相继建立了藩校（藩立学校），但两者都以武士子弟为培养教育对象，教学内容涵盖汉学古籍经史子集四大类别，尤其注重四书、五经、《小学》、《孝经》以及《史记》《十八史略》的教学。直至江户时代中期由大阪五大商人发起和出资创立的怀德堂② 成为官许学堂，士农工商无论身份高低都可享受教育的学堂才大量出现，教学的内容和类型也出现了面向中下级武士和农工商平民子弟的趋势。松庵正是在这种背景下研读王阳明有关教育的"公学"论说，形成了具有阳明学特色的平民教育思想。

王阳明说："夫道，天下之公道也；学，天下之公学也；非朱

---

① 熊庆年：《17世纪至19世纪中叶中日教育发展比较》，巴蜀书社1998年版，第192页。
② 怀德堂亦称"怀德书院"，由三星屋、道明寺屋、备前屋、鸿池屋、舟桥屋等大商家出资于1726建立，以町人特别是商人为主要教育对象，以"学问者尽忠孝，勤职业"为教学目的，具有外朱内王的性质。

子可得而私也，非孔子可得而私也。天下之公也，公言之而已矣。"①三重松庵继承了王阳明这种思想理论，认为知识并非某类人的私产，每个人都应该有接受教育的机会，主张人人平等。因此，他在《王学名义》中，以非常通俗的语言向包括庶民在内的学员传授阳明心学思想的精髓，宣传其平民教育思想。

三重松庵有关平民教育的论说，虽然继承了王阳明的"公学"思想，但他并没有过多强调"觉民行道"这种过于厚重的大道理，而是将对于大众遥不可及的哲学进行理论通俗化和庶民化，将其落实到人们日常生活和道德修养实践中，让处于下层阶级的武士和庶民也能够自觉其道德本心，以实现其对民众进行道德培育的目的。

松庵的学说注重身心修养，认可"万物一体"之世界观，为推行庶民化教育，用"致良知"论诠释了百姓"人伦日用"之道。其思想主张与中国泰州王学的创始人王艮（1483—1541）的思想有诸多相似之处。王艮曾入王阳明门下学习心学，创立了传承阳明心学的泰州学派。王艮提倡"人人君子"的平民教育思想，用"百姓日用即道"的思想来诠释阳明心学，主张"圣人之道无异于百姓日用"，从而得以使高迈的圣人之道通俗化、平民化。松庵在其《王学名义》中虽然没有明确指出王艮所说的"百姓日用即道"，但其强调"致良知"为"人伦日用"之道的思想，可说与王艮所说有异曲同工之妙。

松庵的平民教育思想还特别重视家庭教育问题，如在父母如何对待孩子的教育问题上论述说：

> 父母疼爱孩子，应首先为其先择学问之师，学习仁义之道，以使之成为贤人、智者为根本。不忍孩子受一时之苦，凡事随其所愿而育是姑息之爱。……不教育子孙而求其繁昌，即如同无网捕鱼、无弓射鸟。②

这里不仅讲明了家庭教育的方法及其重要性，而且讲明了教育应注重的核心内容和目的，即主张让受教者"习仁义之道"和使其"成为贤人、智者"。松庵认为"习仁义之道"即是扩充四端之心，

---

① 思履：《图解王阳明全书》，第314页。
② 三重松庵：《王学名义》，井上哲次郎、蟹江义丸编：《日本伦理汇编》（第2卷），第339页。

致良知于己，可格物、致知、诚意、正心、修身，是道德品行培养和治学之道的基础。而"成为贤人、智者"则体现了松庵对于教育结果的期待，也体现了他提倡人人平等的思想，坚信只要教育得当，人人皆可成为贤人、智者。同时，他强调父母"不教育子女而求其繁昌，如同无网捕鱼、无弓射鸟"之理念，也是想清楚地告诉世人应该如何为人父母。

在松庵的教育思想中，还十分重视"幼教"和"胎教"，主张教育孩子应以幼时为根本，从母亲怀孕时便可开始①。松庵认为，母亲自怀孕起，起居饮食都要合理，眼不视邪色，耳不听淫声，朝夕见闻圣人之道。如此生下的孩子，体貌端庄，智慧才学过人。孩子出生之后，其心术躬行、耳闻目睹皆会效仿父母，故应以父母的德行为教育孩子之根本。②为此，父母就应该正其心，修其身，加强自身修养，以身作则，为孩子树立良好的榜样。即对于年幼的孩子来说，说教未必是最好的教育方式，父母的一言一行孩子都能看得到、学得到，因而父母的良好德行就是对孩子最好的教导。

关于如何教育孩童的问题，松庵指出："待到孩子七八岁时，若其天资聪慧，则使其读《大学》《中庸》之首章，以及阳明子之《大学问》，并常为其讲解其中之道理，而使其以悟道为基础，学习急用之技能。倘若其禀赋愚钝，则应使其在不知不觉中听闻大学之道理，而不丧失吾心之良知。待到十五六岁时，教育之侧重点则在于择师和择友。另有择业之事，当根据其才干而选定，士农工商皆可。如此方是疼爱亲生之子之大要也。"③即在松庵看来，不同阶段的孩子应该区别教育，对于禀赋不同的孩子要采取不同的教育方式，教育应该因材施教。但同时，他充分肯定《大学》《中庸》在教育中的重要性，认为《大学》提出的"三纲领"，即明德、亲民和止于至善，必须通过"格物、致知、诚意、正心、修身、齐家、治国、平天下"这"八条目"来实现。而《中庸》提出的教育目的是由"诚"至"道"，强调遵循人的本性，发扬善端，将天性中的固有美德与后天学习、修养相结合，推而广之达到教育和政治的实现，即通过好学实现"知"，

---

① 三重松庵：《王学名义》，井上哲次郎、蟹江义丸编：《日本伦理汇编》（第2卷），第340页。
② 三重松庵：《王学名义》，井上哲次郎、蟹江义丸编：《日本伦理汇编》（第2卷），第340页。
③ 三重松庵：《王学名义》，井上哲次郎、蟹江义丸编：《日本伦理汇编》（第2卷），第340页。

通过努力笃行达到"仁",经常反思、知耻而为"勇"。①《大学》《中庸》这些中国传统教育的儒家经典,虽然某些观点有中国封建社会教育的烙印,但松庵通过去其糟粕、取其精华,运用到了自己教育思想的建构和实践之中。

五、结语

三重松庵视"致良知""知行合一"学说思想为"孔孟之宗旨""孔孟之正宗",认为万事之理皆可用致良知的方法来解释,主张"致良知"为"人伦日用"之道,强调"良知"无论贤愚皆有,如何"致"良知才是阳明心学的宗旨。松庵用浅近的解说方式阐明了高迈的理论,通俗易懂地阐释了"致良知"之学,对于引导当时民众的日常道德行为,使民众通过"行"而"知",做到真正的"知行合一"具有重要的教育意义。

松庵著作《王学名义》的主要目的,不在理论的提升和创新,而是通过用阳明学阐释如何尽忠、行孝,以及如何处理家庭关系和对孩子进行教育,引导处于社会下层的民众的日常道德行为。松庵的言说和思想大大缩短了大众与阳明心学之间的距离,不仅对江户时代中后期的庶民道德教育具有一定的价值和意义,而且对日本阳明学在江户时代中期的坚守和发展起到了重要作用。

松庵之后,在被称为"阳朱阴王"的儒学大家佐藤一斋的推动下,阳明学在日本又掀起了一阵高潮,热衷于此的当然不是幕府,也不是皇室,而是来自广大平民自下而上的一种对于新思想的渴求。这其中就有三重松庵等江户时代中期阳明学者讲授传播王学的奠基性作用。因此可以说,三重松庵有关阳明学的言说和思想,无论从其为后来日本社会革新创造群众基础的角度而言,还是从传播阳明学思想的角度而言,都具有不可否定的价值和意义。

总之,身处日本阳明学发展低潮期的三重松庵,能够在以朱子学为主流意识形态而阳明学被打压的情势下,坚持研学、阐发、著述和传播阳明心学思想,实为难能可贵。他虽然没有直接传承于日

---

① 宋宁娜:《〈大学〉〈中庸〉中的教育哲学思想》,《南通师范学院学报(哲学社会科学版)》2004年第2期,第128页。

本阳明学始祖中江藤树及其后学,但却延续了近世日本阳明学思想的学脉,为日本阳明学中兴做出了重要贡献。也正是由于这种原因,近代日本著名哲学思想家井上哲次郎编纂的《日本伦理汇编》以及其《日本阳明学派之哲学》、著名儒学研究学者严桥遵诚编著的《大日本伦理思想发达史》等名著中,均有对三重松庵阳明学言说的推介和好评,被列为江户中期为数不多的日本阳明学派代表之一,足见松庵对阳明心学的阐发与传播在日本阳明学思想史乃至日本伦理思想史上的影响和地位。

参考文献

[1] 安冠英,张云令.孝道文化古今谈[M].北京:金盾出版社,2015.

[2] 陈淑萍.王艮"百姓日用即道"思想及其影响[J].重庆电子工程职业学院学报,2016(6).

[3] 陈文静.中日忠孝伦理对照研究[J].辽宁行政学院学报,2009(4).

[4] 崔在穆.东亚阳明学[M].北京:中国人民大学出版社,2009.

[5] 邓力.论王阳明对"孝"的心学阐发[J].贵州大学学报:社会科学版,2016(34).

[6] 方国根.王阳明"致良知"道德哲学及其精神维度[J].学术界,2014(196).

[7] 宫晓卫.孝经人伦的至理[M].上海:上海古籍出版社,2008.

[8] 井上哲次郎.日本阳明学派之哲学[M].东京:富山房,1900.

[9] 李卓.中日家族制度比较研究[M].北京:人民出版社,2004.

[10] 宋宁娜.《大学》《中庸》中的教育哲学思想[J].南通师范学院学报:哲学社会科学版,2004(2).

[11] 三重松庵.旧事纪训解:上卷[M].东京:明世堂书店,1944.

[12] 三重松庵.王学名义[M]//井上哲次郎,蟹江义丸,编.日本伦理汇编:第2卷.东京:育成会,1901.

[13] 思履.图解王阳明全书[M].北京:中国华侨出版社,2013.

[14] 藤原(王)文亮.圣人与日中文化[M].北京:社会科学文献出版社,1999.

[15] 王守仁.阳明先生集要[M].北京:中华书局,2009.

[16] 熊庆年.17世纪至19世纪中叶中日教育发展比较[M].成

都：巴蜀书社，1998.

[17] 伊藤东涯. 绍述先生文集：第14卷 [M]. 古义堂藏本，1761.

[18] 有贺喜左卫门. 日本的家族 [M]. 东京：至文堂，1965.

[19] 朱谦之. 日本的古学及阳明学 [M]. 北京：人民出版社，2000.

[20] 朱熹. 四书章句集注 [M]. 北京：中华书局，2005.

三轮执斋《日用心法》·《四句教讲义》译注与研究

潘琳静 译著

第一部分

三轮执斋生平与《日用心法》及《四句教讲义》述介

《日用心法》与《四句教讲义》，是日本江户时代中期儒学者三轮执斋最具代表性的两部阳明学著作。《日用心法》，是三轮执斋由程朱理学转向阳明心学后的第一部著作，其将阳明心学与儒家的尧舜之传、孔孟之道融会贯通记以条目，名之为"日用心法"，旨在强调"执心"为"日用行仪"之功夫。而《四句教讲义》，则是三轮执斋创立明伦堂为弟子讲学时所作，其以日文对王阳明"四句教"的概念意义进行了阐释，称"此'四句教'本于人心本体之诚实，可正学脉，示学术，励学业"（《四句教讲义》序），意在阐明阳明心学之宗旨，消减世人对阳明学迷惑不解之处。

一、三轮执斋其人

（一）生平简介

　　三轮执斋（1669—1744），名希贤，字善藏，号执斋，又号躬耕庐，是与三重松庵同时代的著名阳明学者。执斋出生于京都绫小路通东洞院东入神明町南，其祖先是大和国三轮神社①的司祝；其父亲名为泽村自三，以行医为生；其母亲名为箸尾氏。执斋6岁丧母，14岁丧父，先被其表叔父大村彦太郎（白木屋创始人）家收养，成人后又过继给真野氏，最终为告慰先祖而恢复原本姓氏三轮。

　　三轮执斋于贞享四年（1686）17岁时便确定了赴幕府所在地江户游学的志向。翌年18岁之春，三轮执斋与年长2岁的大村彦太郎彻夜畅谈，发誓定要成为医者或儒者出人头地，于是二人离开京都东下江户。到达江户后，先是随从诸方藩医学习医术，但因未得遇名师，空度一年光阴。故于翌年19岁时，开始拜入上野厩桥藩儒佐藤直方（1650—1719）门下学习。佐藤直方曾师从江户初期神儒学大家山崎暗斋，始终坚持朱子学，为"崎门三杰"②之一，因反对暗斋的垂加神道说和敬内意外论被逐出师门。三轮执斋在佐藤直方主持的上野厩桥藩官学学堂学习儒学，极其勤勉刻苦，学问大进，深受直方赞赏。元禄三年（1690）21岁时，三轮执斋经佐藤直方力荐，

---

① 大神神社的别称
② 据说山崎暗斋教有弟子约6000人，其中最著名的是浅见纲斋、三宅尚斋、佐藤直方三人，被称为"崎门三杰"。

被委以在京屋敷场讲学之职，同年春天获得了10人石①的俸禄，而后增至30人石俸禄。此后三轮执斋作为纯朱子学派佐藤直方的门下弟子，潜心修习儒学长达十年之久。其正是在恩师佐藤著书《王子论谈》痛斥王学（阳明学）对朱子学的批判之时，开始接触和认识阳明学。佐藤对阳明学的批判，不仅使三轮执斋对王阳明的致良知说产生了兴趣，而且对朱子学产生了诸多疑问。于是努力从中江藤树的遗书中寻觅入门阳明学之道，逐渐向阳明学倾倒。为此执斋于元禄十年（1697）28岁时离开其师佐藤直方回到京都，成为时任京都所司代的丹波筱山藩主松平信庸的老师。翌年（29岁）三轮执斋全心转向阳明学，以致受到极力批判王学的佐藤直方之谴责而两人绝交数年。

元禄十四年（1701）三轮执斋32岁，借住上贺茂村大田神社冈本采女家，开始潜心研读《传习录》，并将前十年所学儒家之精华与读《传习录》内化后的感悟融会贯通，著成《日用心法》。元禄十六年（1703）后，执斋移居乌丸通下长者町下中院家邸（现护王神社），后又移居高仓通二条、油小路通下长者町上町、北野等处，在京都各地辗转讲学，并受邀赴被称为"外朱内王"的大阪怀德堂讲座。三轮执斋在京都给筱山侯讲学时，接受其委托校勘《传习录》。于是正德元年（1711）八月开始着手，标注本文、添加注释，于翌年（1712）九月三十日完成校勘，立书名为《标注传习录》。享保元年（1716）七月，作为松平信庸的老师随其离开京都再赴江户。享保十一年（1726）的秋天，57岁的三轮执斋在下谷和泉桥（千代田区神田和泉町边）创立了私塾明伦堂，于享保十二年（1727）著书《四句教讲义》一卷，这标志着三轮执斋的阳明学进入鼎盛时期。享保末年（1736）执斋患发哮喘病，再次返回到京都。明伦堂也因执斋的继任弟子川田雄琴前往与中江藤树颇有渊源的伊予大洲藩②赴任，而随之移至大洲藩。元文四年（1739）十一月，执斋在历代先祖墓地建仁寺两足院修建了父母之墓，次月在父母墓后的两棵雪松下为自己修建了坟墓。宽保四年（1744）一月二十三日，执斋病重垂危，二十四日未时自书"宽保四年子正月廿五日三轮希贤死"，于

---

① 教十名学子可享有的待遇。
② 今爱媛县西部。

次日寅时辞世,享年七十六。后世为褒奖执斋之人品才学,于大正十三年(1924)一月二十六日,追授其正五品爵位。

(二)主要著述业绩

三轮执斋一生著述颇丰,其主要业绩是:元禄十五年(1702)33岁时著书《日用心法》一卷;正德二年(1712)43岁时对王阳明的《传习录》进行了标注和翻刻,出版了世界上第一部《标注传习录》(后在日本获得了一种通行本的地位,受到读书界普遍好评);享保十二年(1727)58岁时著书《四句教讲义》一卷。其他著述时间无定说的著作有:《执斋杂著》四卷、《大学俗解》二卷、《孝经小解》四卷、《周易进讲手记》六卷、《尧典和释和》二卷、《执斋歌集》一卷、《祭荐卷》一卷、《训蒙大意和解》一卷、《神道臆说》一卷(写本)、《传习录笔记》、《阳明学名义》二卷、《社仓大意》一卷、《古本大学校正本》一卷、《古本大学和解》、《正享问答》一卷(写本)、《拔本塞源论抄》一卷、《执斋遗稿》一卷、《家乘》一卷(写本)。其中,《日用心法》《四句教讲义》和《执斋杂著》四卷,被后世收录进近代《日本伦理思想大系》。

三轮执斋所处的时代,正是以朱子学为官学、强调"礼乐制度"的徂徕古文辞学派风行的时代,也是阳明心学在日本受到压抑的时代。执斋能够作为中江藤树后学坚持延续日本良知心学的命脉,实属不易。尤其是他敢于继熊泽蕃山之后在官学朱子学的大本营江户地区传播阳明学,更显示出了其对良知心学的青睐和追求真知的胆识。也正由于这种原因,执斋被誉为日本阳明学的"中兴之祖"。

二、内容简介和价值评述

(一)《日用心法》述介

如前所述,《日用心法》是三轮执斋放弃朱子学而改信王学后的第一部阳明学著作,成书于元禄十五年(1702)。从执斋于元禄十四年撰著的《执斋记》和《日用心法序》中,可清楚得知执斋著《日用心法》的原委。执斋在其中认为:凡圣贤之道,都不会漏于五常之道,如果要在成圣贤路上不走弯路,就必须先修身正心。然而由于心会出离不守于内,诸邪恶便有机可入,所以强调自初学到成为圣人，须得秉承操守"执"之一字。即主张感悟尧舜之传，孔孟之教，必需以"执"为其要领，强调"执心"为"日用行仪"之功夫。三轮执斋将自己书斋取名为"执"，自号"执斋"，亦是由此而来。

《日用心法》正文用日文写成，全书分为十节：第一节为"立志为始"；第二节为"知耻为助"；第三节为"孝悌为本"；第四节为"养气"；第五节为"广量"；第六节为"考量气象"；第七节为"内省"；第八节为"致良知"；第九节为"言行念虑不可妄"；第十节为"执中"。虽品目种种，但却始终有机地将圣言贤语融会贯入其中，既体现了阳明心学之主旨大意，又通俗易懂。

（二）《四句教讲义》述介

《四句教讲义》完成于享保十二年（1727），为三轮执斋学说巅峰时期的著作。此时的执斋创立了明伦堂，门下已有众多弟子。他认为王阳明的"四句教"，不仅能体现《大学》的修身之功夫[1]，而且是能教诲世人继承圣人志向的绝学，是使圣人之道得以代代相承的道统要文，无论何人学之则皆可成为尧舜圣贤之人。为使阳明学能被更广泛地学习和传播，执斋将王阳明授予门人的四句教——"无善无恶心之体，有善有恶意之动，知善知恶是良知，为善去恶是格物"，分成"序""前言""释义""主意·功夫"和《四句教讲义》或问"，用日文进行了通俗易懂的解说。《四句教讲义》的发行，为消除当时社会对阳明学的误解，使阳明心学思想和精神能在日本近世中期得以生生不息，发挥了重要作用。

三、内容结构与参考文献

（一）《日用心法》·《四句教讲义》全文译注

《三轮执斋〈日用心法〉·〈四句教讲义〉译注与研究》内容分为四个部分。

第一部分为"三轮执斋生平与《日用心法》及《四句教讲义》述介"，在前言中首先介绍了被称为日本阳明学"中兴之祖"的三轮

---

[1] 指《大学》中所言："欲修其身者，先正其心；欲正其心者，先诚其意；欲诚其意者，先致其知。"

执斋的生平及著述业绩。其次介绍了译注著作的生成背景、过程以及其价值和译注意义。

第二、三部分为核心作业内容，即《日用心法》和《四句教讲义》译注。对《日用心法》的译注包括"序一 木刻版序""序二 执斋记""序三 执斋日用心法序"和正文。《四句教讲义》则按照"序""前言""释义""主意·工夫""《四句教讲义》或问"的顺序进行了译注。

第四部分为"三轮执斋《日用心法》及《四句教讲义》思想评述"。主要对三轮执斋的思想形成轨迹及其《日用心法》《四句教讲义》的生成背景、主要内容和思想精髓，以及《日用心法》和《四句教讲义》的学术价值和社会意义，进行了综合的考察和分析，并通过考析江户时代中期日本阳明学与中国阳明心学思想的关系和差异，论析了三轮执斋阳明学的思想特色，阐明了其对于阳明心学在日本近世中期得以传播的作用，揭示了其在日本思想史上的价值和意义。

（二）参考文献及注释范围

《日用心法》及《四句教讲义》的译注之底稿，采用的是东京育成会1901年刊行的井上哲次郎、蟹江义丸编《日本伦理汇编 王阳明学派之部（中）》。译注过程中还参考了点林堂印刷所的《执斋记日用心法》（高瀬武次郎，1925）、《三轮执斋》（高瀬武次郎，1924）、富山行百科文库的《日本阳明学派之哲学》（井上哲次郎，1900）。所译注的版本，除《日用心法序》为日语汉文所撰以外，其他所有正文均是用近世日语文言写成。故在译注作业中，除了将其翻译为相应意义的中文表述外，还尽量采用了文言文语体；为便于读者能更确切地识解作者所述内容和思想，对文中的"引经据典"、中文读者不熟悉的日语专用词、日本典故、古代人物、历史事件等，也以"脚注"形式添加了注释。

第二部分

《日用心法》译注

序一 木刻版序

元禄四①辛巳春，希贤②于时三十三岁，借宅居于上贺茂太田明神前③冈本采女家，熟读传习文录④，一旦归学于王学，记其所见，备于后考。今读之，知其所见之未熟，尚可深寻，由后观今，又非如此哉。

享保元年⑤壬申十一月。

江户小石川白山⑥
松平纪伊守君屋敷

序二 执斋记⑦

所谓"执斋记"，乃是以我神山之庵所附之名也。附此名，并非意欲以此为世人所认知，亦非意在为来访者解其惑。古之圣贤，亦常将所见所闻铭记于身边日常之器具，以戒备己心之懈怠。故而吾庵亦效仿之而附此名。大凡圣贤之道，其心深，其旨远，虽非可及富，然既无漏于五常⑧之道，则其道在近⑨，其事亦易。然若欲求其短，则莫过于修此之身，惟能修此之身，方可交于万事而不惑，无论身处富贵贫贱，抑或陷入夷狄为患之境，皆可坦然自得。若想望漂浮白云之遥，欲求画中岩石之坚，则岂非异道之教乎？故此，自我修身，当始自正其心也。此心正，则日月亦合其光，四时亦同其序，交于天地，通于古今而无所隔，无所碍。心若不正，则身缠

---

① 元禄四年即1691年。
② 三轮执斋的名讳。
③ 现京都市北区的上贺茂。
④ 指王阳明的《传习录》。
⑤ 享保元年即1716年。
⑥ 现东京文京区白山小石川。
⑦ 惺轩曰：该执斋记一篇，铁华书院发行的杂志《阳明学》中只作为执斋日用心法之序，并未作为执斋记，而后文学博士井上哲次郎编纂的《日本伦理汇编》中，将执斋记独立成一篇，且有执斋先生自作汉文的《执斋日用心法序》，今随此说。《执斋杂著》中亦收有此汉文的日用心法序。
⑧ 仁、义、礼、智、信。语出《尚书·泰誓下》："狎辱五常"。
⑨ 意为不会远离圣贤之道。

事违，近则不可事父母，远则无治民之法，贵者消亡，贱者构罪，浅薄之名传于后世，哀哉！夫人之心，原本正，如何变得如此恶劣？此并非心之过咎，乃是因心出离不驻于内，致其身化为如蝉蜕之壳，成为诸邪恶入侵之渊而已。即如堂宇，若其主不在，则会成为狐狸野干类之巢宿。故此，文中主张收敛其出离之心而使其回归原本方寸之内，此外并无学问之道。由此可见，若不取此求心收心之道，则无从可得之。故"执"之一字，乃为身与心之枢机，自初学至为圣，用此即有余焉。"执"者操也、秉也、取也、守也。尧舜禹汤以执中而继天命成天统之教；文王小其心而将缉熙之光照于四海；①武王敬胜怠，而威光普照，功垂千秋；②孔子教导"操则存，舍则亡"③，颜子取而贴于胸，曾子恐其将失而有临渊履冰之思④，子思悲将怠而戒慎恐惧⑤；自孟子主张"求放心""舍生取义""集义""养气"，至周子⑥程子之阐述立人极，定性，皆无出此一字也。彼之孤臣孽子之能达，亦皆因其执心之坚。凡君父执君父之道，妻子臣妾守妻子臣妾之道，所有不失其操守者，决无一人不以此"执"字为用。夫人之所执之常，乃是以此身所具之德充于天地而无所隔阂者。是故，执德不广则不足以云善恶。唯希择善而执之，有如黄牛之革之坚耳。

心之驹马，跅弛不羁，不知所终，何其危哉！

不羁之人心，驹马之腾步，何以知其危耶？

元禄十四年⑦辛巳之春
希贤谨记

---

①《诗·大雅·文王》："穆穆文王，於缉熙敬止。"指文王秉承圣贤之道行事光明正大又谨慎四海敬之。
②"武王敬胜怠"出自《武王践阼》："王行西，折而南，东面而立，师尚父西面道书之言曰：'敬胜怠者吉，怠胜敬者灭，义胜欲者从，欲胜义者凶，凡事，不强则枉，弗敬则不正，枉者灭废，敬者万世'。"
③语出《孟子·告子上》。
④语出《论语·泰伯》：曾子有疾，召门弟子曰："启予足！启予手！云：'战战兢兢，如临深渊，如履薄冰。'而今而后，吾知免夫，小子。"
⑤指子思《中庸》中的"戒慎乎其所不睹，恐惧乎其所不闻"。
⑥即周敦颐（1017年6月1日—1073年7月14日），又名周敦皓，原名周敦实，字茂叔，谥号元公，道州营道楼田保（今湖南省道县）人，世称濂溪先生。是北宋五子之一，宋朝儒家理学思想的开山鼻祖，文学家、哲学家。
⑦元禄十四年即1701年。

序三　执斋日用心法序

人有天然自有之中焉，心之谓也。故执心则中斯存，大本立矣，而达道亦行。子曰：仁远乎哉？我欲仁斯仁至矣。①信哉！故尧舜之传，孔孟之教，必以执为其要也。予神山下书斋，扁为执，窃取之以自警。且记工夫之条目、日用行仪于册，就而为之说，书以国字，名曰《执斋日用心法》，愿不负初心尔。

元禄十五②，岁次壬午，四月二十六日。

一、立志为始

心者，乃天理之凝聚、本性之生活、受之于人而行知觉运动者也。志者，乃其心所发之归向而得名者。心本无不善，故其心所发之归向亦无不善。志于圣人，乃志之本体；志于异学③，乃志之所惑；志于利禄，乃志之所掩；志于色欲，乃志之所陷；志于曲艺，乃志之小技也。后四者虽亦为心之所向，然非志之本体，故君子不以之为志。志于异学与色欲不足为论，纵然是官禄尊厚，技艺通达而足于世用者，若不忠不孝，则不可为世人所容；纵使贫贱且无其它才能技艺之人，亦有世人称之为忠孝之善人者，则不可不以之为喜。由是可知，忠孝善道乃为志之真，而其他四者并非在志之本体之中也。是故，凡圣书中可专心致力于言志者，皆为有志于圣道者也。昔孔子之十五而志于学，三十而立，乃志之立；四十而不惑，乃志之不惑；五十、六十至七十可从心所欲而不逾矩者④，即不逾此志之矩。故，志之一字，乃是自初学至圣人为学之全体也。既然本心为天理之凝聚，志乃其所发之归向，则立志为存本心天理之功夫，可使内外为一，本末相合者也。故，志之立，乃本体道心之定立，以善为善，以恶为恶，须臾不为他事所移者也。若倾于西而倒于东，则不可谓之立。其归向之定于一，犹如猫之捕鼠，念念不离也。人之本心并非无光可显，

---

① 语出《论语·述而》。
② 元禄十五年，即1702年。
③ 这里指朱子学以外的僧学。
④ 语出《论语·为政》："子曰：'吾十有五而志于学，三十而立，四十而不惑，五十而知天命，六十而耳顺，七十而从心所欲，不逾矩。'"

而是一旦一念思起，继后便为如云之人欲所遮蔽，使其本心之月昏暗，必易怠惰也。故当其怠惰之时，则应以耻戒之、责之。明道先生曰："心为习所夺，为气所胜时，可责志。"①所谓"习"与"气"，亦即人欲也。若可责志，则所蔽之人欲即可消也。其法即是，为人者，人欲起时当反省于内、讼于内，责其志曰："是何心哉？非圣人之道，非圣人之心！志于圣道，当诚如猫之捕鼠，若念念在兹，则何暇有欲心产生？以此浅薄之心，读书讲经，欺己欺人，此非天道之一罪人乎？"。②可讼于天君，速将所蔽之人欲消除。此即是责志之道，即孔子"省内自讼"之深切教诲。孟子"求放心"之工夫亦应同于此。

此外，尚有保志之事。如前虽云责志，而若不能常保之，其志不健则无受责之余地。故，欲保其志，当予以养之而不使其饥馁。养之法，乃义与道也，言与行也。所谓义与道，亦即天理也，得于自我本心之全德也。即便无事之时，亦当常瞩目于此，不可放之，不可忘之。所谓言行，乃道义所表于口与体者也。若不谨言慎行，则会私欲固执而本心不开。故而，当将其常存于心而慎之，不可妄发一言也。白圭之缺犹可磨，而此言之缺不可收，一行亦不可妄为也。因若不谨慎而行，必将有累于大德；一念不可枉思，因毫厘之差，谬以千里也。所谓言行，乃志之衣裳，一旦失之则会受冻；所谓义与道，乃志之食粮，一旦怠慢则有饥饿之忧。若欲使其不挨饿受冻，则须日日鞭之而责其不足，非此而不可得也。淫声美色，乃伐志之斧斤，宴安佞人，乃害志之鸩毒③也。纵能养之责之，然若伐之以斤斧，饮之以鸩毒，则不能保其生也。是故，世世之圣人不近声色，远离佞人，常戒逸游自恣。诚如此类故有之事多矣。古人云，夫志即本心之全德。仲尼唯说一个"仁"字，又说一个"志"，以此观之，可知仁即是志。若仁即是志，则"义""理""智"皆为志也。据此之理，则恻隐羞恶辞让是非，皆此心所向之处也。五性皆心之德也。若其心之所往即称之为志，则五性岂可在此之外？虽说

---
① 程颢，北宋哲学家、教育家、诗人和北宋理学奠基者。字伯淳，学者称明道先生。语出《近思录》，意为："如果理不足，人就易为血气所支使。如果性不定，则习俗就会有很强的感染力，而本性就为习染所剥夺了，在这种情况下只能寄望于立志了。"
② 意在告诉世人：立志不容易，责志更不容易。每一次责志都是在对抗自身固有的缺陷，是一个人在达成志向的路途中所必须要克服的艰难。
③ 宴安比鸩毒，语出《左传·闵公元年》："诸夏亲昵，不可弃也。宴安鸩毒，不可怀也。"杜预注："以宴安比之鸩毒。"

其乃本体未发之功夫，但并非在此志之外。诚然，力用于心术者，难为其语之。

二、知辱为助

亚圣公①曰："耻之于人大矣。"②《中庸》亦云："知耻近乎勇。"③观人之在世，有耻于官位俸禄之不及人者；有耻于辩佞智巧之不如人者；有耻于衣食玩好之劣于人者；有耻于兄弟亲戚之无显达者。夫手指，形体之末枝，纵令缺失一指，有何所痛？因无名之指屈而不伸，即不以齐楚为远者，是何心哉？呜呼，耻于心之不如人者，我未所见。彼之诸多之事，乃天命之所为，何足为耻？而世间诸多可为耻者之中，有父母为人所害而不报其仇空度岁月者，有为君之人其祖传之国被人所夺受辱而又无从启齿者。以此喻于心，则心之所备万理即如国家之所集万物。此心受赐于父母，每丝毛发亦无不为父母所遗之体，因而此心身皆为父母也。而今此心为人欲所害，与其父为人所害、其国为人所夺有何异哉？杀父夺国之仇在于身外而难得，但仍可寝苦枕戈，不报其仇，至死不休。何况人欲即在我身，可立时得以去之而却等闲视之，何等臆断浅薄哉！于此可知，不知耻辱者，劣于鸟兽也。鸟兽犹能务其所受之职而终其生焉。犬之守门，鸡之告时，猫之捕鼠，牛马之服乘之类者，皆是如此，何以人不如犬鸡牛马哉？若仔细思之，便可知无论何等懒士懦夫亦不免生些奋勉之心。不失此心而奋励前行，则虽柔必刚，勇德亦易成焉，此即"知耻近乎勇"也。如若以此为助而立志励行，即便称其可达至圣人，亦无可厚非。耻之于人大矣！以此推之，颜子三月不违仁④，之后或少相违亦为颜子之耻也。若非圣人之尽人伦之至者，则难免于耻。仰不耻于天，俯不愧于人，此乃圣人之真乐。而其以下，自以为无可耻之处者，实为大谬也。纵令其无所耻，而惟有耻之其无所耻，

---

① 指孟子。原文为"西圣公"，后世追封孟子为"亚圣公"。
② 语出《孟子·尽心上》："孟子曰：'耻之于人大矣！为机变之巧者，无所用耻焉。不耻不若人，何若人有？'"
③ 语出《中庸》："子曰：'好学近乎知，力行近乎仁，知耻近乎勇。'"。
④ 颜子指颜回。语出《论语》："子曰：'回也其心三月不违仁，其余则日月至焉而已矣。'"意为颜回的心可以长时间不违背仁德的原则，别人则只能在短时间内做到仁罢了。

方可称之为无耻矣。

三、孝悌为本

孝悌,天地生生之德也。受于人而为仁义,其发用即是孝悌。故而,大凡受生而生于天地间之物种,无论是人类抑或禽兽草木,皆无可漏于此二字者。但物不可成全此德而行事,故于此不再赘述。孝悌植根于人心,而人心发于孝悌。即如同《大学》之亲民为明德之物之所行,而明德则为亲民之根也。此之仁义礼智,非由外铄我也,亦非学而后有之。故孟子曰:"孩提之童,亦非不知爱其亲。及其长,亦无不知敬其兄。亲其亲,仁也。敬其长,义也。达于天下者,无他也。"①此知既非学于书,亦非受传于人,而是自然生来即有,人之所以为人之根本也,名之为良知。又云:"尧舜之道,唯孝悌耳"。"亲亲,长长,则天下平"。有子之"孝悌者,为仁之本"亦为此意。凡仁义智礼乐之类,皆无不基于孝悌。孟子曰:"仁之实,事亲是也。义之实,从兄是也。智之实,知斯二者而不去是也。礼之实,节文斯二者是也。乐之实,乐斯二者。"②仔细品味此等之言,即可知圣人之学也。故,其虽志高而立于事物之外,而若其道不基于孝悌者,则非儒者之学,非尧舜孔孟之正道,异端与正道之所别正在于此。况今之学圣人之道者,常于朋友亲戚之间,主张制欲穷理,以发恶责人为能事,并以此称之为正义理、守节操。凡此之类,以异端之名称已不足以显其恶,唯可称之为大恶也。另则,人虽有孝悌之心,但若不足于立志,则不能全此天真,体会其生生之德。故当以立志为始,以孝悌为本。志乃孝悌之功夫;孝悌乃志之主意,不可更有其二。无本何所生?无始何所成?志与孝悌乃一致之实体。孝悌者,仁义也。仁义者,备于心而发于志。心存志立,岂有不孝不忠者乎?当仔细体认,审视之。

---

① 语出《孟子·尽心上》。
② 语出《孟子·离娄上》。

四、养气

气者,乃以形体之生意温暖而感知疾痛、寒热者也。虽说与心无二,但若无道与器之辨,则不可有也。能养者,则于心用工夫。故,随志者,则气为其助,理气合一。流于气者,道心微,而身心为二。夫气有盈亏,有平与不平,有清与浊,有勇与怯。盈则乐,亏则忧;平则喜,不平则怒;清则快,浊则烦;勇则进,怯则退。故而,虽然所谓四端七情①皆为心性之发见,但其为四为七者,则为气之所预多者也。故志有帅卒,心有表里。虽圣凡贤愚皆受之,而唯圣贤能定志而不流于形气。因而可和而不淫,安而不危。其乐忧、喜怒、快烦、进退,之所以皆由所逢而发见,虽说源于天理之自然,但其根本则在于随气而知,常人皆如此也。唯应心志而气随之,不失主帅,方有士卒安而不危。从容而随理者,志也;感慨而杀身者,气也。心喜而气随之者,则和;气欢而心成之者,则淫。心怒而气随之者,则安;气怒而心动之者,则危。以此二事,其余推而可知。然而,心囿于气,气为心所收,以此而不用工夫养之,则气饥志孤,不可相成其用也。是故,养气之功不可或缺矣。此意,始自尧舜相传之惟危惟微,直至孔圣之书,无不在于此趣。若以《论语》之书证之,则曰:"学而不厌,诲人不倦"②。学与诲,志也。厌与倦,气也。志为帅,气从之,则无厌倦之忧。又云:"不善不能改""不为酒困"。不善乃气之昏也,困乃气之淫也。改之不为之者,志之定也。心志若坚,则不为气所流,故可安而不危。当知,夫子即是常以此二者为忧而常养,方得以不使其淫逸。此外,自夫子之自言至示门人以教,从未与此相悖。是故,我儒之始,则于立志之内,略显其端。凡圣贤相传之心法,虽无不本于此旨者,然立此题目为一功夫者,则始于孟子。孟子曰:"我善养吾浩然之气",又曰:"日夜所息,平旦气""夜气足以存""苟得其养,无物不长"③云云。此数语乃养气之祖,而其义散在于七篇之内,其实显现于孟子之出处进退守正而一丝不苟。而名此气为浩然者,乃孟子之发明也。以一身言之,则为自头顶至

---

① "四端"指仁、义、礼、智四种伦理观念的发端;"七情"指喜、怒、哀、惧、爱、恶、欲七种感情或心理作用。
② 语出《论语·述而》:"子曰:'默而识之,学而不厌,诲人不倦,何有于我哉?'"
③ 语出《孟子·告子上》:"故苟得其养,无物不长;苟失其养,无物不消。"

脚下，周流充盈，原本无缺，推而盈满天地，则弥沦宇宙，贯通人我，毫无蔽塞。以原本无缺而错发一言则面赤，错行一事则汗颜，拔一发必觉痛，敷一尘必觉痒。以毫无闭塞，不言而民莫无不信，不怒而民威于斧钺。言忠信，则可行于夷狄。行笃敬，亦可及于蛮狢。天寒己身亦寒，天润己身亦润。己寒则人亦寒，己润则人亦润。不如是者，惟病人耳，更无内外物我之隔。此非浩然乎？谁人不具是乎？浩然，盛大流行，自一身而弥漫于宇宙，周流无所隔之形也，《中庸》曰"浩浩其天"①。若其为人欲之私所蔽，莫云天地，即使父子兄弟骨肉之亲亦不相通。即便闺中闲居之时，亦心志愧怍，己之气难以充盈己之体，何可周流于天地哉。可知于其昏塞之胸中，欲识取此气之浩大，诚难也哉！故当使其晓得以平旦夜气一章充实于己。牿亡之甚，可与禽兽均等之人，其味更犹难辨哉。我犹幸尚未牿亡殆尽，而未至濯濯乎？平旦之气，其好恶，尚未大至如无异于人。若此间不养，则仁义之萌芽便将尽于意马之秣，最终至于如同禽兽而无疑，甚可恐也。养此之法在于义与道。用功于气者，告子之陋也。夫道家以气养气，故其虽详于生养，而却违背仁义，最终必至蔑视仁义。夫鼻端之白，徒守虚静，以魂载魄，其趣旨惟求长生，甚可令人鄙之。而我儒之工夫则不然，孟子惟讲"集义"，又讲"配于义与道"。如此则道为义之全体，义为道之分流条理，各应事物而不误者也。五常百行，纵有一事其心不善，则会心耻气馁。故可每事试之，一旦事物来临，则返求于本心天理，可对其应处得当且能悠然自得者，则为义之得也。如此用功夫于事事物物，应事接物如一，可感受从无不快之气象者，方为真快心也。此即良知之自知之处。故对彼之事物，究义理而不达吾心自得之味者，乃义袭之而取者也。告子主张义外之说，而其格物之说即此也。如斯处得各不违本心天理者，乃义集而道得也。其气为谁而屈、为何而恐、为何而疑哉？仰不耻于天，俯不耻于人者，乃盈满于天地之间、浩然之本体也。如若本心之道无定而应接有失义之人，则会心孤而气馁。故，纵然刚武勇猛之人，如若心有不快之事，即便面对小儿家仆之类，亦不可不惧羞耻，此乃根有欲而不得刚者也。道德配而归向一，则虽匹夫不可夺其志也。一事犹如斯，若事事皆义，则可充塞于天地，当可试之。

---

① 语出《中庸》："夫焉有所倚？肫肫其仁，渊渊其渊，浩浩其天。"

夫集义者，乃保志养气之节度，而言行意念之慎，又为集义之条目。故当以"一言不可妄发，一行不可妄为，一念不可妄想"①，为工夫之条目。"必有事"，乃寂然之体，"操而不失"之端的也。集义者，乃感通之用发而中节之妙应也。内外更无二，惟名有所异而已。欲以集义为养气之节度，其关要是本于必有之心，否则则会流于义袭而取之病。正因如此，夜气之章载孔子之言，亦同于此意。即曰"操而存"者"必有事"也，"舍则亡"，故有"勿忘"之戒。② 初学若专于"必有事"用功夫，应于事之时何至失义哉，唯此工夫耳。"勿忘"者，乃戒"必有事"之间断也。"勿助长"乃诫企望"必有事"之效也。初学如唯恐用费而盘桓，则本体之工夫将尽早终绝。当奋身投入，不可逡巡。佛家谚语有曰："舍身渡水，方有浅滩"。予故曰，临战场者，应不避死地而随将帅之所向，志于圣人之道者，当不惧流弊而誓从尊师之所导。呜呼，世若无文王，则惟有豪杰之士自兴矣。误而流于蔽者，非其人之罪，惟当以此为始而耻之也。

五、广量

人之性，天之命也。人之心，可并成三才而为气亦为浩然。天本无量，人之量焉可以分界限之？唯拘泥于有我之私，局于各所受之形体，因自私而使受天之量狭隘。故，志于圣学者，此关不通，更无可佑。大凡量狭者，虽行善事，却有迫切之病，而无从容之气象，易于为毁誉之名所驱而不堪忧苦。故，其人若得志，则思忤恨睚眦之恨之必报，而若失其位，则悲忧痛惜而不堪言。晏子可为御者之妻所笑。③ 然而，量狭者虽喜怒易发，但其心却可以易足而安，故未必至于大恶。尽管如此，量狭者思虑短浅，思入一途，则其心便屈于其处而不得融通。难以此进善，而又不大流于恶。谚语有云："强于恶之者亦强于善之者也。"观世之得病狂者，自放荡而入者

---

① 语出清张伯行《困学录集粹》卷三："学者立身，须是一事不可妄为，一言不可妄发，一人不可妄交，一钱不可妄受。时时检点，常存一战兢兢之心。"意为：读书人树立己身，必须做到一件事都不能胡乱去做，一句话都不能随便乱讲，一个人都不能胡乱结交，一点钱财都不能随便接受。应时时刻刻检查约束自己，经常保持一点谨慎戒备的心理。
② 语出《孟子·告子上》："操则存，舍则亡。"
③ 典出《晏子御者之妻》，说明了"满招损，谦受益"的道理，示人不能自满，要谦虚谨慎，知错能改。

少，而偏固者多生此病，此乃屈于一处而他无活处之故。纵不至狂，因固执一己之思，最终而自缢者有之。又或因悲于妻离子散而欲落发为僧之类，虽说不可皆称之为狂，但其趣旨却与狂相同。故，量不广则难以言圣学。若确能立志、能养气，则此病便根本不会产生，然而生性气量狭窄者，若不于此用工夫，则终将难免迫切之病。"言必信，行必果"乃善德也，犹称之为"硁硁小人"①，而大人所不为之。虽云："君子不谅，何采乎"，而行匹夫匹妇之谅者，圣人贱之。子夏曰："大德不逾闲，则小德出入可也。"② 此自得而已。子夏性质谨厚而次于曾子。笃实之人尚且有此病，故夫子告子夏曰："汝为君子儒，莫为小人儒。"③ 小人儒者，心量窄小而不能通于万变，屈于一处而为物所烦。虽少有可见，但不可使其大受。君子儒者，心广体丰可常畅游于万物之上。盖依子夏之病而戒之，子夏能心得其趣，自得而由心中发此言。然见者恐有细行不慎之弊，而注者垂此戒。其晚年于子之后失其明，或其病再发，抑或其离群索居之所致。欲筑百尺之台者必大其基。欲达圣人者必广其量，故今设此条，旨在扩大其规模。

六、考量气象

此亦并非一等之工夫。即"立志""养气"之外，"广量"之内亦有此趣。今设此条目而示，是以说明人非圣人，必有因气象之混明清浊而变者。气象清明之时，本心自身易发，可大有省力之处。而浑浊之时，虽用力励心，然则所失之事却必多矣。且应事接物之间，如若有苦务之劳而无自得之味，则心位易降，有如睡眠未醒却为人唤起而勉强应事之时，故无诚意。若不知以此考量气象，则难辨信伪之界，难别进退之位。当于集义养气之时，立标准而试成否，则有助力之病。舍此则必忘却，故于有事之间常考量气象，如此则易体味由自得诚意之处所发之味道。发自自然诚意之处者，优优落落从容不迫，不为事怒，不为物扰，志气清明，事终而心喜快，有

---

① 语出《论语·子路》："言必信，行必果，硁硁然小人哉！抑亦可以为次矣。"
② 语出《论语·子张》。
③ 语出《论语·雍也》。

如凤之翔于千仞之气象。假令虽临死地，求仁而得仁，又有何恨。不然则虽成善事，而心甚苦，终而不安，逢利害之来时却又悔之。此皆出于一旦之意气，并非生自本心自得之处。故出于一旦之意气者，则纵然事必当于理，而自身难许。此乃气之所为，非本心之发见。不知气象者，则易于此处迷惘。故气象之清明，亦应从平旦之时识取。夫气象昏浊而应事之时，有如心劳倦怠之时，纵然努力张气，而心亦不勇。如若勉强张气，则乃求助于气也。此时如何可行？曰，此乃如前述眠而未寤时之勉强应事也，故以眠而未醒喻之。此时以气用事者多，而以心用事者少。譬如呼醒沉睡者时，虽平常并非勇者，而若家中失火燃烧，则一惊醒即能奋起逃之，毫无懈怠，此乃心知会被烧死，因而气乃从之。以此观之，为气所使乃心之懈怠。不可以气张之。告子犹不取之。唯责于心、省于内而勉励之，方可即时心强气从，将与卒各得其所，事事必有诚意之气象。能仔细体味此趣旨，则可觉悟圣人之心学。然而，正如佛者火宅之喻，若以利导之，则心不励而欲逞，故至恶。佛者之教，有如与之金银而唤其醒也，所谓"羊鹿牛车之喻"即是如此。眠病治而欲病长。眠之病犹轻，而欲之病大也。除小病而受大病，岂不甚恶哉。励我心者，心之本然也，如入眠者一闻君父之大事则即刻醒目也。此处当仔细体味。

七、内省

内者，身之内也。身之内者，心也。心者，性也。性者，命也。命者，天命也。故将心称之为天君。孔子之所言"内自省"，限于天君，即省此天之明命者。言者，心之声也；行者，心之迹也，为私欲所隔则心迹为二。言行虽善而若为利所为，则非本心之发见，其心迹则为二。闻其言，如何可知其心？虽夫子亦失于宰我，观其行如何可知其心？观过而知仁，若学问原来并非为人，亦非心中自然之发见者，何益于己？是以为人慎言，亦以不言取之。至于其行，庐墓割股①，亦非君子之所取。为孝而求禄干禄亦为孝也，毛义见檄而喜亦可称之为志也②。为禄而忠，则忠亦无心也。此乃在于心而非

---

① 语出《宋史·选举志一》："上以孝取人，则勇者割股，怯者庐墓。"
② 出自《百孝篇》中的"毛义捧檄喜慰亲"。

在于事之明证也。故，王莽之谦恭，乃为贼也。孔子之谄媚，乃惟尽礼也。此岂是他人之所知？惟自知之矣。人所不知处，方为己独知。于此处用力，则为诚意之慎独。此即自反内省而自讼者也。人之学，若不由此进发，则上述数节之条目皆为伪，其余何足见哉？天下之人举而誉之亦不可喜，天下之人举而讥之亦不可忧，当知唯自反而快于心者方可合于天心。横渠先生曰："为学，始以心为严师，动静必知所恐"①，堪称善用工夫者。孔子何以不为酒困？何以无不善？何以德之不修则学之不讲？而是犹忧其有所不能者，自反内省，以求无所间断而已。不唯初学以心则不可为严师，虽至圣人，亦唯此工夫。子曰："仁远乎哉？吾欲仁，斯仁至矣。"②唯不欲之而已。本心即天理，何烦求诸于他，顾之即存于此。所以我说：自反内省，存亡之机。

八、致良知

致知之工夫，大学始言之，而以知为良知，则由孟子起。致之字，乃孟子之所谓"达之于天下"者也。良即是自然之善，本体之发见，不假安排，不涉人为，圣愚同为一所，人之所以为人者也。所谓良能、良心者，亦皆同。其所说之良知，亦此良知之实事也。良之实称为良能，良能之明称为良知，即人之自然之天真也。故若言良知，则能亦在其中。若言能，则知亦在其中。所谓学，即是学此天真而欲事事达至此良知之本体。然而，若人为气所拘、为物所蔽，则天真之光明便无可即发。然若人之所以为人之本尚未消亡，则此光明亦或时而可显。见孺子入井，必发怵惕恻隐之心，此岂安排思虑之所为乎？由此学之，则事事皆为实事，唯致之者谓之学也。知善为善，知恶为恶，谁无其明乎？③此谓为良知，即明德也。谁不具之哉？然若气质为人欲所蔽，则好其所知之善而不如好其所好之色，恶其所

---

① 语出张载《经学理窟·学大原上》："正心之始，当以己心为严师，凡所动作则知所惧。如此一二年间，守得牢固则自然心正矣。"
② 语出《论语·述而》。
③ 此处应是引借了王阳明《大学问》中的内容："是故见孺子之入井，而必有怵惕恻隐之心焉，是其仁之与孺子而为一体也。""其为至善乎？其非至善乎？吾心之良知自有以详审精察之。"以阐述何为良知。

知之恶而不如恶其所恶之臭，甚或背善而成恶。是乃其知虽本为良知，但因不用致之之工，故不可至也。然若其本体之明终无断绝，则虽身处背善而行恶之间，而其知善之为善知恶之为恶之知，乃良如原本也。故以此良知为则而致之，好善犹如好色，恶不善犹如恶恶臭，此即谓之致也，即明明德也。致乃使其至也，致者即使其至之也。乃以工夫云尔，"至"即到达，所得之印证也。孟子"无致之而至者，命也"①之说中，"至"乃自然，而"致"则为力也。若不致之，何以至哉？因而知之所知非空，必有物，物即事也。其物其事有不正，则良知必知之。知其不正而容许之，则其知不能至也。故须格其不正，此即格物也。正物则知便至，是故此格物乃致良知之实事也。良知至，则以善为善，以恶为恶，而无自欺，而心畅快，是为诚意也。就意而言则言诚，就知而言则言致，就物而言则言格，其实为一也。如此，则知乃以其本体所具之则而兼二物也。故，王子②揭致知二字为宗旨，此乃大学之实工也。而事事如此，凡天下之事，皆无不如此，以此将我之明德昭明天下。

《孟子》言扩而充之，言达之于天下，皆是也。达者，极致之广者也。致者，尽达之实也，更无二。今世之学者，失却古意，不以记诵文学，则必以究格事物为学。究格事物，虽似近，但堵塞良知自然之道，有求道理于外物之病，更甚于记诵文学之害，乃似是而非者也。或有人诘难说，若人以良知为学，则会有以气为性，以盗为子之害。或觉唯我良知自然之发见，即原来被气构物所蔽之知，其发见何足以为本知？唯学于事物，考于古训而后方可知其真矣。答曰，此乃不知良知为何物之言，亦暗于大学致知之二字。大学之知字，即良知也。若非良知，致之何为？故以内省之功夫为重，以立志为始。若乘气而对物，良知之光何从显焉？唯省于内，方可虽处为人欲拘蔽之间，亦可良知真而其本体甚明。今之学者，暗于心学，以为不考事物即可出者即为良知，甚愚也。即可出者，既有生于人欲者，亦有生于天理者，于此若无内省之工夫，何以见良知哉？然就其本体之端的而言，如见彼孺子入井而发恻隐之心，确可谓之无何思考而发于真切者，并非人之学而后得，而是原本所具之证据。

---

① 语出《孟子·万章上》："莫之为而为者，天也；莫之致而至者，命也。"
② 指王阳明。

孟子所言"所不虑而知者，其良知也"①，即此意。其实，学而知者亦良知也，即至其知者，则别无不同。以为学而知乃非良知者，甚愚也。仁义之良心，学而至于仁义之心，皆良心也，当慎思之。参考古训，区别善恶，学于事物，辨别理非，皆为良知之明辨也。不知此理而认为发于意念之所欲亦为良知者，冥也。危及致达良知者，乃疏于心学，不见我心即天理之实体之过也。此外，今之所谓究极事物，考于古训者，却不免有以气为性，以盗为子之病。之所以如此，是因若今有学朱子者十人，则可见有十种不同也。虽然其乃学而后知者，但不可为恃也。我之所谓良知，乃见善而好之，见恶而厌恶之，可忠君，可为孝，无论有学无学，皆知此也。此乃人之为人之良知，乃天下之同情，我心之同然者也。背此者，悖于人性，祸必及其身。此岂非虽愚夫愚妇亦皆同具之证据者乎？将此除外，彼之学于事事物物者，虽自说在极知，但却各异所见，即使同师一人而学，所为之道亦必有异同。岂或尧舜亦与人道同乎？此乃皆不以良知为主而致达之，而以知解见识察道理于事物之谬误也。如我之所谓良知，若致之达之，则可施于天下后世而无所碍也。将如此确切之物，比作认盗为子之误，甚愚之事也。对本存于自身之内之我良知亦如此愚昧不辨，却欲究极天下之理，甚可笑也。观夫始于《大学》之致知，《论语》之所载，其甚切而明者，则是学仁之道乃终身当行之一言，即唯考知己所不欲之处。然无论是考于己而知或者究于事物而知，抑或是一念良知之发见而自然所知，皆是良知也。勿施于人，则非致之乎？非达之于天下乎？自此以往，推而可知。孟子七篇②之要文亦如此。

"求放心"——心乃良心也。良心乃良知之体，而良知乃良心之用。良知之存，良心也。良心之发，良知也。是考于事物而后存乎？抑或求之于一念良知之间而存乎？

"人皆有所不忍，达之于其所忍，仁也。"③——人皆有不忍于人之心，此乃良知也。达之于所忍者，致知也。是乃考于事物后知乎？所知于一念良知之间乎？仁义至于不可擅用亦唯此耳。

---

①语出《孟子·尽心上》："孟子曰：'人之所不学而能者，其良能也；所不虑而知者，其良知也。'"
②《孟子》有七篇十四卷传世：《梁惠王》上、下；《公孙丑》上、下；《滕文公》上、下；《离娄》上、下；《万章》上、下；《告子》上、下；《尽心》上、下。
③语出《孟子·尽心下》。

"道在迩而求诸远，事在易而求之难。人人亲其亲，长其长，而天下平。"①——亲亲长长为良知，孩提之童亦能知能行之处。致达则天下平也。夫至于天下平者，其功大也。然唯达此良知而已。此乃究格事物后而知之乎？抑或一念良知之所知乎？

"无为其所不为，无欲其所不欲，如是而已矣。"②——其所不为，良知也。其无欲无为，达之致之也。有其所不为不欲，乃究格于事物之间而后知欤？抑或一念良知之所知乎？而可称唯是而已，岂须待求诸于外哉。

"徐行，后长者，谓之弟。疾行先长者，谓之不弟。夫徐行者，岂人所不能哉？所不为也。尧舜之道，孝悌而已矣。"③——孝悌之心，良知也。不致达，只止于徐行。是究格事物而后知之乎？抑或知于一念良知之间乎？

哀觳觫之牛，良知之微也；④ 及此于民，致达之功也。

老吾老，幼吾幼，良知也。推恩及于四海而保天下，致达之功也。夫性善者，良知之体，良知者，性善之发见。人之性必善，故其知必良也。不本于良知者不知性善者也，此毫无可疑之处。孟子一生之学术无外之。

王子曰："所恶于上，良知也。无使下致知也。"⑤ 可见此意。其良知之说，有超性善养气之处。孟子述性善，云："夫道，一耳，世子勿疑。"⑥ 孟子圣学之为正脉处，即在此也。今夫良知之微，乃火之始燃，泉之始达也，扩充则致达之功也。恣尧舜之性而天下大矣，汤武之反，致能达克而后反于良知之本体也。致与达，是谓学。其反之后，观其所致，本体良知之外并无所添一物。岂性分之外，可加毫末哉？此乃仲尼不做甚事之处也。王先生哀叹此道之废坠，而再唱致良知之学。其说始于《大学》，而其义备于《论语》《孟

---

① 语出《孟子·离娄上》。
② 语出《孟子·尽心上》。
③ 语出《孟子·告子下》。
④ 语出《孟子·梁惠王上》："孟子曰：'臣闻之胡龁曰，王坐于堂上，有牵牛而过堂下者，王见之，曰："牛何之？"对曰："将以衅钟。"王曰："舍之！吾不忍其觳觫，若无罪而就死地。"对曰："然则废衅钟与？"曰："何可废也？以羊易之！"——不识有诸？曰："有之。"'"
⑤ 语出《大学》："所恶于上，毋以使下。"王阳明《传习录下》中解释"所恶于上"是良知，"毋以使下"即是致知。
⑥ 语出《孟子·滕文公上》："孟子曰：'世子疑吾言乎？夫道一而已矣。'"

子》，非王先生始立此说。今之学者，憎恨王子平日之训与朱子有异，而不考究其本之所由，甚或诋毁诽谤孔孟之大道，其意何哉？即使孔孟王子皆非也，而自己良知之发见又如何哉？夫诽谤良知之说者，乃自断天真，自暴自弃之大贼也。若夫不自良知学起，虽所为之迹皆善，而于吾性本然之体统必有一重所隔。是则霸者之得之者，而非诚意之自然。加之，不以良知为本，所谓善者夫何言哉？夫霸者之所为亦仁义也，只是取之于外，非来自良知自然之心中，故称其为假借，仲尼之门，五尺之童亦耻于称之，其意可见。学者唯应致良知之学，见圣人之正脉者。今世人或有谤此说者，孟子兼良知良能而说之，王子独举良知，曰此与孟子之良知异也。予甚不服其说，是乃不仅暗于良知，亦不知良能者也。知能一致之趣，前已叙述，不复赘述于此。孟子常云："徐行而后于长者，弟也。尧舜之道唯孝悌而已。"①孝与悌，孰重？然独云悌而兼孝，则举知而能可不在其中乎？孝悌为二事，犹可兼之，知能本一致，何不可兼哉？称王先生之良知与孟子相异，而孟子之所谓弟，与尧舜之悌果有异乎？孟子说仁义，孔子唯说仁，孟子之仁，果异于孔子之仁乎？不思之甚也！

九、言行念虑不可妄

言者心之声，行者心之迹，思虑心之动。此三者，人之必有之物，而其事则有真与妄之二者。于此处慎之，则是立志，养气，内省，致知之条目。夫无妄乃天理之实然，心之本真。因人欲气质之蔽而失其本体，则或行妄事。人立志而纯一于孝悌，虽固无此病，然因其并非圣人之故，此志难免或有间断，而一旦稍有间断，则邪妄便可乘虚而入。其时无论外显之言行，抑或内心之念虑，将无不受此之病。故此，当由此本反求于心而责志，以耻勉之，养气而致良知。各其他念虑附着于头而用此工夫，则邪妄可退去也。然若本体不继，则或易忘之，等闲而过之，故以此三个条目为节次进步之处。此乃格物之工夫，夫子之所谓九思者，即上所述数件之实工也。一言不

---

① 语出《孟子·告子下》："徐行后长者谓之弟，疾行先长者谓之不弟。夫徐行者，岂人所不能哉？所不为也。尧舜之道，孝悌而已矣。"

可妄发，必问之于良知，本之于孝悌，责于志，考于气象。如此则无所障碍，无所羞耻，无所紧迫，无所恐惧，无所疑惑，而后出之也。然而后言则充于天下，即可无口之过。一行不可妄为，必问之于良知，本于孝悌，责于志，考于气象，无所障碍，无所羞耻，无所恐惧，无所疑惑，而后行之。如此则后行充于天下，可无恨无怨。一念不可妄思，必问之于良知，本之于孝悌，责于志，考量气象，如此则无所障碍，无所迫，无所耻也。后思之，然后生于其心，无害于其事，无损于其政。于此三个条目，如有疏忽之处，则上文数件之工夫，便化为无用之命题，一场空谈耳。此即内外为一，表里和合，自众人以至圣人，由一身可以施天下之要道也，不可有丝毫疏忽。曾子"君子所贵于道者三"①之说，即此也。夫如此立条目而悉考之，或似迂远，亦并非说必悉皆行之，然而此十条，有如解轮上之纲绳，举之一处，则所剩九处皆从之而举。虽各绳有其所当不可或缺之工，而其实若能一事有得，则其他亦皆可有所得之处也。

十、执中

《尚书·大禹谟》曰："人心惟危，道心惟微；惟精惟一，允执厥中。"此乃舜让天下于禹，解释受传于尧之允执厥中一句，为相传之玺。如此以来，汤之执中，文王之小心翼翼，武王之敬胜怠，无非皆执之一字之功。夫孔子所述"操则存"，亦祖述尧舜也。颜子，曾子，思子，孟子之相传，继周，程，王子之往圣，皆无不在此趣。故，今再释载于大禹谟之词，惟希不忘执中之功。（颜曾思孟传来之意，执斋之记详之，故不在此赘述。）

人心惟危：人者之所谓，即血肉躯壳之形体，耳目口鼻四肢百体之欲也。心者，即所得于己之行天理知觉运动者也。若称此为人心，则易失彼之本体之天理。为血肉躯壳耳目口鼻所使，则终落于其欲也。心本一也，而唯以血肉耳鼻目口鼻而动者，曰人心。故，程夫子曰，人心者人欲也。动而使人为之者，虽未必可称其皆如恶，然其既非

---

① 语出《论语·泰伯》："曾子曰：'君子所贵乎道者三：动容貌，斯远暴慢矣；正颜色，斯近信矣；出辞气，斯远鄙倍矣。'"

由天理而发，则乃人欲也。其流虽未远，亦危哉。①

道心惟微：道者乃天理之本然心之本体，即中也。即为一者也。故，不流于血肉躯壳之欲，而出于本性之自然，悠然而发出，动则以天而为之者也。四端之正，良知之发也，人之所以为人也。所谓道心，乃对于人心而言者也。其之实，乃道即心之本体也。然而，人既有此身，则必有所自私，而道难为一。是以，无志于道者，常由躯壳起念，其道心难显，故微。夫见善而必好之，见恶而必恶之者，是乃道心之发见，而非由躯壳所发者也。至于我身，若疏于善而近于恶，则为随躯壳而行之自私者也。是故，人虽至愚，但责人之事则必明，如此方能以天下之眼见于公。人虽至明，而一旦为己所图则必暗，唯以一人之身而自私。故，人心道心互为消长。道心专一则人心消，人心盛则道心微。道心微而不知归，则其终将去禽兽不远矣。人心之微，乃因失道心本体。道心之微，乃因人心用事。故圣人将去人心谓之"惟精"，将复其道心称为"惟一"，非有二事也。

朱子有曰"心之虚灵知觉"②。若如此说，则人岂有二心。失道心之本体者谓之为人心，得人心之正者谓之为道心。故，圣人无人心。王子亦从程子之说。程子之意，人心乃人欲也，故危。朱子之意，若为人欲则不足云危，人心从形气之私生，则虽圣人，亦有之。唯以其道心为主而不流于人欲。朱子文集之内，一说亦有从程子之说，然此只是由程子说起而已，不可以此为本文之定说。其书，载于朱书节要，李退溪③注其意。朱子之意，盖知觉饥渴知寒热者为人心，仁义礼智四端之发为道心。夫四端之爱恶哀乐，非形气而何哉？渴而饮，饥而食，夏葛冬裘，岂能求之于仁义之外乎？若置形气于外，则所谓有道心者，亦非人伦日用之学，而为一种空妙之杳冥昏默，乃异端见性成佛之宗旨也。此非儒者之所遵信也。霸者之所假仁义，亦伪也。圣人之所为，不撤姜而食亦道心也。孟子曰："道二，仁与不仁而已。"非道心者必人欲，非人欲者必道心④。若既非道心又

---

① 《二程遗书》卷二十四说："人心私欲，故危殆。道心天理，故精微，灭私欲则天理明矣"。
② 语出朱熹《中庸章句序》："心之虚灵知觉，一而已矣……"
③ 李滉（1501—1570），朝鲜李朝唯心主义哲学家，朝鲜朱子学的主要代表人物。初名瑞鸿，字景浩、季浩，号退溪、陶翁、退陶、清凉山人、真宝人。谥号文纯。
④ 语出《孟子·离娄上》第二章，阐明治天下的道理只有两个：行仁政和不行仁政而已。对于个人而言，非仁、义、礼、智、信之心就是人欲，若无人欲便是道心。

非人心，所谓人心者果为何哉？且彼等称不足以说人欲则危者之见，亦有不妥。朱子曾于注巧言令色章时曰，"圣人辞不迫切。"① 予于危字亦言之。为何明于彼而暗于此乎？且字义暂且不说，只就自己分上之功而取有益者，则不会迷于歧途，且可得圣人之道。

惟精惟一：惟者助词，亦有无外之意；精者工夫也；一者主意也。一为主意而务，则又为工夫也。圣学无他，唯一而已。务于一为精，精之极为一，使之为一曰精，精之成为一，精乃一之始，一乃精之终。精者一者，亦一物也。夫精者去杂之谓，择去而精之。其字从米，从青，以米为喻，凿（舂）之而洁白有青光也。一者二之对，无二则一也，一即道心之良中也，纯一无杂之谓也。人之内外动静皆道心者，即一也。而稍杂人欲则二三也。道心之微在于人欲之交杂也，故思道心为一者，乃择出去除其交杂之人欲而精之者也。由疏入精，由巨入细，去壳去糠舂簸筛拣，毫无间断，则可至于洁白青光之地，始见惟精之功，《传习录》中亦有此喻。非惟精则不能至于惟一，非惟一，则惟精之功止。"惟精惟一，允执厥中"②，乃去彼之人欲，返于道心，皆一道也。贤圣本无二语。去人欲者，惟精也。返于道心者，惟一也。而执中，乃其至善也。克己惟精，复礼惟一，志仁者执中也。学者当仔细品味。

朱文公云，惟精属知，惟一属行，知先行后相进而谓之执中。③ 此大支离分裂也！凡学术之差误皆由此处而来。而惟精惟一则不论知行，唯去心之人欲而纯一于天理之工夫也。一心纯于天理，则知行何足论哉。知者明于内，而行者显于外，心者则无内外而贯穿知行。较之知行各用功之支离，何如以一心学之简易直切哉。况以知行而学者，则必或是或非，以心而学者则知行必无是非。若如彼之说，则纵然能知能行，却无心中涌出之味而有假于外之蔽。此即义外之说也，痛苦不堪而终无成就。且以一之字惟为专行之守，亦无味。《书》曰："眷求一德，俾作神主。惟尹躬暨汤，咸有一德"；

---

① 语出朱熹在《论语·学而》中对"巧言令色鲜矣仁"的注释："好其言，善其色，致饰于外，务以说人。则人欲肆而本心之德亡矣。圣人辞不迫切，专言鲜，则绝无可知，学者所当深戒也。"
② 语出《尚书·大禹谟》："人心惟危，道心惟微，惟精惟一，允执厥中。"
③ 在"知""行"关系上，朱熹主张"知先行后"。朱熹的知行观，是指儒家的个人道德修养和实践。由于道德实践需要封建伦理指导，因此"知为先"。又因封建伦理不能只流于空谈，所以"行为重"。它强调的也只是封建知识分子的个人道德实践，而王阳明的知行合一思想正是在朱熹哲学基础上的突破。

又曰:"天佑一德";又曰:"民归于一德";又曰:"德惟一,动罔不吉;德二三,动罔不凶。"①一则天理,二三则人欲杂之也。又曰"一心一德",皆为云纯一之德也。文王之"纯亦不已"者,即言纯于天道之事,而道心惟一之谓,则为无人欲之交杂也。夫子之"一以贯之"亦是无二之谓。《中庸》之所谓"所以行之者一"者,虽是对五道三德而言,而其实以"诚"称之,岂非纯一无杂之谓乎。孟子之所谓"道一而已",周子②之所谓"一无欲",程子之所谓"涵养吾一",皆纯一无杂之谓也。大凡圣贤传授之心法,以一之字者,皆如此。而尧舜禹相传之旨,岂独谓行半片之守乎?夫心纯一无杂,则行之守即在其中,自不待言耳。

允执厥中:允者信也,无假之谓;执者守而不失;厥者指物而云,《论语》作"其",同义,是指本心固有之中而言;中者,不偏不倚无过无不及之名。即上文所谓道心之质,一之体也。一身之干,五性之本,人心之表德号也。因不偏不倚而云中,因受而生者而云性,因知觉运动而云心,其质乃一事也。故,云上帝所降之中,亦云天然自由之中。故,执心者乃执中也,定性也,立干也。依中之名而向事物寻究所谓无过无不及者,恶也。中即人极,立则可继天。自头上至脚下,凛凛乎毫无偏倚,以此检束一身则可当万事。有如天之南北极相贯占地载万物而不摇。如若元气稍有懈怠则可山崩河竭。故自开辟至灭息,此中稍有间断,则人极必不立。故常以执之为戒。子曰:"人之生也直,罔之而生则幸而免"③。直则干立而一身修,不直则干倒身亦死。立人君皇极,则四海治,立天君人极则一身修。子曰"敬以直内",敬即执之谓,慎则直,执则中。夫直乃人之本,

---

① 语出《尚书·咸有一德》:"皇天弗保,监于万方,启迪有命,眷求一德,俾作神主。惟尹躬暨汤,咸有一德,克享天心,受天明命,以有九有之师,爰革夏正。非天私我有商,惟天祐于一德;非商求于下民,惟民归于一德。德惟一,动罔不吉;德二三,动罔不凶。"意为皇天不安,观察万方,开导佑助天命的人,眷念寻求纯德的君,使他作为百神之主。只有伊尹自身和成汤都有纯一之德,能合天心,接受上天的明教,因此拥有九州的民众,于是革除了夏王的虐政。这不是上天偏爱我们商家,而是上天佑助纯德的人;不是商家求请于民,而是人民归向纯德的人。德纯一,行动起来无不吉利;德不纯一,行动起来无不凶险。
② 周敦颐在其《太极图说》中提出:"圣人定之以中正仁义而主静,立人极焉。"他用未有天地以前的"无极"原来是"静"的,来证明人的天性本来也是"静"的,由于后天染上了"欲",故须通过"无欲"工夫,以求达到"静"的境界。
③ 语出《论语·雍也》。意为人凭着正直生存在世上,不正直的人也能生存,那是靠侥幸避免了祸害。

中之姿也。是亦执中之工夫也。夫圣贤千为万修亿言兆语，[①] 无不本于此。故，上古圣神道统传来，必以此为心法。其显于经者，尧舜禹相传之旨诀必以此为训诫之工夫，其功乃精一也。然若不知子思后人之以中为人心之德，而求于事物之过不及之末，则恐失其本体，而唯止于见解而已。当常述中庸，说喜怒哀乐之未发谓之中，示其本心之实体。彼之事物之理亦犹不求之于外，而将其中之发而中节者谓之"和"。之所以说事物之中亦不可称之为"中"，是因其并不在本心全体之处，故难以"中"名之，只可将此称为"和"，而不称之为"中"。加之，欲解说此"中"之字，当始说天命、性、道、教。[②] 以此观之，"中"乃以天之命而为人之性者也。道从于其中，而教则以中为尊。以如此明快之心法，而求之于事物之末，于过不及之间择中，是为如舍晓光而求明于灯火，岂不愚哉！中之发而为和，有如木之干发而生枝。木之枝虽出于皮外，但其内则必自干而生，乃是中之所显者也。故由干而言枝者则近，而以枝而为干者则大误也。以心论中可也，以事物求心则大远也。今时之学者，因不知此之学而择事物之善恶，论人之善恶，此虽似得无过不及之"中"，但因不求"中"于己身，而误执之之功，故人心日危而道心终无光。夫中者乃人人已经具备之德，惟执之功夫乃关键也。于"中"寻究事物之末而欲执之，然若无体则工夫便无所安顿。若以心为中，则执之有实，工夫有道也。若问如何执心，则当常自省，于日常、此处慎独，求心，而戒慎恐惧之，若如此毫无间断，则执中逐渐可见其功也。虽然如此，但若中之本体至精至微、精一之功不密，则虽欲执中，但却难得日坚也。故云"惟精惟一允执厥中"也。或云，唯考于书、量于物，方可知所谓之"中"也。若只空守其心，则"中"之为"中"者，何以知之？与此说相似，前述同不用力于心术者论道理亦是如此。且若为吾子之一心则"中"，即便考于事物和寻究于书，亦难说有可及之证据。是如今之饮食，甚多时不言过，甚少时不言不足。汝如斯则人亦如斯。是乃多寡在事，"中"则在汝心。非汝心独然，天下之心皆然。事事皆如此。此即心为"中"之明证也，

[①] 此句在《日本伦理汇编》中为"夫圣贤不为万修信言非语"，其中的"不"乃是"千"之误，"信"乃是"亿"之误，"非"乃是"兆"之误。故在翻译时参照高濑武次郎所编《执斋记日用心法》（执斋会藏版，合资会社点林堂印刷，1925 年 6 月 10 日发行）进行了纠正。
[②] 语出《中庸》："天命之谓性，率性之谓道，修道之谓教。"

非考于书，亦非究于事物，自然所得也。然，汝之所欲之物虽多，可不厌而食，而汝之所嫌弃之物虽寡，亦会厌耳，此乃汝之形气血肉记于本心之"中"然也。夫于事物取"中"者，子莫①也。子莫亦古之贤士，奚何人之甚如斯？②唯以不求其"中"于天授之心而谋于事物之上，而落于一偏也。夫抚其顶至其踵，事之过也。拔一毛而利天下者不为者，事之不及也。于二者之间取"中"者，乃事之"中"而非心之中。非心之"中"则又是取一者也。若夫以心而求之，则一介不以与人亦"中"也。岂一毛亦不拔乎，粉身碎骨而侍奉君父亦"中"也。况抚顶至踵何所惜哉。此乃本心天理之所不能止，而非来自事物之比较者也。是则圣学相传之旨诀，万世不易之心法也。执中之工夫无间断，则良心长存而不放也。因有一毫人欲之杂则断绝，故唯精一之功可继，精一之工夫必不废，方可去彼之人欲之杂而得中信也。精乃体也。执事无间断，则分毫必照而精可至。精必至，则一尘必不存，执者可固。执者固而精至，则致中和而己之天地于是而位，己之万物于此而育。以此而临天下，则天下治，以此而行于后世，则万世受其泽。笃恭而天下平，岂夫虚言哉。

以上之工夫，虽各当所名有所异，其实十个乃一个工夫。欲融会贯通得十条，则当得于一事，而其他九事必在其内也。故不可拘泥于十条之别而支离破碎。有别于十条者，惟愿能识解一条一条之趣旨，而使其至真也。

元禄二十五年壬午五月五日
神山执斋主人书

---

① 在《孟子·尽心上》中涉及子莫，其中曰："子莫执中，执中无权，犹执一也。"这里的子莫，有学者认为是《说苑·修文》的颛孙子莫。
② 关于子莫，历史记载不多，只是散见于儒家经典的只言片语的记载。汉赵岐注："子莫，鲁之贤人。"清末学者罗根泽著《诸子考索》中对子莫单独做了考证，根据是《说苑·修文》："公孟子高见颛孙子莫曰：'敢问君子之礼何如？'颛孙子莫曰：'去尔外厉，与尔内折，色胜而心自取之，去三者而可矣。'"民国钱穆著《先秦诸子考辨—子莫考》得出的结论是："核其年世，疑即子张之子申祥其人也。"

第三部分

《四句教讲义》译注

序

人心诚实之生意感发而所指之者，谓之志。学则为成志之道也。本心所向之处，其大道有五，即父子有亲，君臣有义，夫妇有别，长幼有叙，朋友有信①也。此外见孺子入井、觳觫之牛，皆有怵惕恻隐之心，②是为良知之本体也。遇之，则各有其名。离之，虽亦在六合之内，但隐于虚中，无声无味，若形气于嗜好，则谓之人欲，似志而非志也。因此人欲常掩本心之明，故五道皆塞而人道废。学者若于此回归本心诚实之良知，责其志而立，则可破人欲之笼雾，见本体之光明。所谓学，即效仿、觉悟也。效仿乃觉悟之根本，觉悟乃效仿之目标，原本无此二者之分也。其目有三：其一谓之学脉，乃圣人传继于天之道统心法，即仁德也，背之则有悖于天理而陷入异端；其二谓之学术，乃四书六经所言之教诲，即知德也，若不谨遵则难以得其正道；其三谓之学业，乃谨遵教诲而修行之实功，即勇德也③，若不勤勉则难以成其志。此三者实则为一也。即自然之常理谓之脉，乃天理之性；师尊之教诲谓之术，乃率性之道；学者之勤勉谓之业，乃自明之功修道之教也。脉若为向往之道路，术则为陆乘之轿、海运之舟，业则为货运漕运之功。若无此功，轿舟何益有之，又岂可行运海陆。轿舟兼备，亦有荷漕之能，然若道路有误，则不可达至向往之所。正因如此，若无诚实坚定之志，则此三者亦皆为虚名，故所以行之者谓之一也。有此一志，自能寻得正道、求得术、精于业，达至向往之所，故所谓学即为达志之工夫也。今前往伊势神庙参诣之小童，不知伊势在何方，甚至不明东西，但若有定要达成之志，则即便远在千百里之外，身无分文，亦背井离乡，不惧风雨，翻山跨海，便可获路人船夫之协助，终成所愿。诸如此类者不计其数，据说年年有数百人之多。伊势朝圣之路，并无小童饿死途中，此非其凭智慧谋略之劳，而是有如人心感发之妙，神灵亦暗中相助者也。虽说其真志未必得以发见，但皆能遂念而行有所得，

---

① 语出《孟子·滕文公上》。
② 语出《孟子·公孙丑上》："所以谓人皆有不忍人之心者，今人乍见孺子将入于井，皆有怵惕恻隐之心。"
③ 源自《中庸》第二十章："天下之达道五，所以行之者三。曰：君臣也，父子也，夫妇也，兄弟也，朋友之交也。五者，天下之达道也。知、仁、勇三者，天下之达德也，所以行之者一也。"

且可寻求其固有之本心矣。此"四句教"本于人心本体之诚实，可正学脉、示学术、励学业。上至王公大臣下至庶人百姓，若能经常受用之，则可应其身份而成其德，均可享上天之福也。故以和文解说"四句教"，阐述其宗旨，以求能消减迷惑不解之处，唯望于此耳。

前言

所谓"四句教"①，乃是阳明成公始教其入门弟子之规法，是为人人皆可受用之心法之大成也。其书则是体现《大学》修身之功夫②、教示世人继往圣之绝学而使其道代代相承之道统要文，堪称是人皆学之则可成尧舜之大典也。舍此法而另立他道者则谓之异端也，仿效此法而行之有效者则谓之霸术。违悖此法则者则谓之恶，不知此法则者则谓之愚。是故，凡欲学圣人之道者，必当斋戒沐浴、虔诚庄敬奉持，无论起居动静，皆时刻服膺③之。

一、释义

（一）"无善无恶心之体"释义

心无声无味，故不能以善恶命名之。此心之本体乃为至善也，是为人人竭力所欲达至之目标也。

（二）"有善有恶意之动"释义

心一旦发自本体而动则为善，基于形气而动则为恶，即意念之动可知善恶也。世人致力于以心之所动而辨善恶，是为学问之关键。

（三）"知善知恶是良知"释义

即便心生恶念，本体良知亦未尝泯灭。故此，绝无不知善恶之事。

---

①"四句教"（三轮执斋称之为"四言教"），即"无善无恶心之体，有善有恶意之动，知善知恶是良知，为善去恶是格物"四句教言，是王阳明晚年对自己思想的全面总结，称之为"我的宗旨"。出自《传习录下》。
②指《大学》中所言："欲修其身者，先正其心；欲正其心者，先诚其意；欲诚其意者，先致其知。"
③道理、格言等牢牢记在心里，衷心信服；铭记在心，衷心信奉。语出《中庸》："得一善，则拳拳服膺而弗失之矣。"朱熹《四书章句集注》亦说："服，犹著也；膺，胸也。奉持而著之心胸之间，言能守也。"

所谓"良",乃是毫无矫饰而真实无伪、自然流露之事。未加思虑而自然知晓即为良知,是为人者致力之准则。

(四)"为善去恶是格物"释义

意之所在便是物,天下万事万物皆在此意之中。为此意之善而去除其意之恶,便是格物,是为人者致力之实在功夫也。

上述四教言即谓之"四句教"。凡天下之理,皆存在于心,随意之所动,致良知以格其物。故,格物致知即为诚意之功夫。格物之初,必先立志而正其心。诚意之功夫即是仁,致知之功夫则是知,而格物之功夫则为勇也。有此三功夫则可成就三德①、归正其本心。其行之所以者,乃一志也。志在心之所向之处,即人之诚也。初时若不立志勇猛前行,则事事不能得以善终。故而下文将从格物之段开始反向进行讲解。

二、主意·功夫②

(一)为善去恶是格物

凡自入门之始,理当先放平心态,知晓人是为何而学,所谓学问是做何事。如何树立心志,如何勤勉,是必须反复思量之事。此学问之目的,并非欲意远离恶人而成为善人。因至善之人终将成就尧舜之志,至恶之人终将陷入桀纣之渊,③界限只在一念之间。志在成为善人便须为善,欲不成恶人便须去恶。去恶即是纠其不正,为善即是回归正途。纠其不正而回归正道即是格物,此即圣门始教弟子之实功,乃是直至成为圣人皆须贯彻始终之不二法则。故而位居《大学》八条目④之首。人若在格物之中不能坚韧地树立心志,则不可能万事皆成,即犹如建屋无基。在本经四教言序之中,是由人心发动

---

① 三种品德。《尚书·洪范》中说:"三德:一曰正直,二曰刚克,三曰柔克。"《中庸》中指:"知、仁、勇三者,天下之达德也。"《周礼·地官·师氏》中说:"以三德教国子:一曰至德以为道本,二曰敏德以为行本,三曰孝德以知逆恶。"
② 王阳明在《传习录》中说"知是行的主意,行是知的功夫;知是行之始,行是知之成",主张"知行合一"思想。三轮执斋在此以"主意·功夫"为题,意在从"知行合一"视角解说四句教。
③《孟子·滕文公上》:"孟子之道性善,言必称尧舜。"《孟子·离娄上》:"桀纣之失天下也,失其民也。"《大学》:"尧舜率天下以仁,而民从之;桀纣率天下以暴,而民从之。"
④ 指《大学》所言"三纲八目"中的"八目"。三纲是明明德、亲民、止于至善;八目是格物、致知、诚意、正心、修身、齐家、治国、平天下。

为始而论的，所以此句应为四句教中结尾之句。然而其关于现实受用功夫之顺序的表述，却不分前后，故而先从此结尾之句开始讲解。

所谓物即事也。凡出于自我本意所现之事，不只是一人一身之事，乃是天下皆有之事也。其事之恶便为我心之所恶，是因本体原本无恶也，故而必当努力去之。其事之善，乃善心之所好，是因本体原本为善也，所以必当为之，此即所谓格物之事。而世间无人可正身外之物，唯有正自我心中之物。然而如此正人自身所现之物之是非，若尚未修得其要，则最终必将流于虚伪，此即所谓小人闲居而为不善也。此显现于人身之善恶，悉皆由心而发动，当首先察知其一念所发之正邪。所以须要自省，修立慎独之功。

侍奉父兄，去其意之恶而奉其意之善是为孝；侍奉君上，去其意之恶而奉其意之善则为忠信；读书，若能去其意之恶而得其善，则可推广其用，避免堕落为浅陋迂腐之俗儒①；学习兵法，若能去其意之恶而习得其意之善，便不会堕落为固执于知术权谋之徒。凡天下之事无论大小皆是如此。故而若能时常牢记本无邪恶之我心本体，一言一行均以此本体善心而发动，则会心怀信仰而成就当下之善事。如若违背本体而生邪恶之心，则必然心怀耻恨而失去当下为善。如此这般，施一事，便为一事之圣人；一刻如是，便为一刻之圣人，此即是人皆欲成尧舜之道、怀具皇天之圣心的圣人道统之学术也。此理千真万确，无可疑也。

为其善而去其恶，乃即使舍弃生命亦当义无反顾之事，即所谓"杀身成仁"②"舍生取义"③。明此"知其所止，止于至善"④之道理，便可谓是"朝闻道，夕死可矣"⑤。如此树立坚固之意志，自我立誓忠于本心乃是入圣门之始，因而此格物之段可谓之三达德⑥中之勇。然而，欲致力于此而达至此"勇"，则须自己明了自身之地位能力，

---

① 指浅陋而迂腐的儒士。语出《荀子·儒效》："随其长子，事其便辟，举其上客，亿然若终身之虏而不敢有他志，是俗儒者也。"
② 语出《论语·卫灵公》："志士仁人，无求生以害仁，有杀身以成仁。"
③ 语出《孟子·告子上》："生，亦我所欲也；义，亦我所欲也。二者不可得兼，舍生而取义者也。"
④ 语出《大学》。
⑤ 语出《论语·里仁》："子曰：'朝闻道，夕死可矣。'"此处用以表示对为善去恶这一真理的信仰和迫切追求。
⑥ 出自《中庸》，即指"智""仁""勇"三大品行。

做力所能及之事。如若强为力所不及之事，则谓之"助长"①，反而有害也。亦即说要求人奋力做好力所能及之事，若不结合自身而只表面模仿圣人之行为，皆是为虚名所驱使者也。不竭尽全力而为何以谈达及圣人？当知任何时代均无此达圣之道。总而言之，最终未达目的之前必须仔细思量，倘若半途舍弃，便是自暴自弃。另外，初学之时，常有因失误或是遗忘而堕落之事，切不可咎责之。正如藤树先生之教谕："七跌而八起，最终可达无过之目的地。"

（二）知善知恶是良知

学习者在格物阶段，当笃定初悟，认定善乃即使牺牲生命亦要为之之事，恶乃即使粉身碎骨亦要去之之事。有此充分之觉悟，则学问可达十之七八也。然而其所知者若非发自于良知，则其所知其善亦会反之成恶，而其所知其恶则未必是恶矣。此句"知善知恶是良知"便是由此而来。

此"知"乃心之光也，其映照善恶，犹如知晓分辨白昼与黑夜。然而，因人之气质各有偏倚，故不可避免会有各种违愿之事。此类各种违愿，虽然皆发之于一心，但由于作为刚柔善恶之根基的气质不同，其所映照出的结果亦绝非相同。良知乃与生俱来心之本体，非人为之产物也。此外亦有识知②、有俗知世知、有奸知邪知。乍见孺子将入于井，皆有怵惕恻隐之心③。此绝非人刻意而为，乃是直接发自天命之性也，这便是良知。识知来自见闻，又是以私知④之驱动而认知辨别之物。其虽然不在良知之外，但也并非经人之作为对外界自然之明觉。故而落于一个个人之得法，可说是因人气质而定善恶。然若出自良知，见闻亦是良知也。若落于见闻，则良知便为识知也。所谓俗知世知，虽然亦非良知之外，但却是只有面对世间百态而衡量利害得失时方可明了之物。熟练之便可成为随机应变之能者，而

---

① 指助长不正之风。语出《孟子·公孙丑上》："必有事焉而勿正，心勿忘，勿助长也。"
② 原文日文为"識知"。此处应为识察、见识之意。
③ 语出《孟子·公孙丑上》："人皆有不忍人之心。先王有不忍人之心，斯有不忍人之政矣。以不忍人之心，行不忍人之政，治天下可运之掌上。所以谓人皆有不忍人之心者，今人乍见孺子将入于井，皆有怵惕恻隐之心，非所以内交于孺子之父母也，非所以要誉于乡党朋友也，非恶其声而然也。"
④ "私知"同"私智"，意指个人的偏见。语出汉应劭《风俗通·皇霸·六国》："遂恣睢旧习，矫任其私知；坑儒燔书，以愚其黔首。"

忘耻失诚者则必堵塞良知发见之道，须当警惕之、疏远之。所谓奸智邪智，即是使人堕入邪恶，专行坑蒙拐骗之事，是为盗贼之知也。

上述诸类人，虽说其原本之心光明，但因根基气质不同，盗贼则常以欺诈他人为有知，以自己行盗之立场判定善恶，故而便堵塞了其先天自然之良知。须当谨慎审视之，不可颠倒混淆。由心之本体而发之善即谓之至善，亦称为真知，是为三达德中之"知"①也。置心于至善而发，此知所见之善则必当为之，而此知所见之恶则必当去之。然而，如若吾等原本知晓之善尚未为之，吾等知晓之恶尚未去之，则无论何等知善知恶，亦不能做到为善去恶，故而说致知之事在于格物。

（三）有善有恶意之动

关于事物之"格"究竟是格何物，致良知之"致"旨在致如何之知，此乃须仔细思考之问题。天下万事万物之理，虽然可以向外穷究之，但若吾心之所动之处无有诚意，则会穷极而有害。即使天下万事万物悉皆知晓，但若不知懂吾心，亦必有害也。正因如此，所谓"格"，即是纠正吾意所在之物之行为；而所谓"致"，则是指于吾意之中而致全力。

人心原本至善，因而虽说无善无恶，但若非气血生命停止，则绝无不动之事。其心所动之处即为意。意之所动之千绪万端是谓物，皆为意之所动之处。意之所在虽然如此万千思绪，但归根结底不外乎善恶二途。一旦自省之功间断，则难以将过恶从念虑中驱离，久而久之则会影响事业，以至受其所害，故当良知烛照而知耻。如若毫无自省之功，恶念则必骤然而起，遮蔽其不善而彰显其害，是为常人之情态也。但如此最终必致善念被蔽而不显，又何来益处可言。故而常持戒惧之心而慎独，方乃先圣学问之真传也。是故设定此句以示其着力之意图。即便未动于一念之处而做事，但若欲事业有成，则必须返回此一念之处而动，即回归初心，悔悟改正，此便是诚意之工夫。如若格法只是用于事业，其一念不是因善而动，则将或成为霸者或沦为伪善之小人，不仅非圣门正统之学，而且会成为道德之罪人，故而善恶一念之界必须谨记于心。保持此人心原初一念之

---

① 此处原文用的"知"字。同三达德中的"智"。

功夫，即是三达德之仁也。有关于此，古本《大学》中已将"诚意之传"作为经文①而传续，切不可背道而驰。

（四）无善无恶心之体

人心有善恶两途，其乃心之始动时之事，其始动乃因气动也。若无气动，则心唯有一片清明。心之镜未开则犹如未知妍媸②。然而，即便心镜未照，万象依然存在。若心有映照见物之心而观之，则有象，而镜为原本观照之镜。若无见物之心而观之，则不为象，而镜内并非无象。是因镜本无动静，而见物之心则有动有静也。此镜乃人之为人之本体。不知此本源而欲意为善，则其善即为气质之善，而非天理之本体，恶亦是如此。所谓心之体，即寄寓于人心之天神。其光明，无关人之意念，而是自然明照是非，此称之为良知。夫耳不闻五音，乃耳之本体，而非无五音。是故常听五音，其所听之音则不会背离五音。若常听一音，则五音皆将背矣。故而五音皆无乃耳之至善也。口亦是如此。口不尝味，乃口之本体，而非无五味。故而常尝五味，其所尝之物则不会背离五味。若常尝一味，则五味皆将背矣。故而五味皆无乃口之至善也。心无善恶，乃心之本体，而非无善恶。故而常辨善恶，则无各类谬误之事。若有之时，则必违此善恶之理也。故而以无善无恶为心之至善。也正因如此，至善被称之为心之本体。圣贤书中对此亦有所说教。例如《书》曰："无有作好，遵王之道；无有作恶，遵王之路。"③又曰："有其善，丧厥善。"④《论语》曰："无适也，无莫也，义之与此。"⑤《孟子》曰："吾无可无不可。伯夷柳下惠如是，犹可不可有。隘与不恭，君子不由也。"⑥

凡人之为学，当时刻牢记此四句言教，若一日成一善，则一月可成三十之善而灭三十之恶，一年则可成三百六十之善而灭三百六十之恶。若一人如此则千人万人皆如此，一国之民一年行一善，

---

① 这里的"传""经"是指朱熹因认为收录于礼记中的《大学》本子有错乱而将其重新编排分列成的"经"和"传"两个部分。其中"经"一章，是孔子的原话，由孔子的学生曾子记录；"传"十章，是曾子对"经"的理解和阐述，由曾子的学生记录而成。
② 也作"妍蚩"，意为美丑。出自陆机《文赋》："混妍蚩而成体，累良质而为瑕。"
③ 语出《尚书·洪范》。
④ 语出《尚书·说命中》："有其善，丧厥善；矜其能，丧厥功。"
⑤ 语出《论语·里仁》。
⑥ 语出《孟子·公孙丑上》。

万人之村则可生一万之善，而减少一万之恶；十万人之国生十万之善，则可减少十万之恶。天下皆如此，其为善去恶之数则可达亿兆之众，反之善灭而恶生亦是如此。若能如此，则天下行善日益增多，为恶日益减少，除此之外，天下绝无其他任何可致太平之道也。即便刑狱诉讼之事多发之国、万人之都邑，一年亦不当有近万之诉讼。故而施无讼之政，唯有此法也。能否如此诱导之，全在君主应用此学之一念。此即尧舜以仁治天下之道，笃恭而平天下之治，是以称之为无为之化，乃人人皆可成尧舜之实学也。此谓之知本，凡天下之法制号令，皆为辅助此本之工具而已。若无此根本，仅仅依赖法制号令治理国家，虽说可实行三代之仁政，但其全赖借助他力，只能谓之霸术矣，终非治也。学者学之而心印之，坚信善乃即使舍弃性命亦必为之之物，恶乃即使粉身碎骨亦必去之之物，行三四分之善，则用去除三四分之恶之力气。若有此心此力，一二分之善不粉身碎亦可成，一二分之恶亦可防止发生。故此，心思之外无他事也。唯心之所信也。当慎思之，以免生他途之惑。

三、《四句教讲义》或问

或问："四句教"何以谓之心法之大规矩？

答曰：以《大学》"格致诚正"①解之，即大学之教也。程子谓《大学》为孔子之遗书、入德之门，朱子亦云《大学》乃圣门之规也，真西山②则言尧典乃《大学》之祖。若问"四句教"何以为大规矩，必先知晓其所言何事。

或问：普天之下皆以大学为行事之规，疑惑之处既有大学解之，何须"四句教"焉？岂非画蛇添足而多余乎。

答曰：王子之"四句教"非补《大学》未及之事而作，其学所为之道亦非《大学》之所缺，此事天下人人皆知也。然而误解其义，

---

① 儒家经典《大学》中的八目：格物、致知、诚意、正心、修身、齐家、治国、平天下。
② 真德秀（1178—1235），本姓慎，因避孝宗讳改姓真。始字实夫，后更字景元，又更为希元，号西山。福建路建宁府浦城县（今福建省浦城县仙阳镇）人。南宋后期理学家、大臣，学者称其为"西山先生"。为继朱熹之后的理学正宗传人，所修《大学衍义》，成为元、明、清三代皇族学士必读之书。今有《真文忠公集》传世。

以为格物乃探究天下万物之理之事，则会误人一生，故当加以解说以正其意也。此道学之初，乃是继尧舜精一之教，孔子又续大学之说，继大学之后，又有子思之中庸之道。大体惯听于耳之事，若规为日常而无稀奇，则实难有引世人感发瞩目之事，故有如此诸多各色学说（名言）为后人而立也。后者并非补前者之不足，而皆乃重整人意，示发自我内心之感悟也。故而可说，虽教言有种种不同，然其主意之处则毫无差异。若其主意改变，则即便使用同一言论，亦属异端也。即如平生所爱之饮食，若日日食之则必会生厌也。而届时偶食日常不喜之味，则会因口感之新，而心生快意。此调味之食虽然可时而有变，但劝人以食旨在滋养身体之主意，并无些许差异。即其所劝之食物，当皆不超出五味之食以外。若其非属正常之味，即便食用鸟啄之量，亦为异端也。故必谨记于心，终归教之道，若不可令人信服，则无法流传。无感而无信，故传教受道者，以令人心生感悟为主旨。感悟产生之本在于心生疑惑。此四句之言，虽非媪妪妇女皆能通晓之讲释，但对本心无疑惑者讲述，则如马耳之风，并无益处。是故施教之时，必先使其有所存疑。譬如虽有良种，何以在固若坚石之土中生根萌芽。故当知种植之事并非仅仅种子入土之易事，必须先耕犁松土、施肥灌水使土有养可供，如此方可促其生机。待到可生时节播种，才可使其迅速生长，方得茂盛也。劝人饮酒时亦然，当先上佳肴，促生酒意，然后交杯换盏畅饮，如此即便饮酒过量亦非厌事。劝人饮茶亦是如此。然而此施教却与之有所不同。即如人基底之心固缩如石而播圣贤格法①之种，若因其无法生长而怒或咎其人之过失，则必断交成恨，视若仇敌。此即以骗人向恶之行而欲为使人向善之事也，实乃滑天下之大稽，岂可得偿？唯有待其心生疑惑之时而加以解释，方可令其有所感悟。令其有所感悟，即是为令其相信也。而令其相信，则是为令其可不厌其烦而受用也。故立非人云亦云之言而教导之，乃师家之教术也。

或问：当今之世，无学问之人却能治国，亦能令人服之。而有

---

① 语出叶适《送刘茂时序》："故其既得改官也，反以为格法之咎。"刘祁《归潜志》卷六："（高汝砺）知守格法，循默避事，不肯疆谏。"元辛文房《唐才子传·包何》："曾师事孟浩然，授格法。"意为：成法、法度。

学问之人，则多为纸上谈兵、言之无物者，常与人龃龉、难能服人者屡见不鲜。今此四言之教，既为尧舜以来嫡系相传之道统，是否有令人心服、可平天下之证据？

答曰：欲解此问，需先辨明何为学问，学之又是为何。当今所言之"学问"，并非真诚之圣学。非诚之学，越学越恶，势必会与人龃龉，难以服众。彼等无论是谁，唯将板滞作诗撰文、多诵读唐国之事谓之学问，实属文盲也。有些许明眼之人皆知，当以成为通晓世间事物之智慧者为学问，即以格物谓之学问。而多考究唐国昔日之事，则是旨在古为今用也。此比之前者似乎略胜一筹，然却并非圣学。后世云至极为良之学流有二。其一是，以恪守有生具来之礼规为日用行为之首要，以不为恶事、端正礼仪、不违《小学》①之法为目标而洁身自好，以自我之行为而引导他人。然而，若鄙滞②而无和顺之气象，则必会多生得而损物之事。况且，若仅仅为不违小学条条之法，则非但无可所得，且会致其行事徒有其表而内无生意，最终必然成为霸者，亦或伪善之人。此乃狷者③之资质，以吾之所见，是为未达及中者也。其二是，此人可以明理之心仔细吟味程朱之言，深究其隐微之极致，但若仅晓高尚之理，而无原本向内之心，则无日用心意之工夫，唯见人之非之事增多而致与人不和。此乃狂者④之资质，以吾之所见，是为好高骛远而过中者也。此类人虽可成为有识学者，但同样非中庸道统之学。之所以如此，皆因其始之志，并无为我心之善而去我心之恶之根基，只知一味向外穷理而已。是故，此等学者虽可详述圣贤之书所说，但却不为自省自觉之事，致其所述皆为空言也。此二类之学者若委以国政，则非狷即狂，其害必定也。故必先思量，而不为误人一生之事。所谓唯真之圣学，即教导恶人成为善人之道也。恶人成为善人，并非在其耳聪目明，亦非在其手

---

① 《小学》是一部传统的启蒙教材，一般认为朱熹编写。实际上，这部书是朱熹指导他的学生刘子澄所编成。朱熹只是在编辑过程中作了具体指导。全书6卷，分内外篇。内篇包括《立教》《明伦》《敬身》和《稽古》，以选录儒家经书为主，"萃十三经之精华"。外篇则有《嘉言》和《善行》，辑录了历代贤德之士的嘉言和善行，"采十七史之领要"。
② 此处原日文为"固滞"。译者认为实则为汉语词汇"鄙滞"的误用，意指蔽固阻滞。
③ 语出《论语·子路》："不得中行而与之，必也狂狷乎。狂者进取，狷者有所不为也。"狷者指拘谨无为之人，引申为孤洁。
④ 语出《论语·子路》："不得中行而与之，必也狂狷乎。狂者进取，狷者有所不为也。"狂者有不拘一格，积极进取之意，此处应指好高骛远，知进而不知退者。

足灵活，而是在其心光明至善也。其心若至善，其手足之动不会有悖于义，其耳目之用亦不会行背道之事。故当以此为"人皆可以为尧舜"之道也。而此"人皆可以为成尧舜"之道，惟有以此"四句教"方可行，别无他法也。

或问：所谓"人皆可以为尧舜"，出自孟子，可谓难得之心得也。然孔子弟子七十人，皆为大贤，彼等亦皆专心而信学，但却不曾闻有一人能成为圣人。而今我等凡夫要为尧舜之道，诚不敢言。近世学者中亦有非难孟子者，不知是何道理？

答曰："人皆可以为尧舜"之说，虽然出自孟子，但亦是基于伊尹之语①。若问如何理解此圣人之谓，则当知所谓"可以为圣人"，即指可以为善人之事也。善人之至极则谓之圣人，即尧舜之人也。大凡人心至善者，皆圣人也。圣人所为之事，之所以无一人说其恶，即是因其顺乎我本心也。桀纣之谓，乃指大恶人之事也。我本心原本无恶，故即使不劣于桀纣之为恶之人，亦会以被谓之桀纣为耻。此即其有力证据也。是故，即便身为恶人，但若能有志于圣学，随从其良知而转变其恶念，则可即刻变为善人也。此善与尧舜之善并无不同，只是不能成为尧舜其人而已。即便身为善人，但若心生恶念，亦可即刻变成恶人也。此恶即等同于桀纣之恶，只是非桀纣其人而已。由此不言自明，当世所说气质不变者，皆为妄言也。故而可说，去恶为善乃尧舜之嫡传也。而今可使恶人成为善人之道，除此"四句教"之外，别无他法。如此若能善念不断，则可以为真正之尧舜。诚然，此后亦有为人欲所蔽，又回原初恶人之危险，故当平生一心向内，谨记自省慎独之教，以确保此心中之尧舜不被取代。

或问：世上有人说格物之说不在《大学》之正意之中，是否可谓之为恶说。

答曰：其说之是非，虽可委之于文成公之论，但若不信者亦不欲究，则更为难矣。不论朱子学说如何良好，亦不可言天下非此无

---

① 伊尹（前1649—前1550），姒姓，伊氏，名挚。夏末商初政治家、思想家，商朝开国元勋、道家学派创始人之一。《孟子》说："汤之于伊尹，学焉而后臣之，故不劳而王。"《孟子·万章上》也提到伊尹"以尧舜之道要汤"，"而说之以伐夏救民"。教汤效法尧舜的以德治天下，为救民而伐夏的方略。

达学。世上所谓格物穷理之说，以为格物而后则可心明，则可成为圣贤。此说虽有一定道理，然而自兴国政之大名①至所有衙役之人历历可数，皆忙忙碌碌不得空闲，而下层之农工商贾亦各勤其业，更无闲暇可言。即便稍有空闲者，亦难能坚持每日皆用一时听讲义、读书也。孟子虽也是天下自然产生之人，但若其一曝十寒，则不会产生也。虽说一时只是一日中十二分之一，但相较十日冷却则胜之十倍也。即使相隔五六日一学，亦于事无补。所以，若非游民之随分②无病而为富者，则难能为之也。无论何世，凡通晓天下之事理，皆需表里内外透彻而瞬间即能豁然贯通之人，而非在于人皆可以为尧舜之学。正如此四言教所言："为善去恶是格物"，若心会此理而平日受用之，则无论是劳于吐握③之诸役人，抑或是忙碌无暇之农工商贾者，皆可在各勤其业的同时，实现成为圣人之愿望。若有少许空闲，则当拜访良师、研读书籍、参与讲会互相切磋，以正平日之工夫。当知此乃终身受用之定规，即"行有余力，则以学文"④之宗旨也。若能如此而行，则无论男女老少、智愚贵贱、有才无才、有病无病，甚或异端邪说之徒，皆可转化而入尧舜之道，此乃唯独此学之功也。

或问：若如此，岂非言古圣人之四书六经⑤均为无用之物？不知当如何看待书乃古人之糟粕之论？

答曰：此乃不懂道之人之偏见也。四书六经皆为良知之形体，我心之名目注释也。四书六经之实在于我心，我心之形象在于四书六经也。故失去我本心之人，则会在四书六经中寻觅其形象名目，以照出自我之良知并将其取回。若不如此，则无以使良知回归其本。之所以失去自我本心，乃是因人欲作祟也，故而将"去人欲而归于

---

① 日本古时封建制度对领主的称呼。
② 语出南朝梁刘勰《文心雕龙·镕裁》："谓繁与略，随分所好。"指安分、守本分、依据本性等。
③ 吐握，典故名，典出《史记》卷三十三〈鲁周公世家〉。即吐哺握发，意谓急于迎客，洗发时多次挽其头发停下来不洗，进食时多次吐出食物停下来不吃。比喻为了招揽人才而操心忙碌。形容礼贤下士，求才心切。
④ 语出《论语·学而》："子曰：'弟子入则孝，出则悌，谨而信，泛爱众，而亲仁。行有余力，则以学文。'"
⑤ 四书指的是《论语》《孟子》《大学》和《中庸》；六经指"诗、书、礼、乐、易、春秋"这六本书，合称四书六经。其中的《乐经》后来亡佚了，就只剩下了五经，称"四书五经"。

天理"谓之学也。四书六经便是论述"去人欲而归于存天理"之道,故必须终身敬仰,时刻尊奉之。然而,若失去我心之实,而只读四书六经之文意即想悟道者,则有如只见文书目录则为舍本逐末也①。所谓糟粕,并非酿酒时酒曲发酵后尚未过滤之酒糟,而是将其过滤挤压出酒之方可成,故糟粕乃渣滓也。我等若将四书六经之精华从中提取而出,余下之物亦可谓之渣滓。对于酒而言,所谓粕便是当舍去之异端也。今言四书六经之人,若无滤酒之为,谓之糟粕亦别无不当。若仅将读书谓之学,则无暇读书者便可能一生与学无缘。然若心有书中之根本,修行时即便不读四书六经,其实质亦在我心中也。若有此心,一旦有少许空闲则不会另作他用,而是用于习读四书六经,且必不会间断。诚然,虽说此学多有书中未及之事,但若舍弃书,亦为异端也。须当潜心思考,反复酌量。

或问:若真如君所言,确实可心有所得。然而,如果说恶人可成圣人,云异端邪恶之徒亦可成为尧舜,岂不与彼之烦恼即菩提之说雷同?闻说此乃阳儒阴佛之说,而朱学之徒则是严守我道,不会入佛之讲席。若说如此亦可以为尧舜,实难理解也。

答曰:所谓教,原本即为恶人愚人、异端邪类而设者也。何以如此?实则贤人君子不教亦可也。对于尊奉正统之道者,无需说教。使愚转而向明,使异端变为正统,方为真学术也。若异端之徒能自觉自悟归向正统,则教便为无用之事矣。人若无病,医者、汤药又有何用?问道与求道者,即便曾为愚人恶者又或异端之邪类,但若问其本分,亦是我圣门之徒也。此外,秽多②乞食之人,不论其年岁如何,亦不可弃之,当将其转化成为尧舜之民,此即所谓"有教无类"也。秽多、乞丐一旦动杀人纵火、盗取他人物品之念,即为桀纣之心也。纵然是此类之人,若能有知此为恶之良知,不为违背尧舜之事,从其良知而弃其恶念,亦可成尧舜之民。剥兽之皮、向人乞讨食物而度日,乃是其职分也。陶渊明也曾被迫乞食,亦不妨碍其成为贤者。樊哙乃屠夫出身,对于其功臣之名亦未有争议,是故不可以称其为恶也。此岂非人皆可以为尧舜者乎。上至君王,下至士庶人,此外

---

① 此处日文原为"太力马也"。笔者根据上下文,将此处译为"舍本逐末也",表达作者指出领会四书五经中的精髓,比仅停留于读书层面而言更重要之意。
② 指从前在日本被隔离的游民阶级。秽多、非人是日本的贱民阶层。他们被压在社会的最底层,受尽侮辱,生命也无保障。

乃至秽多乞食者，皆为人也；上至圣人，下至凡人，此外乃至异端邪类，亦皆人也。人之成为真人之道，即谓尧舜之道也。所谓大道有如白日大路，即此之谓也。诚然，若对五伦①生丝毫厌倦之心，即使是老师宿儒②亦为异端。乍见孺子将入于井便生其父母怵惕之心，即便是出家沙门亦可谓之有尧舜之心。不失此本心之良，修习不背良知之事，择行《大学》之明明德之道，此即"四句教"之大旨也。

或问：常有疑惑为感发之本之说，吾信之。但今时吾尝试产生疑惑，心中却未有疑念，不得心生疑问之要领，不知如何是好？

答曰：平日未曾有惑，则无法顷刻间心生疑惑。思谋如何心生疑并非良法，可先反躬自省。我等身体受之于父母，本性得受于天，如此方生而为人。然而，如若我等不践行于身体，不知自身之本性，不能明辨人伦究竟为何物，朝夕只忙于争财贪利，沉迷于情欲，耽于衣食游乐，不知人间有道，此与鸟兽又有何异。倘若认为世人皆是如此，则更为不知羞耻、无情无义之人也。即便不称之为鸟兽，亦不会接受其"世间之人皆如此"之说，而会对其怒不可遏。如若对此毫不愤怒，实则自己已是不知羞耻之无情无义之人，如同禽兽一般。普通人如是说，或可说因其有见识，或是诽谤他人而致。然世间之圣贤亦皆如此说，则不可不令人愤怒。若能对其愤慨而感到悔恨，则可去人欲，回归本然之天理，此外绝无洗刷耻辱之法也。此愤怒之念，即已是尧舜之心也。然而，所谓去人欲，虽可一言概之，似乎甚为容易，但若要躬行其实，仅仅是区区之人欲，亦难以轻易去之。此时，思量如何去除人欲，则是心生疑惑之始。若生此般之疑惑，则必又进而追问。无论成为善人，抑或成为恶人，皆缘于此心也。之所以如此，是因心之神妙，本来即无形、无体、无定向而运转流动也。人之身体中，腿脚虽迅疾，然一墙之距却难以穿越；人之身体中，眼虽明亮，然一墙之隔却难以看穿，此乃形之存在之故也。然而心虽在此身之内，但却能知唐国、天竺之事，可通晓古往今来。是故，身被禁锢可止动，而心则可不受把控禁锢也。正因

---

①指古代中国的五种人伦关系和言行准则，即古人所谓君臣、父子、兄弟、夫妇、朋友五种人伦关系。用忠、孝、悌、忍、善为"五伦"关系准则。
②指素有声望的博学之士。

心如此之神妙，故一心向善则可成就万世之治，一心向恶则可致天下倾覆。吾等持有如此珍贵之物，却不知其运用之法，岂可无动于衷。正因有如此神妙之心，故上可察知君父之心，中可知晓兄弟友朋之意，下可体恤臣子、庶民之情。以此心去体察，与实情相差无几。即便是路人，只见一眼，亦可揣知其心。如此可知世间千千万万人之心，可判断千万年之古往，可评判千万里外之异国人。吾有此神妙之心，而却无人知晓我心即在吾胸中。此即所谓知他人之心易，而知吾之心难也。察知他人之心，即便是明眼之人亦会有所遗漏。而自知，则需要细致入微，无一丝一毫之遗漏。因此其自知，皆取决于其自己能否反躬自省。故一旦有所自疑之处，即当深刻反省，及至见吾之心。虽然吾心原为一体，但此时已分离为二也。其一，乃道心也，此乃天授之本性，良心也，照良心之光明者谓之良知；其二，乃人心也，即肉体所生发之气也，随气而动者，即人欲也。人之智虑纵有千万，皆无外乎此二者也。故平生不断自省，明辨此二者，去其人心之欲而统于天性之道心，即称之为惟精惟一。此乃尧舜相传之妙诀，汤文周孔代代嫡传道统之正统也。"四句教"中所言"为善去恶是格物"，即此也。当虔诚信奉之，拜此为正统。然此外或许尚有疑惑之处，即若吾亲生之子不孝、所养之家奴对吾不忠，吾必厌恶而愤怒。人皆具有深知此理之心，然而却有对生吾之父母不孝、养吾之君主不不忠之人，其原因何在？若吾血缘之兄弟、相交之友人对吾不爱敬、不真诚，是必憎恨之。人皆具有深知此理之心，然而对兄弟朋友缺少爱敬、真诚者大有人在，何故也？只知责他人之恶，却对自身之恶视而不见，只有仇视他恶之见识，却不知对自身如同他人之恶而反思，又是何故？如若能对如此种种心生困惑而进行反思，则可有感而发，进而生信道之心，并从中获益得力，故当时时反躬自省。

或问：不知为何说须自誓以格物之条目为入门之学？

答曰：无论何人，皆事有开始之时，然而可以善终者少也。因而当慎终如始，事事皆如是也。况且，世间第一等要事即入学之始，若对此亦不认真谨慎，则天下将无值得谨慎之事矣，因此入门之初即当认真谨慎而学。此学之道，可变恶人为善人，可转祸为福，可平乱治世，可使子孙万代延绵不息，故无论是谁，皆当真诚敬奉之。

天下之难事，莫过于此也，绝不可草率对待。故而，古人有来学之礼，而无往而教之道。即便是学习枪剑弓马等武艺，入门之时亦要在誓文上按上手印，以之为入学之礼。此并非出于私心欲立一己之见，而是表示笃信其道，我心开始向学之意。即便认为圣人之道中无如上所述之事，亦不可轻率对待。故而，古时之入学者，必行祭拜先圣，行以音乐飨宴之礼方可入学。及至后世，入学之时亦要斋戒并奉赠束修，不能轻视也。即便如此慎始，亦只有少数人能得以善终。何况彼等初始即不真诚之人，更难以得善其终也。今时师与弟子间之礼已具，但无教导之规，亦丧失了指引之法，其因在于为师者不知师者之大道，而只有欲立自我流派之鄙心。鄙人本非知晓大道者，但我本执名誉之心亦非少。然而见失却道统之正、学统断绝，悖离学术成为学问混乱之基，则不免为之担忧，故邀来同道者相聚，互疑互问，以骤然忘却非分之罪，并述我之所思，欲以践行王文成公所说"尽一体之诚"。试欲遵循王子之教诲而入尧舜之道者，当知须将"四句教"中此一言作为入门之誓约，斋戒沐浴而受之，进而为其善而去其恶。当成为尧舜之同道者时，方可悟得舍弃身命乃为人之本愿，方可向其本心立誓。于此植以大丈夫之性根而志立得定之时，则会视世间一切利害名誉得失犹如天空之浮云，可至其心分毫不为之所动。此即谓之我之本心得以确立也，我之本心即天心也。何以言非继于天之道哉。因此，一入此学便已证明其由恶人成为善人矣。此即是尧舜道统之正传、孔孟之学统，无可置疑也，当信奉敬受之。

享保第十二丁未年[①]九月下旬
三轮希贤谨志
希贤

[①]1729年。

第四部分 三轮执斋《日用心法》及《四句教讲义》思想评述

前言

纵观日本阳明学史可知，阳明心学早在王阳明在世的16世纪初就由室町幕府遣明正使、高僧了庵桂悟[①]（1424—1514）传到了日本，但日本阳明学的诞生却是在一个世纪之后德川幕府（1603—1868）以儒学治世的初期，即是说日本阳明学是在德川社会文化背景下生成的，有着其本土化特点和发展脉络。中国的阳明学虽然有地域、学派分支之差别，但因为皆尊奉王学为真学问，故基本上是由前者向后者教传的形式而展开的。而在日本，除了初传者了庵桂悟曾直接会见过王阳明外，后世的日本阳明学者，大多是通过王阳明或者阳明后学的书籍而知遇阳明学的。包括日本阳明学派的创始人中江藤树，也是在三十七岁时读《王阳明全书》后，明悟到只有王阳明才继承了孔孟思想之精髓，从而由朱子学转向阳明学的。而继其弟子熊泽蕃山和渊冈山之后，倾向于阳明学的学者大都并非直系道统的传承，而是身在各学派，因读到阳明遗书后有所顿悟，以自我消化的方式转向阳明学，从而持续了阳明学在日本的发展。藤树和蕃山之后，阳明学在日本并没有形成一个较为系统稳固的学者集团，尤其在江户中期还受到了官方的打压和排斥，导致一度式微低沉。其之所以能在江户末期发展成为一种被中下层武士乃至町人推崇，推动幕藩体制瓦解，促进日本近代化历史进程的思潮，江户中期阳明学坚持者们功不可没，而后世对这群星星之火的守护者的宣扬却不多见。江户中期阳明学坚持者中最具代表性的人物当数三轮执斋。三轮执斋的学说，对于阳明学在日本的发展以及阳明学被日本本土化后成为革新的思想武器，有着继往开来、承前启后的重大作用。三轮执斋并未师从藤树、蕃山或任何一位日本阳明学者，而是自己拜读《传习录》后自觉由朱子学转向王学，结合自己体悟而消化、识解、阐发和传播阳明学。因此只有考察其生平的思想转变轨迹，分析其对阳明学核心内容的理解、内化和阐发，才能究明执斋阳明学的思想特征和意义。为此，这里对其代表性著作《日用心法》和《四句教教义》的内容、特征及思想价值意义进行简要评述。

[①] 室町时代中期临济宗僧人，五山文学家。住京都东福寺，应后土御门天皇之召在宫中讲授《圆觉经》。永正三年（1506），后柏原天皇赐号佛日禅师。永正七年（1510），作为遣明使节入明，奉明武宗之敕住明州育王山寺，道俗诗客来访者甚多，与王阳明也有交往。1513年归国后任南禅寺住持。著有《壬申入明记》等书。

一、三轮执斋阳明学思想的形成轨迹

（一）初到江户拜师学儒时期（1686—1690年，17—21岁）

三轮执斋1669年出生，其父泽村自三是名医生，祖父为道悦居士，祖母是大村彦太郎的父亲大村孙右卫门之妹。所以在三轮执斋年幼丧母，年少丧父后，被大村彦太郎家收养。虽说是养父子关系，但是执斋和彦太郎却因年纪相仿而更像是志同道合之挚友。在《献徵先贤录》中有如下记载：

> 执斋京师人，十八年岁之春，与族人大村严太郎志同道合，被世人所认可必有诸事考虑，二人在北野的菅公庙中畅谈彻夜，执斋立志成为医者或儒者，而严太郎则立志成为商人，壮大产业。于是决定同行江户，二人离开京师下到品川驿站，此后快则十年，慢则二十年，相约待到有所成时再会。无论寄寓何处，都互为知音，若辱没在人之手，则不问行踪。若要成为众人之尊，亦须历经五年之星霜，约定待到那时今夜日本桥上再相见，永不分别。①

上述二人在北野天满宫中的约定一度成为佳话。由此也可知三轮执斋年少时便立下了成为医者或是儒者的志向。之所以想要成为医者必然是因其父从医，然而要成为儒者又是何故呢？这与当时的社会环境相关。执斋十七八岁之际正逢江户时代中期，当时，幕府第四代将军德川家纲因病去世，由其弟德川纲吉继承征夷大将军之位。德川纲吉为禁止以前战国时代的杀伐风气，推行重视德行的文治政治，并亲自举办易经授课，使被定为主流观念形态的儒教（尤其朱子学）更加被各藩以及各豪族推崇而流行。所以三轮执斋在志学之年除了要学医外，还有了成为儒者的志向。

《献徵先贤录》中还有如下记载：

---

① 译自井上哲次郎：《三轮执斋》，《日本阳明学派之哲学》第二篇第四章，（日本）富山房百科文库1900年版，第171页。

此时为贞享三年①丙寅年三月三日。执斋东下②之时名为真野善藏,随诸方藩医学习医术,却未曾遇见名师,空度一年光阴,于翌年十九岁之春,初次想要拜入佐藤直方门下成为儒者。③

由此可知,执斋初到江户后,学医之路未能行通,从而转向第二志愿学儒,并于19岁时拜入佐藤直方门下,恢复本姓三轮,开启了儒学之路。

佐藤直方(1650—1719)是日本江户中期朱子学派的著名儒学者,师从山崎暗斋④,为"崎门三杰"之一,因与暗斋的垂加神道⑤说产生分歧被逐出师门。直方极力排斥老庄和神佛思想,主张以朱子学说为封建道德之根基,认为必须以超越家、国的宇宙之理,即以天理、公理行事,建立了对抗神儒兼学派的纯儒派。三轮执斋自入佐藤门下伊始,便在幕府官学学堂刻苦学习儒学,深获直方赞赏,并于21岁时经佐藤直方力荐,被委以在京屋敷场讲学之职。惠得厩桥藩酒井候赐俸禄十石,而后增至三十石,并受赐住宅,居于府邸之中。

(二)由朱子学转向王学时期(1691—1699年,22—30岁)

执斋22岁时,距与大村彦太郎之约已过去五年。彦太郎与五年前判若两人,其经营的吴服小店发展成为日本桥通一丁目首屈一指的白木屋千金产业。三轮执斋也潜心修习朱子学说,成为纯儒派掌门人佐藤直方的得意弟子。可以说二人皆初步实现了当初离开京都时的抱负,各有所成。此后三轮执斋作为纯朱子学派佐藤直方的门下弟子,潜心研习儒学长达十年之久。当时日本朱子学占据统治地位,而阳明学则被认为具有反朱子学的性质,加之由于著名阳明学家熊泽蕃山遭遇幕府冤狱而病逝(1691),即便倾向于阳明学的人士也不明称阳明学者,而是寄寓于朱子学派或古学派等之中,例

---

① 1686年。
② 指从京都去往江户。
③ 译自井上哲次郎:《三轮执斋》,《日本阳明学派之哲学》第二篇第四章,第171页。
④ 日本德川时代初期的儒学者、神道家、唯心主义哲学家。名嘉,字敬义,号暗斋,通称嘉右卫门;作为神道家又号垂加。他生于京都,幼时读中国儒家的四书,后削发为僧,25岁还俗,成为儒学者,信奉朱子学。后在京都、江户(今东京)讲学。晚年研究日本神道,综合唯一神道、吉川神道等神道派别,把朱子学和神道结合起来,创立垂加神道,并且形成一个学派。
⑤ 垂加神道,神道教的一个学派,由山崎暗斋在德川幕府初期从伊势神道的度会延佳和吉川神道的吉川惟足学习神道,后吸收朱熹理学而创立。

如著名书画家中的北村雪山、细井广泽，古学派中的三重松俺，大阪朱子学派中的三宅石庵等。这致使由中江藤树开创的日本阳明学失去了系统的连续性，进入了一个比较低沉的时期。三轮执斋的老师佐藤直方，是位极力主张朱子学的纯儒派创始人，与阳明心学水火不容，特意著书《王子论谈》对阳明学进行批判。而三轮执斋正是在听老师对阳明学的批判中接触到了阳明学，并对致良知之说产生了浓厚的兴趣，同时也对朱子学产生了诸多疑问。于是一边在直方门下继续学习，一边努力从中江藤树的遗书中寻觅入门王学之道，逐渐向阳明学倾倒，走向推崇王阳明的致良知之说。执斋因此受到其师佐藤直方的严厉责备，于元禄十年（1697）29岁时，断然放弃了苦学十年的朱子学，脱离直方门下而回到京都，并由此与佐藤直方绝交数年。

（三）研学教授阳明学时期（1698—1744年，29—76岁）

三轮执斋而立之年彻底转向王学，并决定此生定要信之如神明。他六十岁时撰写的《答铃木真斋书》，表明了其时之心迹。其中写道：

> 我年前始读新建书，自觉少有所益，而后只管信之如神明。今年已六十，而万无一得。虽求得于己，而不责道于人之志，则三十年来如一日，每求助于君子相互共成之外，别无他心矣。①

执斋离开直方回到京都，任教于丹波筱山藩主松平信庸家，于元禄十四年（1701年，32岁）借住上贺茂村大田神社冈本采女家之际，开始潜心熟读《传习录》，并将前十年所学儒家之精华与读《传习录》内化后的感悟融会贯通，著成《日用心法》。该书既有机地将圣言贤语融会贯入其中，又通俗易懂地阐释了阳明心学的主旨大意，阐明了"执心"为"日用行仪"之功夫对于世人修身养心、致知明德的积极作用。此后数年便辗转京都各地宣讲阳明学，并曾受邀赴被称为"外朱内王"的大阪怀德堂讲座。三轮执斋在京都给筱山侯讲

---

① 三轮执斋：《答铃木真斋书》，井上哲次郎：《三轮执斋》，《日本阳明学派之哲学》第二篇第四章，第185页。

学时，接受其委托校勘《传习录》。于是正德元年（1711）八月开始着手，标注本文、添加注释，于翌年（1712）九月三十日完成校勘，立书名为《标注传习录》。这是世界上第一部《标注传习录》，也标志着执斋正式而系统地将阳明学的精髓注入江户中期的日本思想界。

享保元年（1716）七月，三轮执斋随松平信庸离开京都再次返回到朱子学大本营江户，顶着朱子学者等的舆论压力继续致力于研究、倡导和传播王学。享保十一年（1726），57岁的执斋在下谷和泉桥成立了私塾明伦堂，为消除当时社会对阳明学的误解，让更多人了解和信奉王学。享保十二年（1727）著书《四句教讲义》一卷，对概括王阳明大半生学术思想精华的"四句教"进行了全面深入的阐释和解析，标志着三轮执斋的阳明学进入鼎盛时期。此后直到病重垂危，一直坚持信奉宣扬阳明学，为阳明学在日本的存续发展做出了重要贡献。

二、《日用心法》主要思想及其意义

（一）《日用心法》生成背景

《日用心法》完成于元禄十五年（1702），正值江户时代中期。此时由于商品货币经济的快速发展，社会各阶层的意识形态都开始有了变化。尤其是町人阶层不甘心于所处的四民之末的社会地位，于元禄时期前后提出了人性解放，追求自由和四民平等的主张。商人在社会上的作用也逐渐被肯定，否定德川封建社会尊卑观念的思潮兴起，社会结构和社会意识也发生了一定的变化，不仅与市民生活直接相关的文化科技呈现了新气象，幕府用以教化武士和平民的朱子学思想，也开始从儒学内部产生了批判和改造它的动向。继中江藤树和熊泽蕃山之后，大多倾向阳明学的学者都身处各派，在读到王阳明的《传习录》等心学著作后对其兴趣倍增，经过自我消化后由官学的朱子学转向王学。但此时江户仍然是朱子学的大本营，朱子学仍代表着德川社会的主流意识形态，其官学地位很难撼动。因此这一时期的阳明学只能在夹缝中生存，一方面要避免幕府官学反对声音的扼杀，另一方面又要想方设法向世人尤其是多数的中产阶级宣扬与之相契合的阳明学。正是在这样的社会思想背景下，三轮执斋在研读《传习录》之后完成了这部《日用心法》。

（二）《日用心法》的主要内容及其思想价值

《日用心法》分为十节，现就其主要内容和价值做简要评述。

第一节为"立志为始"。其首先从心学角度阐释了何为"志"和"立志"的涵义，指出："志"乃其心所发之归向而得名，因心本无不善，故其心所发之归向亦无不善，志于圣人，乃志之本体；而"立志"，"即为存本心天理之功夫，可使内外为一，本末相合""志之立，乃本体道心之定立，以善为善，以恶为恶，须臾不为他事所移"。这些阐释，很明显参考了王阳明"只要念念要存天理，即是立志"①"立志而圣，则圣矣；立志而贤，则贤矣"②等心学主张。其后则援用孔孟和程颢等先贤的思想言说对"立志"的意义和如何"养志、保志"之方法进行了论述，认为只要是求圣道者，必先立志，且只有志在成圣人之道，才是儒家道统之正传；主张"欲保其志，当予以养之而不使其饥馁"，而"养之法"，则在于言行符合义与道，警告世人要保持志向，除了要合乎道义外，还须谨言慎行、一念不可枉思。执斋这种"立志为始"的认识和主张，明显体现了王阳明"志不立，天下无可成之事"，"志不立，如无舵之舟，无衔之马，漂荡奔逸，终亦何所底乎"③之思想。

第二节为"知耻为助"。其首先援用孔孟关于"知耻"的说教强调"知耻"的重要性，对只因官爵、智巧、衣食玩好、亲朋、身体不如人为耻者而不因心之不如人为耻者的世间现象进行了鞭挞；之后对"心之知耻"进行了论述，认为因"其父为人所害、其国为人所夺"而感到耻辱，不报"杀父夺国之仇"则"至死不休"才是真正的"知耻"，否则就"鸡犬不如"；最后再次用"知耻近乎勇""颜子三月不违仁"等圣训，说明"仰不耻于天，俯不愧于人，此乃是圣人之真乐"，认为即便是圣人也难免会有过失，但贵在有羞耻之心，知错能改。这也体现了王阳明"夫过者，自大贤所不免，然不害其卒为大贤者，为其能改也。故不贵于无过，而贵于能改过"④之思想，说明三轮执斋在"知耻为助"的论说中有意地将备受争议的王学与

---

① 语出《传习录上》。
② 语出《王文成公全书·教条示龙场诸生》。
③ 语出《王文成公全书·教条示龙场诸生》。
④ 语出《王文成公全书·教条示龙场诸生》。

正统道学归结在了一起。

第三节为"孝悌为本"。其首先基于孔孟、程颐对孝悌与仁之关系的阐释，提出了"孝悌，天地生生之德也"之定义，汲取王阳明"孝悌为仁之本，却是仁理从里面发生出来"①的思想，认为"受于人而为仁义，其发用即是孝悌"，强调五常中的"仁"就发自于"孝悌"。其后对"主张制欲穷理，以发恶责人为能事"的日本朱子学者进行了批判，强调王阳明"孝悌为仁之本"思想的正确性。最后对立志和孝悌之关系进行阐述，认为正因仁理是从孝悌中生发出来，所以只要用侍奉父母、尊敬兄长之心去对待所立之志，就不会有遗漏缺失，便无处不是圣道，从而将孝悌与仁德的关系具化到孝悌与立志之说，主张以立志为始，以孝悌为本。志是孝悌之功夫，孝悌是志之主意，不可更有其二的辩证关系，充分展现了视孝为人之良知本性的王学思想。

第四节为"养气"。此立题是基于孟子的"养吾浩然之气"而来。此节一开始就阐述了"气"的性质以及其与"心"和"志"的关系，明确了其"养气论"的核心观点，即认为"气"虽说与心无二，但若无道与器之辨，则不可有；若要养气，就须于心用工夫；强调"随志者，则气为其助，理气合一；流于气者，则道心微，而身心为二"的观点。继之，执斋将"四端七情"②识解为"心性之发见""气之所预"，认为人的"乐忧、喜怒、快烦、进退"虽是因所逢之事而产生，但其根本在于随气，只有圣贤能定志而不流于形气，能和而不淫，安而不危。其后，执斋反复引用孟子的"集义养气"之说阐释论述养气的内涵及其重要作用和方法，认为"平旦之气，其好恶，尚未大至如无异于人，若此间不养，则仁义之萌芽便将尽于意马之秣""养此之法在于义与道""若本心之道无定而应接有失义之人，则会心孤而气饥"，强调"集义"乃保志养气之节度，欲以集义为养气之节度，则须"持其志，无暴其气"③。这道出了王阳明"志至气次"和"理气合一"的主张，也无形中质疑了朱子学"理先气后"以及"理生气"的观点。

---

① 语出《传习录上》。
② "四端"指仁、义、礼、智四种伦理观念的发端；"七情"是喜、怒、哀、惧、爱、恶、欲七种感情或心理作用。
③ 语出《孟子·公孙丑上》。

第五节为"广量",意为"广大心量和气量"。在此节中,执斋援用孔子《论语》中教导其弟子的话语以及《晏子御者之妻》等典故,论述了人之心性气量狭小的弊端和广大心量的重要性及方法。文中认为量狭者主要有两个弊端:其一是"虽行善事,却有迫切之病,而无从容之气象,易于为毁誉之名所驱而不堪忧苦";其二是"思虑短浅,思入一途",致使其心屈于其处而不得融通,难以此进善。执斋将这种心量狭小的原因,归结为未能"立志"和"养气",主张对人应遵循子夏"大德不逾闲,则小德出入可也"之说,在不违背大的道德原则前提下,不必拘泥于对一些细节的苛求,强调广大自身的心性气量,才是真正的"君子儒","心广体丰"方可"常畅游于万物之上"。"欲达成圣人者必广其量",执斋的这种"广量"观,从一个侧面反映了其对当时以批判王学为目标的朱子学者进行批驳的态度。

第六节为"考量气象"。三轮执斋将立志、养气视为一等的工夫,孝悌则为立志之本,而知耻有助于立志,又因志至气随,所以坚定了志向,便可存养意气。广量则是教人要做高尚的儒者,不做思虑短浅、以儒为职业的小人物。前面所提心法,看似各为条目,实则相互有机结合。执斋在这里提出的考量气象,虽应为广量内容之补充,但由于并非人人皆是圣贤者,必然会有因气象的混明清浊而随之变化之人。故认为唯责于心、省于内而勉励之,方可即时心强气从,事事有诚意之气象,方可觉悟圣人之心学。若不知以此理考量气象,即便是有宽宏的气量,也很难明辨信与伪之界,很难分辨进退之位。所以他将其列为"日用心法"之条目,以供世人用于日常行仪。

第七节为"内省"。三轮执斋在此首先诠释了何谓"内省",认为"内"即为"心",而"心"即为"性","性"即为"天命",所以将"心"称作"天君"①,将"内自省"定义为即在内心省察自己的思想、言行有无过失。其后列举孔子、曾子、孟子和程颐关于"内省"的论述,强调了自古圣贤儒者对这种内心道德修养的重视以及自己的见解,认为言为心之声,行为心之迹,"言行虽善而若为利所为,则非本心之发见,其心迹则为二",故仅凭善言善行而不自省也是枉然。为说明此道理,他举出了王莽言行谦恭仍是乱臣子、

---

① 语出《荀子·天论》:"心居中虚,以治五官,夫是之谓天君。"

孔子说谄媚之语仍被视为尽礼数等正反事例，主张心为人所不知处，只能为己独知，于此处用力，则为诚意之慎独。若只是言行举止上的表面工夫，而不去内省自讼，便不会知道自己思想行为的过失，更不可能达成圣人之道。所以执斋在本节结尾处特别强调："本心即天理，何烦求诸于他。……自反内省，存亡之机。"这不仅体现了《传习录》中"学须反己。……若能反己，方见自己有许多未尽处"①之思想，而且明确表达出了执斋"心之所达，理随心至，内省才能明理"的阳明学思想。

第八节为"致良知"。"致良知"是阳明学说的核心观点之一，也是《日用心法》这部书最核心的部分。其首先对何谓"良知"做出了解释，认为致知的"知"即为孟子所说之"良知"，"良"就是自然之善，是无论贤愚人人皆具的人的自然之天真，"良之实称为良能，良能之明称为良知"，并借用王阳明《大学问》中的内容阐明了"知善为善知恶为恶之知，乃良知原本也"的道理。继之论述了何谓"致良知"，认为因人会被气所拘，被物所蔽，其天真之光明——良知、明德难以显现，如何让其显现出来则须"致"的工夫，所以"致良知"即是明明德，即是王阳明所说的"致吾心之良知"。在此基础上，执斋就如何致良知的问题进行了详细论述，认为："至"乃自然，而"致"则为力，如果气质被人欲所蔽，不下"致"的工夫，便无法"至知"。而知之所知必定有物，其事物如有不正，良知必会知晓；明知其不正而容许之，则其知不能至。故须格其不正（格物），正其物则知便至。他不仅由此得出了"格物乃致良知之实事"的结论，而且也将王学精髓之一的"致良知"与《大学》中的"格物致知"贯穿在了一起，表达了其主张阳明学的致良知才是对《大学》"格物致知"正确认识的观点。此外，执斋还就"致良知"从多个角度谈了自己的认识，即认为要致良知，应以内省之功夫为重，以立志为始，因为只有内省，人才能在被人欲拘蔽时依然可以使本体甚明；不仅孟子所说的"不学而知者"是良知，而且学而知者也是良知，学习的过程中参考古训，区别善恶，学于事物，辨别理非，皆为良知之明辨；主张诸如"求放心""人皆具有不忍之心""人人亲其亲，长其长""其所不为""孝悌之心""老吾老，幼吾幼"等皆为良知，

---

① 语出《传习录下》。

从而多视角地展现了王阳明"心即理""致良知即是致吾心之良知"之说的合理性。

第九节为"言行念虑不可妄"。本节主要对人人必有的"言·行·思虑"三者的性质以及"妄言""妄行""妄思"发生的原因和克服的心法进行了论述。文中认为"言者心之声，行者心之迹，思虑心之动"，外界事物会有真伪之分，所以言行念虑必须谨慎；关于言行念虑必须谨慎的原因，执斋指出，人之立志虽以孝悌为本，但因人欲气质之蔽而失其本体，就会行妄事。若非圣人，立下的志向就难以持续，邪妄之念便会乘虚而入，言行念虑势必受到影响。在此基础上，执斋重点论述了不"妄言""妄行""妄思"的方法，认为若要不妄发一言、不妄为一行、不妄思一念，就应以此原则反求于心责志，以羞耻之心勉励自己，从而养气而致良知，即言行思"必问之于良知，本之于孝悌，责于志，考于气象"；强调如此则无所障碍，无所迫，无所耻，才能做到言行思生于其心，无害于其事，无损于其政。

第十节为"执中"。此节主要对《尚书·大禹谟》中"人心惟危，道心惟微；惟精惟一，允执厥中"四言进行了再诠释，在张扬"执中之功"的同时，也对朱子学的相关言说进行了质疑和批评。执斋首先就"人心惟危"分析说："人心惟危"中的"人心"即人欲，因人心动驱使人所为之事，虽未必皆是恶事，但其非由天理而发而是人欲，即便其流未远，亦然危险。继之论述了对"道心惟微"的认识，认为"道心"是针对人心而言，是天理之本然、心之本体。道心动则以天理而为。然而人之所以为人就必有私欲，志向不在圣道者，则常被身体之欲望所驱使，道心难显，导致"道心惟微"。但见善而必好之，见恶而必恶之，则为道心之发见。然而朱子却言"心之虚灵知觉"，认为心是人的知觉，乃一身之主宰，所谓有人心与道心之分，则是因其根源的不同而有不同的知觉发生。道心为道德意识，根源于人的本性，而人心则是感性欲望，根源于人之形体。按朱子之说人欲不足以言之惟危，因为人人都具有本性与形体，圣人也有人心。这实际上是主张让道心去主宰人心。故执斋认为这与孟子的"非道心者必人欲，非人欲者必道心"①的说法背道而驰，不

---

① 语出《孟子·离娄上》，阐明治理天下的道理只有两个：行仁政和不行仁政。对于个人而言，非仁、义、礼、智、信之心就是人欲，若无人欲便是道心。

是儒者应信奉的道理，从而辩证地表达了自己对朱子学的质疑。其后执斋阐述了何谓"惟精惟一"，认为人心之危，是因为失去道心本体，道心之微，是因人心用事，故圣人才将去人心谓之"惟精"，将复其道心称为"惟一"；强调"惟精惟一"不是论知行，而是"唯去心之人欲而纯一于天理之工夫"。在此他不仅批评了朱子"惟精属知，惟一属行，知先行后相进而谓之执中"之说，而且从侧面肯定了王阳明"知行合一"的思想。最后重点对"允执厥中"的含义和作用进行了阐释和论述，认为其中的"允"就是"信"，无假之谓；"执"表示"守而不失"；"厥"指其本心固有；"中"则为"不偏不倚，无过无不及"。主张"执心者乃执中""中者乃人人已经具备之德，惟执之功夫乃关键"，若以心为中，则执之有实，工夫有道。强调执心在于常常自省、于日常此处慎独，求心，戒慎恐惧，如此坚持不断，则执中可渐见其功；执中之工夫无间断，则良心长存而不放，以此而临天下，则天下治，以此而行于后世，则万世受其泽，笃恭而天下平。

  以上心法十则虽各为条目，但又前后贯通，相互有机结合。三轮执斋在全文的论述中，有的章节是通过对儒家的圣言贤语进行有机的阐释，将阳明心学的主旨大意融汇其中；有的章节则是借用先贤圣言阐释阳明心学"致良知"与"知行合一"等核心思想的合理性，质疑和批评当时盛行的朱子学。可以说，《日用心法》是三轮执斋研读传习录后的心得体会，也是标志着执斋开始转向王学之路的肇始之作。

三、《四句教讲义》主要思想及其意义

（一）《四句教讲义》生成背景

  《四句教讲义》完成于享保十二年（1727）。此时正处于江户幕府第八代将军德川吉宗进行"享保改革"①期间。"享保改革"在行政上精简机构，在军事上加强幕府军队训练，在经济和民生方面打压商人和稳定米价，在观念形态方面大力推行儒教（朱子学）教化政策，宣扬封建伦理道德，并通过御用儒者大造贱商舆论。此时的江户作为代表幕府统治意识形态的朱子学大本营，再开圣堂（孔

---

① 1716—1744年德川吉宗在位期间进行的改革。在行政上精简机构，削减旗本的数量，废除了旗本的官位和俸禄的世袭制。稳定米价等，在经济和民政方面实施改革，使社会趋于稳定。

庙）讲解朱子学，并翻译出版《六谕衍义》，作为四民教养读本推广。但稳定米价政策给都市商人带来了沉重的打击，封建制度的强化与商业发达的现实社会变化极不相应，农民的生活状况仍旧得不到改善，对幕府统治的不满不断升级。这为代表中下层武士乃至町人阶层观念的阳明学再次重现意识形态领域提供了基础。正是基于民众对阳明学的需要，三轮执斋在开办明伦堂后，立即著书《四句教讲义》，以为门下弟子传授王学真谛，消除当时社会对王学的误解，满足庶民社会的精神需求。

（二）《四句教讲义》内容及其思想价值

"四句教"是王阳明心学思想的高度概括和总结。三轮执斋认为，王阳明的"四句教"不仅能体现《大学》的修身之功夫，而且是能教诲世人继承圣人志向的绝学，是使圣人之道得以代代相传的道统要文，无论何人学之则皆可成为尧舜一样的圣贤之人。

《四句教讲义》在序言中首先申明了"四句教"的重要性以及撰著此书的目的，其后分"释义""主意·功夫"和"《四句教讲义》或问"三个部分，对"四句教"进行了深入浅出、通俗易懂的解说。

第一部分"释义"，主要阐释了"四句教"的含义。认为心无声无味，所以不能以善恶来命名。心之本体是至善，而至善则是人人竭尽全力想要达到的目标。心由本体而动则为善，基于形气而动则为恶，即意念一动便可知善恶。世人致力于以心之所动而辨善恶，乃学问之关键。此即"无善无恶心之体，有善有恶意之动，知善知恶是良知，为善去恶是格物"之本意。

第二部分"主意·功夫"，主要从"知行合一"的视角对四句教进行了阐释。认为四句教虽然是由人心发动开始论述，但是受用工夫的顺序表述则可以不分前后，且当以《大学》所言八目中"格物"为第一。所以其对四句教的阐释是从最后一句"为善去恶是格物"开始的。其主要见解是：

第一，认为学问之目的，并非欲意成为善人而避免成为恶人。至善与至恶的界限只在一念之间，志在成为善人便要为善，不想成恶人便要去恶。去恶就是纠其不正，为善就是回归正途。纠其不正而回归正道就是格物。最值得肯定的是执斋将这句圣言与世间伦理行为结合，告知世人：侍奉父兄，去其意之恶而奉其意之善是为孝悌；

侍奉君上，去其意之恶而奉其意之善则为忠信；读书，若能去其意之恶而得其善，便可发挥其作用，避免堕落为浅陋迂腐的儒者①；学习兵法，若能去其意之恶而习得其意之善，便不会堕落为固执于知术权谋之徒。正因为世上无人可正身外之物，才唯有正自我心中之物。在此过程之中，还须树立坚定的意志，须要自省，须要修立慎独之功。

第二，认为良知与生俱来，是心之本体，非人为之产物。虽说原本之心光明，但因根基气质不同，人们常以自己的立场判定善恶，这就遮蔽了其先天自然之良知。此外亦有识知、有俗知世知、有奸知邪知。识知来自见闻，是因人的气质而定善恶。所以如果出自良知，见闻亦是良知。如果落于见闻，则良知便为识知。俗知世知，是只有面对世间百态而衡量利害得失时方可明了之物，故善用之便可成为随机应变之能者，而忘耻失诚则必堵塞良知发见之道；奸知邪知，使人堕入邪恶，专行坑蒙拐骗之事，是盗贼之知。这里执斋旨在教导学习者，在格物阶段必须笃定初悟，懂得知善恶就是要由良知本体出发。

第三，认为人心原本至善，虽说无善无恶，但绝无不动之事。心所动之处为意，意又因物而动。所以意动因为物有善恶而有善恶之分。故而需要良知烛照而知耻，且自省之功不可间断，否则难以从念虑中格除恶念。如若格法只是用于事业，其一念不是因善而动而是恶念骤然而起，则将使人或成为霸者或沦为伪善小人，不仅非圣门正统之学，而且会成为道德之罪人。所以善恶一念之界必须谨记于心。

第四，认为"人心有善恶之两途"，其发于心始动之时，而心始动则是因气动之故。若无气动，心唯有一片清明如明镜。即便心镜未照，万象依然存在，因为镜本无动静，而是见物之心有动有静。而心之体，是寄寓于人心之天神，其光明与人的意念无关，而是自然明照是非之良知。即如耳朵不闻五音，并非因为没有五音，口不尝五味，也不代表没有五味。常听五音尝品五味者也不会超出五音、五味之范围。所以心无善恶，是心之本体，并非世间无善恶，而是用无善恶之心之本体去辨世间之善恶之意。

---

① 语出《荀子·儒效》："随其长子，事其便辟，举其上客，亿然若终身之虏而不敢有他志，是俗儒者也。"

第三部分"《四句教讲义》或问",则是以问答的方式,就四句教与儒家经典的关系、四句教的作用以及与《四句教讲义》相关的各种存疑问题,进行了有的放矢的解释说明。

四、三轮执斋的阳明学思想特色及价值意义

日本的阳明学派实则是日本江户时代信奉王阳明学说的儒学者群体。阳明学在日本的发展与传统儒学、朱子学的不同之处在于,后者除了中国书籍的传入,还有人员上的交流,或者来自中国学者直接面对面传授。而阳明学在日本江户时代的传播,初期以中江藤树、渊冈山、熊泽蕃山等为代表形成了一个高潮,他们一开始大多是朱子学家,在研究朱子学过程中产生怀疑才转而钻研王阳明的学说,成为阳明学的崇拜者和宣传者。他们多半是民间学者,致力于平民教育和社会教化,并建立"乡学",成为当时庶民阶层民主启蒙思想的先驱。熊泽蕃山去世以后,著名书画家北村雪山、细井广泽,受教于古学派的三重松庵、大阪怀德堂学派的创始人三宅石庵等,都因读了王阳明的著作深受触动而倾向阳明学,但因当时朱子学占据官学地位,阳明学被认为在本质上具有反朱子学的性质,受到幕府和朱子学者的极力批判和排斥,只能在各自的领域发展,没有形成系统的派系,致使日本阳明学一度进入低沉期。但同样由朱子学转向阳明学的三轮执斋,则坚信阳明心学的合理性,坚持为宣扬阳明学而著书立说。其所著《标注传习录》《日用心法》和《四句教讲义》,成为江户时代中期最具代表性的日本阳明学著作,这不仅使阳明学在日本保住了延续的香火,而且对阳明学在日本后世的传播起了十分重要的作用。

通过以上对执斋生平的梳理和对其两部著作的译注与考析可以知道,三轮执斋作为一位纯儒者出仕的学者,能够挣脱代表着幕府官方意识形态的朱子学之羁绊,致力于研学和吸收阳明心学思想,为坚守阳明学不惜与恩师绝交,敢于在朱子学大本营江户讲授和传播阳明学,其追求真学真知和以宣传阳明学为使命的精神实在令人钦佩。其《四句教讲义》不仅是对阳明学的推崇,其辩证而又通俗易懂的阐发和讲授,也是对阳明学真髓的发扬和传播;其《日用心法》,不但有机地将先贤圣言融会贯通其中,使"立志为始""知

耻为助""孝悌为本"三者相辅相成,而且将儒学中的养气、广量、考量气象、内省之工夫,归结为以至善之心之本体去格物的关键要素,强调格物过程中须做到不妄言一语,不妄为一行,不偏不倚允执厥中。如此前后贯通而又相互有机结合的"心法十则",既体现了阳明心学之主旨大意,又通俗易懂地道出了日常行仪,高度强调了人的内心力量,张扬了人的主体意识的重要性,对于当时乃至后世之人的主体意识的确立和智德心性的养成皆不乏积极意义。

纵观三轮执斋的阳明学可以说,其学习研究阳明学,是受对阳明学的批判的启发,开始于研读《传习录》,初成于《日用心法》,中成就于翻刻《标注传习录》,终成于《四句教讲义》。整个过程中,执斋除了研读阳明学圣言,未曾师从日本任何阳明学者,所以三轮执斋的阳明学思想较之其他日本阳明学者自主性更强,主体意识更加鲜明,更加符合期盼改变社会现状的中下层民众的心理需求,也反映了江户时代中期诸藩中下层武士乃至町人阶层的观念形态。正是由于这种原因,执斋的阳明学思想即使在朱子学一家独大的江户时代中期,亦具有了一定的生命力,有了坚守和宣扬阳明学的一席之地,为其后日本阳明学从思潮转化为社会运动做出了贡献。其被称为日本阳明学的"中兴之祖",亦可说是实至名归。

参考文献

[1] 蔡振丰，林永强．日本伦理观与儒家传统[M]．台北：台湾大学出版社，2017.

[2] 邓红．日本的阳明学与中国研究[M]．桂林：广西师范大学出版社，2018.

[3] 高濑武次郎．日本之阳明学[M]．东京：铁华书院，1898.

[4] 高濑武次郎．三轮执斋[M]．京都：三轮繁臧，1924.

[5] 冈田武彦．日本人和阳明学[M]．钱明，译．北京：台海出版社，2017.

[6] 井上哲次郎．日本阳明学派之哲学[M]．东京：富山房，1900.

[7] 井上哲次郎，蟹江义丸，编．日本伦理汇编：王阳明学之部[M]．东京：育成会，1901.

[8] 清水正之．日本思想全史[M]．王丹，译．北京：九州出版社，2020.

[9] 三轮执斋．标注传习录[M]．吴志远，李小希，译．北京：光明日报出版社，2014.

[10] 孙歌．思想史中的日本与中国[M]．上海：上海交通大学出版社，2017.

[11] 王阳明．王阳明全集：全译本[M]．北京：北京燕山出版社，2007.

[12] 吴廷璆．日本史[M]．天津：南开大学出版社，1994.

[13] 严绍璗，源了圆，编．中日文化交流史：思想卷[M]．杭州：浙江人民出版社，1996.

[14] 朱谦之．日本的古学及阳明学[M]．北京：人民出版社，2000.

附录：三轮执斋年谱

时间	年龄（岁）	经历	相关事件	著述
1669年	0	出生于京都绫小路通东洞院东入神明町南。父亲泽村自三，以行医为生，母亲名箸尾氏。	祖先为大和国三轮神社的司祝	
1675年	6	丧母。		
1683年	14	丧父。被其表叔父大村彦太郎（白木屋创始人）家收养，成人后又过继给真野氏。		
1686年	17	萌发赴江户游学的志向。		
1687年	18	立誓要成为医者或儒者而出人头地，与大村彦太郎离开京师东下江户。		
1688年	19	拜入上野厩桥藩儒者佐藤直方门下学习。		
1690年	21	经佐藤直方力荐，被委以在京屋敷场讲学之职。		
1691年	22	作为纯朱子学派佐藤直方的门下弟子，潜心研习儒学。	熊泽蕃山遭遇幕府冤狱而病逝	
1698年	29	放弃朱子学，脱离直方门下而回到京都。		
1699年	30	彻底转向王学。		
1701年	32	任教于丹波筱山藩主松平信庸家。借住上贺茂村大田神社冈本采女家。		著《日用心法》

时间	年龄（岁）	经历	相关事件	著述
1711 年	42	受筱山侯委托开始着手校勘《传习录》。		
1712 年	43	九月三十日完成《传习录》校勘。		著《标注传习录》
1716 年	47	随松平信庸离开京都再次返回到朱子学大本营江户。		
1726 年	57	在下谷和泉桥成立了私塾明伦堂。		
1727 年	58		享保改革期间	著书《四句教讲义》
1736 年	67	患发哮喘病，返回到京都。	明伦堂移至大洲藩	
1739 年	70	11月，在历代先祖墓地建仁寺两足院修建了父母之墓，次月在父母墓后的两棵雪松下为自己修建了坟墓。		
1744 年	76	1月23日执斋病重垂危，于25日寅时辞世。		
1924 年		被追授正五品爵位。		

佐藤一斋《言志录》译注与研究

代红光 译著

第一部分 佐藤一斋生平与《言志录》述介

《言志录》是日本江户时代后期大儒佐藤一斋的传世名著《言志四书》系列札记集中的第一部，全书用箴言体写成，极具儒家工夫论色彩，集录了一斋从四十二岁至五十三岁的十一年间志学心路历程中的儒学省察、涵养及感悟，内容广博而思虑精微，是佐藤一斋儒家思想的集中反映，也是其最重要的著作之一，被称为是了解佐藤一斋儒学思想精髓的捷径，对后世日本产生过诸多影响。加之其与众多日本近现代重要历史人物、政治精英所具有的特殊连带关系，其思想史意义、现实意义均非比寻常，十分值得向国内学界推介。

一、佐藤一斋生平

　　佐藤一斋（1772—1859）名坦，字大道，通称捨藏，一斋为其号，又号爱日楼、老吾轩等，是日本江户时代后期具有"并取朱陆""朱王调和"性质的代表性儒学者，是幕末日本极具声望的一代鸿儒。关于其生平经历，一斋的景仰者、日本幕末明治维新三杰之一的西乡隆盛（1828—1877）曾有过有如下描述：

> 　　先生讳坦，通称拾藏，号一斋，佐藤其姓。父祖为美浓岩村藩执政。安永元年（1772）生于江户。年十二三，欲以天下第一等事成名，潜心于讲学。宽政年中游大阪，学于中井竹山。既东归，入林信敬之门，次师事于述斋，教子弟。大小侯伯延聘听讲，名声日起。为岩村藩擢用，列为老臣。天保十二年，擢任幕府昌平校儒官，时年七十，海内仰为儒宗。安政六年（1859），卒于官，年八十八。其学根自阳明子，而不争门户。著书颇多，最精于《易》。壮岁著《言志录》，逾年六十著《后录》，七十之后著《晚录》，八十著《耋录》，汇称之《言志四录》。理义精纯，为邦儒语录之翘楚。①

　　从西乡的记录中可知，一斋生于美浓国岩邑藩（现岐阜县惠那市岩村町）藩臣世家，曾师从有"明朱暗王"之称的大阪怀德堂第四代学主中井竹山（1730—1804），回到江户后，又先后入当时朱

---

① 山田济斋编：《西乡南洲遗训》（附手抄言志录及遗文），（日本）岩波书店2006年版，第69页。

子学重镇、有着官学之称的昌平黌（即昌平坂学问所）学头林锦峰（1767—1793）、林述斋（1768—1841）门下学习朱子学，同时在昌平黌任儒学教职，并于文化二年（1805）任林氏私塾长，天保十二年（1841）被提拔为儒员，即昌平黌学头。可以说长达数十年间一斋一直居于当时官学儒学及文人圈的核心位置，堪称一代鸿儒，是日本江户时代后期重要的儒学思想家和教育家。一斋的门下人才辈出，很多成为后来活跃于幕末维新时期的精英人物，如山田方古（1805—1877）、大桥讷庵（1816—1862）、佐久间象山（1811—1864）、渡边华山（1793—1841）、横井小楠（1809—1869）等人，均曾入其门下学习。一斋在教育方面的成就同样斐然与其长期担任日本官学机构昌平黌教职，并在晚年担任首席儒官有着密切关联。有学者认为，因其在朱子学派的林氏教团之下发展了阳明学，影响到统治阶级的反对派，所以才造就了明治维新的许多人物。[①]日本学者相良亨认为，一斋《言志录》思想，是德川封建体制已濒临崩溃的时代，因外国入侵所带来的压迫而导致安定感逐渐丧失，人们所需要的直面时代盛衰起伏的正确态度。一斋的思想也正是在追求一种乱世中的顺逆苦乐不动于心的精神状态。[②]

佐藤一斋一生著述颇丰，堪称著作等身，最主要的著作可概括为"四录十书"。"四录"，即《言志录》（1813—1824）、《言志后录》（1828—1837）、《言志晚录》（1838—1850）、《言志耋录》（1851—1854）等系列语录体随想录集；"十书"，即十部所谓"栏外书"，是对儒家经典研读时的感悟及品评札记集。"栏外书"按其成书先后[③]分别为：《小学书栏外书》（1827）、《大学栏外书》（又名《大学摘说》，1829）、《孟子栏外书》（？）、《传习录栏外书》（1830）、《易学启蒙栏外书》（1833）、《中庸栏外书》、《论语栏外书》（1827—1836？）、《近思录栏外书》（1839）、《周易栏外书》（？）、《尚书栏外书》（？）。除上述"四录十书"外，还著有《哀敬编》（1816）、《初学课业次第》（1832）、《吴子

---

① 朱谦之：《日本哲学史》，人民出版社2022年版，第82页。
② 相良亨：《近世日本儒教的谱系》，（日本）理想社1975年版，第250页。
③ 一斋栏外书类成书起止时间不确定的均标注"？"，据日本学者考证，《孟子栏外书》成书时间虽不确定，成书时间应在1829年之前，《论语栏外书》成书时间应在1836年之前，《周易栏外书》《尚书栏外书》成书时间无法确定。

副诠》（1840）、《孙子副诠》（1842）等考证注释类专著，以及《爱日楼文诗》（1829）①、《爱日楼稿本》（1804—1858）、《俗简焚余》（1799—1840）等诗文书简集，此外还有部分成书年代不详的手抄稿、边白笔记等②。而在上述著作中尤以"四录十书"最负盛名和影响力，"四录"代表了一斋个人儒学修养及工夫论方面所完成的成就，"十书"则代表了一斋在儒家经典解读和注释等方面的成就。

二、《言志录》述介

（一）成书经纬

出身于书香世家的佐藤一斋，自少年时起便不断有著述问世，如其所著《石经大学考》成书于宽政二年（1790），当时的一斋仅19岁。此后随着年龄的增长及学问、思想的发展及走向成熟，不断有著作问世，《言志录》则是在他进入思想成熟期后的一部语录体随想集，很多条目具有箴言性特征。语录体历来是儒家思想家喜欢使用的一种文体，从孔孟的《论语》《孟子》，到朱子的《近思录》、阳明的《传习录》，诸多儒家经典名著均是以语录体写成，而素来以成为"古今第一等人物"为志向的一斋，自幼便于儒家经典多有浸染，自是熟稔这种文体便于诵读、易于把握理解的优势所在。然而语录体著作往往并无体系、框架及明确论题中心可言，多为有感而发、随思而录，若无对儒家学问及思想内核的通透、老辣之把握，极易成为浅薄无力的流俗之论。《言志录》之所以被誉为"理义精纯""邦儒语录之翘楚"，正是其数十载审思不倦、穷经皓首、厚积而成的工夫之作。全书凡246条，为佐藤一斋42岁（1813）至53岁（1824）历时11年锱铢积累而成的随想语录集成。对于其成书过程，一斋曾自言是"单记积年，又成一堆"，而所著内容均从一斋平日各类杂记中摘选而来，全书并非完全按照书写时间顺序集录，而是几经反复推敲，并不断加入新书写条目内容而成。一斋为当时文章大家，其文笔之凝练明晰、思虑之精良善诱也是《言志录》系列著作备受推崇的原因之一。

---

① 后收录于荻生茂博编辑的《爱日楼全集》之中。
② 详见本卷后附佐藤一斋年谱。

（二）内容简介

《言志录》顾名思义，是记录佐藤一斋"言志之学"的著作。所谓"言志"，一般认为源自儒家经典文本《论语·先进》中"侍坐"一节，以及《论语·公冶长》孔子及其弟子各言其志而引发的儒家有关"言志"的思想及言说[①]。《言志录》中的"志"，据其内容可以包括三个不同层面的含义。其一为"志学"之"志"，其二为"志功"之"志"，其三为"圣人之志"之"志"，三者之间又有着一定的逻辑上的关联，即所谓"志学""志功"是实现"圣人之志"的途径和方法，而后者则是前两者的最终目标。此外在儒家工夫论层面，一斋的"言志之学"也包含着"立志"与"持志"之分，具有极为丰富的意涵及实践指导意义。传统儒家思想中"为学""为政"皆是修身之道，属工夫论范畴，是达到圣人境界的途径。而一斋历时十余载"单记积年"而成的《言志录》，不仅是其带有随想录性质的箴言体语录札记，而且通过以《言志录》为首的《言志四录》系列札记，构筑了其带有工夫论色彩的"言志之学"的体系，是其自身儒学价值观在各个不同生活层面的集中体现。具体而言，《言志录》系列丛书在内容上涵盖了如下五部分内容，即"言志之学""朱王会通""天道论""心性论""修养工夫论"等主题。其中"言志之学"顾名思义，即所言之志为何志之说，以"言志之志"为目标。一斋对于宋明理学中的朱子学（狭义理学）和阳明学（心学）采取了调和兼收的态度，可说是会通朱王之学，这种态度在其《言志四录》中均有不同形式的表述。在这样的志向和立场下，他悉收儒家传统学说及宋明理学的丰富成果，在强烈的日本儒学自觉意识下展开了其自身特有的天道论及人道论的涵养、省察和论述，其中"天道论"类内容，涵盖了儒家理论体系中宇宙论、本体论的见解，而人道论的论述则包括了心性论及修养工夫论等相关方面的认识；心性论则延续了传统儒家、朱王之学乃至日本儒者有关"理""气""心""性"等重要范畴的认识。在此基础上，作为实现"言志之志"的手段，以及对儒家天道论、人道论的体会认识和践履，修养工夫论占据了《言志录》及其后续三录的大部分内容，具体而言其"工夫论"包括了

[①] 详见下文思想评述部分内容。

含有儒家修身八条目内容的为学工夫、为政工夫、心性涵养工夫和养生工夫等若干不同层次的工夫，基本上涵盖了传统儒家修、齐、治、平等核心修养目标的主要内容。在这种意义上，《言志录》可以说是一部儒家工夫论著作，是一部儒者的"修养之书"。

"言志"类本来也可划为心性涵养类工夫论内容之列，但因其对于全书的重要意义，加之一斋有关"志"的思想阐述已形成体系并具有一定独到个人色彩，故而单独列为一类。总之，《言志录》是一斋个人对于学问、政事、日常生活的箴言体随想录，从论题分布上看，《言志录》基本规定了此后《言志四录》系列著作的格调、规模和主题取向，后三录的很多论题是在第一录《言志录》基础之上进一步地发挥和展开，当然也有诸如生死观、朱王异同等其多在后三录中论述的内容。

《言志录》成书时一斋已步入壮年，学问思想也日渐圆熟，其在当时所谓官学朱子学重镇林家昌平黉的地位也在不断地上升，并逐渐向着核心位置靠拢，常年担任德川幕府的官方儒学教官之职，也使其无论学风、言论均以稳健持重见长。更为值得一提的是，虽然一斋身居要位，《言志录》及其后续系列丛书并不是所谓依靠政治力量"上达而下学"的著作，他在《言志录》中更多的是想用自己的言行，通过不断地"立志""克己"之"诚"，去感化、启发周围的人及《言志录》的读者，也即是说，一斋是要凭借一种自己身体力行的工夫涵养下的"诚"的力量去实现其儒家思想的教化作用，对社会大众产生影响。这也许正是一斋"言志"系列著作魅力经久不衰的原因所在。

（三）价值评述

《言志录》一书的价值可从思想及现实两个方面进行把握。在思想价值方面，从佐藤一斋思想研究而言是其最主要的著作，集中体现了一斋基于儒家立场对于学问、政事及日常生活的认识和阐发，其内容涵盖了儒家天道论、心性论、工夫论以及天人关系论等核心命题，是了解一斋儒学思想的主要途径，也是其著作中最为核心的文本；而从儒学思想史的角度看，《言志录》是一斋基于其日本儒学自觉的立场而阐发的文本，不仅"理义精纯"，也展现出其力图将朱子学和阳明学进行会通调和的努力，是了解日本儒学特别是日本近世儒学特点的重要文本。

从现实价值而言，一斋的《言志录》因其特有的箴言体特点及儒家工夫论特征，在传播及被接受的过程中更加便于大众阅读和各取所好地单独把握。这些特点使《言志录》及其后续系列丛书成为近代以来日本最为著名而易读的"修养之书"，不断被幕末以来日本历代政治精英人物乃至平民百姓所接受解读，影响了日本幕末明治维新一代众多的知识分子。最著名的例子，便是幕末维新志士西乡隆盛，他对一斋的《言志四录》大为倾倒，从中摘录并手抄出101条辑成《手抄言志录》，作为座右铭，随身携带玩味诵读，传为一时之佳话。正是因为在幕末风云变幻时代它对一斋的门人、再传弟子乃至崇拜者发挥了不可忽视的作用，所以一斋也被称为"明治维新的摆渡人"，即便进入现代之后，如吉田茂、小泉纯一郎等日本政治精英仍在引用《言志四录》中的名句励志或自勉，与《言志四录》相关的各类大众读物更是多次登上日本畅销书排行榜前列，使得《言志录》系列丛书有了"日本《论语》"之称，足见其日本儒学特别是工夫论思想所达之高度及其对日本的影响作用。

三、参考文献及注释体例说明

众所周知，《言志四录》在一斋在世时业已出版问世，而其中的《言志录》更是早在1824年（文政七年）一斋五十三岁时结集成册当年便付梓刊行，本译注底稿采用的便是岩波书店出版的《日本思想大系46：佐藤一斋 大盐中斋》（相良亨、沟口雄三校注，1980）中所载的文政七年版本《言志录》。同时，译注过程中还参考了日本育成会刊行的《日本伦理汇编卷之三 阳明学派（下）》（井上哲次郎、蟹江义丸编，1903）中所载版本。

关于"注解"部分的内容，除其中关于儒家经典解释类的内容按国内经典引征注释外，主要参考了目前日本出版的三个全本注释译本，分别为岩波书店《日本思想大系46：佐藤一斋 大盐中斋》注释版（简称思想大系版）、讲谈社川上正光译注《言志四录（一）言志录》（简称讲谈社版）、讲谈社久须本文雄译注《座右版言志四录》（简称座右版）等三个版本。三个版本中以思想大系版本注释最为详尽，现代日语译文也更为准确，讲谈社版次之，座右版夹杂了注释者大量个人色彩的解读，参考价值相对较低。

本译注对《言志录》全文进行了原文点校、注解及今译。《言志录》原文用日语汉文写成，全文夹杂了大量中文繁体字、异体字、日文中特殊汉字等各种不同文字用法，其具体处理原则如下：

1. 凡属中文繁体汉字皆改为现代汉语中常用简体汉字。

2. 日语中特有写法的汉字，改为中文常用汉字写法。

3. 现代汉语中仍在沿用的部分古字，虽已不属于汉语中经常使用词汇，仍予以保留，未作改动。

注解及思想评述中凡引用《言志四录》中各录中的内容，均采取简称形式，即《言志录》简称为"言"，《言志后录》简称"后"，《言志晚录》简称"晚"，《言志耋录》简称为"耋"，而所引用具体条目数附在简称后面，如《言志后录》第一一〇条，简称为"后一一〇"。

此外，为更准确反映原著文本原义及体现原作风貌，译文采取了文白夹杂的译法，尽量保留了部分现代汉语中可以理解的古汉语词句用法，而将较为晦涩、生僻的古文以及日式汉语古文部分译成现代白话。

第二部分

《言志录》译注

言志[①]录

江都　一斋居士录

【注解】

①言志：中国古典中多有"言志"之说，《尚书·舜典》有"诗言志，歌永言"，《毛诗序》有"诗者，志之所之也，在心为志发言为诗"，《论语·公冶长》有"颜渊、季路侍。子曰：盍各言尔志"。日本学者多认为一斋《言志录》中"言志"一词源自中国古代经典，但具体出典并无定论，而出自《尚书》或《论语》可能性较高。[1]

一

【原文】

凡天地间事，古往今来，阴阳昼夜，日月代明，四时错行[①]，其数[②]皆前定。至于人之[2]富贵贫贱、生死寿殀[③]、利害荣辱、聚散离合，莫非一定之数，殊未之前知耳。譬犹傀儡之戏，机关已具，而观者不知也。世人不悟其如此，以为己之知力足恃[④]，而终身役役[⑤]，东索西求，遂悴劳[⑥]以毙，斯亦惑之甚。

文化癸酉五月念六日[⑦]录。

【注解】

①"日月代明，四时错行"出自《中庸》："辟如四时之错行，如日月之代明。"代，交替；错，更迭。

②数：运数、命运。

③殀：同"夭"，夭折。

④恃：依赖、凭借。

⑤役役：劳苦不息貌。出自《庄子·齐物论》："终身役役，而不见其成功。"

⑥悴劳：憔悴辛劳。

⑦文化癸酉五月念六日：文化为日本德川幕府时代年号，文化癸酉即文化十年（1813），时年佐藤一斋42岁，念六日即二十六日。

---

[1] 久须本文雄：《〈座右版言志四录〉解题》，《座右版言志四录》，（日本）讲谈社1996年版，第37页。
[2] 日文原文为"至於人富贵贫贱"，无"之"字，据汉语表达习惯补"之"字。

【今译】

大凡天地间之事，古往今来，阴阳昼夜，日月交互而明，四时更迭而行，其运数均已前定。乃至于人之富贵贫贱、生死寿夭、聚散离合，无不为一定之数，只是尚未为人所预知而已。如同傀儡戏一般，已有机关设置，只是观众不知道罢了。世人不思悟此道如此之甚，却以为凭一己之力足以凭靠，故而终身劳苦不息，东索西求，于是憔悴辛劳而毙命，这也是惑人至深之处。

文化十年（1813）五月二十六日录。

二

【原文】

太上①师天②，其次师人，其次师经③。

【注解】

①太上：至高无上意。

②天：中国古代思想最重要的范畴，有自然界、人格性最高主宰、自然界运行的规律性等含义，这里应为后者，即天道之天。

③经：指六经等经典。

【今译】

至上之法以天为师，其次以人为师，再次以经典为师。

三

【原文】

凡为事①，须要有事天②之心，不要有示人③之念。

【注解】

①事：事业。

②事天：指对上天持有敬意，出自《孟子·尽心上》："尽其心者，知其性也。知其性，则知天矣。存其心，养其性，所以事天也。夭寿不贰，修身以俟之，所以立命也。""事天"一词反映了儒家敬天的思想。

③示人：向人展示，这里有夸示于人之意。

【今译】

凡行事之际，须有敬畏上天之心，而不要有夸示于人之念。

四

【原文】

天道以渐①运,人事以渐变,必至②之势③,不能却④之使远,又不能促⑤之使速。

【注解】

①渐:缓进,逐步。

②必至:必然发生、必然降临。

③势:形势,势态。

④却:退,使退后。

⑤促:推动、催促。

【今译】

天道徐缓运行,人事逐步变化,若已成必不可免之势,既不可妄图使之退却远去,也不可擅自加速催促其成。

五

【原文】

愤①一字,是进学②机关③。"舜,何人也,予,何人也"④,方是愤。

【注解】

①愤:发愤。

②进学:使学业有进步。

③机关:本为具有一定功能的制动器械之意,这里指机要环节之意。

④"舜,何人也,予,何人也"出自《孟子·滕文公上》:"颜渊曰:'舜,何人也?予,何人也?有为者亦若是'。"是孔子弟子颜渊发愤而激励自己进学时所说的话,意思是人如果能有所作为,都可以做到像古代的圣人舜一样,这里以颜渊发愤时所言之语为例,说明何为真正发愤。

【今译】

"愤"这个字是学业进步的机要环节。颜渊所发的"舜,何人也,予,何人也"之愤,才是真正的发愤。

六

【原文】

学莫要于立志①,而立志亦非强②之,只从本心③所好而已。

【注解】

①立志:即立下志向,确定目标。王阳明《传习录·示弟立志说》:"夫学,莫先于立志"。

②强:强迫,勉强。

③本心:天性、天良。

【今译】

为学最紧要之处便在于立志,而立志并非勉强为之,只是遵循其天性本心的爱好。

七

【原文】

立志之功①,以知耻②为要。

【注解】

①功:功夫,即学问、技术上的修养、造诣。

②知耻:儒家思想的重要范畴,指通过内心的省察而产生羞恶感,对言行产生影响。如《中庸》中有"知耻近乎勇"的论断,《论语·宪问》中亦有孔子"君子耻其言而过其行"之说,孟子将"知耻"视为"羞恶之心",认为"羞恶之心,义之端也",宋儒朱熹则指出"耻便是羞恶之心,人有耻,则能有所不为"。

【今译】

立志的功夫,以知耻为要点。

八

【原文】

尽①性分②之本然③,务④职分⑤之当然⑥,如此而已矣。

【注解】

①尽:力求达到极限、最大限度。

②性分:天性,本性。

③本然:本来的样子,天然。

④务：从事，致力。
⑤职分：与职务相应的能力、本分。
⑥当然：应当的样子。

【今译】

力求极尽发挥天性本来的样子，致力于职责本分所应当的样子，如此而已。

九

【原文】

君子，有德之称。有其德则有其位，视德之高下为位之崇卑。及叔世①有无其德而居其位者，而君子亦遂有专就在位而称之者。今之君子，盍②知冒虚名之为耻。

【注解】

①叔世：末世，衰乱的时代。
②盍：何故、为何。

【今译】

君子，是一种对有德性的人的称呼。有其德性才能有其地位，根据德性的高下而决定其地位的尊卑。到了末世衰乱的时代，有人无德性而居于一定的位置，君子于是也成了其所就之职位的称呼。今天的所谓君子，怎么会知道冒此虚名的耻辱呢？

十

【原文】

人须自省察：天何故生出我身，使我果①供②何用，我既天物③，必有天役④，天役弗共⑤，天咎⑥必至。省察到此，则知我身之不可苟生⑦。

【注解】

①果：最终、究竟。
②供：提供、奉献。
③天物：上天所生之物、大自然的产物。语见《尚书·武成》"今商王受无道，暴殄天物，害虐烝民"；《礼记·王制》"田不以礼，曰暴天物"。

④天役：上天所赋的职能、职责。出自《尚书·周书·大诰》："予造天役，遗大投艰于朕身，越予冲人，不印自恤。"一斋在《尚书栏外书》中有"驱使困苦，是谓役"的注解。

⑤共：提供、奉献。

⑥咎：责备、追究罪过。

⑦苟生：苟且偷生、苟活。

【今译】

人必须进行自我省察：上天何故生出我身，又究竟要我发挥何种作用，我既然是上天所生之物，则必有上天所赋之职能，若不能奉献发挥出上天所赋予的这些职能，则上天的惩罚必将到来。省察如果到了这种程度，就会知道己身是不可以苟活的。

十一

【原文】

权①能轻重物，而不能自定其轻重，度②能长短物，而不能自度其长短。③心能是非物，而又自知其是非，是所以为至灵欤。

【注解】

①权：指秤。

②度：计量长短的标准。

③本句源自《孟子·梁惠王上》："权，然后知轻重；度，然后知长短。物皆然，心为甚。"一斋在《孟子栏外书》中有"心者，指本体之灵。为甚者，如言最为紧要也。权能轻重物……（中略，与本条内容相同）……而又尤自知其是非"的解说，并后附"此乃最为紧要之所以也"一句，即本条是在《孟子栏外书》的基础上完成的。

【今译】

秤可以测出事物的轻重，却不能测量自身轻重，尺度可以测出事物长短，但不能测量自身的长短。心能判断事物的是非，又能知道自身的是非，所以才是至灵之物。

十二

【原文】

以三代以上①意思②读三代以上文字③。

【注解】

①三代以上:夏、商、周三代之前

②意思:即所思所意,思考。

③文字:文章、著述。

【今译】

以夏、商、周三代以前的思考见识去读三代以前的文章。

十三

【原文】

为学①,故读书。

【注解】

①为学:做学问,治学。

【今译】

要治学,因而读书。

十四

【原文】

吾既有资善①之心,父兄师友之言,唯恐闻之不多,至于读书亦得不多乎。圣贤所云多闻多见②,意正如此。

【注解】

①资善:资,表蓄积、蓄藏。资善,以他人之善言为食粮拓展自己。

②"圣贤所云多闻多见"出自《论语•为政》:"多闻阙疑,慎言其余,则寡尤;多见阙殆,慎行其余,则寡悔。言寡尤,行寡悔,禄在其中矣。"又见《论语•述而》:"盖有不知而作之者,我无是也。多闻,择其善者而从之;多见而识之;知之次也。"

【今译】

我既然有了积善的念头,对于父兄师友之言,唯恐听得不够多,到了读书的时候不也同样可能所得并不多吗?圣贤们所说的多闻多见,其心意正是如此。

十五

【原文】

修辞立其诚①，立诚修其辞，其理一也。

【注解】

①"修辞立其诚"出自《易经·乾卦·文言传》："君子进德修业，忠信所以进德也；修辞立其诚，所以居业也。"修辞立其诚，指修治言论而立足于诚挚可以积蓄功业，是君子进德修业的方法途径。

【今译】

修治言辞应立于诚挚，立于诚挚也可修治言辞，其中的道理是一致的。

十六

【原文】

栽者培之①，雨露固生生也。倾者覆之，霜雪亦生生矣。

【注解】

①"栽者培之"出自《中庸》十七章："故天之生物必因其材而笃焉。故栽者培之，倾者覆之。"一斋在《中庸栏外书》就此一节曾作解释，"天道有其消息盈虚，以此能化育万物，前者谢则后者生，有秋冬之枯落，而后有春夏之发生，知此则可知栽培倾覆之说"，即以"栽""培"比喻"春夏之发生"，以"倾""覆"比喻"秋冬之枯落"，春夏因雨露而发生，秋冬因霜雪而枯落，二者皆属于生生不息的进程。

【今译】

雨露于万物有栽培之功，固然属于生生不息的进程。霜雪可以倾覆万物，同样也属于生生不息的进程。

十七

【原文】

静观造化之迹，皆行其所无事①。

【注解】

①"行其所无事"出自《孟子·离娄下》："禹之行水也，行其所无事也。如智者亦行其所无事，则智亦大矣。"指造化依据自

然的趋势而行进。

【今译】

静观造化的痕迹，都是依据自然的趋势而行进。

十八

【原文】

凡事到玅处①，不过自得天然形势，此外更别无玅。

【注解】

①玅处："玅"同"妙"，妙处，即神奇美妙的所在。

【今译】

凡事到其玄妙之处，不过是得到天然的形势导引，除此之外别无其它玄妙。

十九

【原文】

面①欲冷，背②欲煖③，胸欲虚④，腹欲实。

【注解】

①面：指头脑。
②背：本义指脊背，引申为凭靠依靠。
③煖：同"暖"。这里指成为别人所凭靠之人需要热心暖人方能感动他人以成事。
④虚：即"虚己"，指去掉个人私见。

【今译】

头脑需要冷静，后背需要能够暖人，胸怀需要有虚心之处，腹中应踏实有物。

二十

【原文】

人精神尽在乎面①，不免逐物妄动。须收敛②精神栖诸背③，方能忘其身，而身真为吾有。

【注解】

①人精神尽在乎面：面指正面，表面。一斋在《周易栏外书》

解释艮卦时曾言"人精神尽在乎面,不在乎背,尽在乎前,不在乎后,凡此皆动乎意逐乎物,吾失其本有寂然不动之性也。故圣人曰:艮其背,使其面之所向,耳目鼻口手足之所为,一如其背,则得其道"。

②收敛:指检点行为,约束身心。朱熹在讲述持敬静坐时常用的词汇,《朱子语类》卷十二曰"人常须收敛个身心,使精神常在这里",卷六曰"敬者,收敛而不放纵也"。

③背:背面,背后。

【今译】

人的精神如全部集中于正面,则难免追逐外物而妄自行动。须收敛精神,栖居于背后,才能够忘记自身,而身体也才能够真正为自己所有。

二一

【原文】

心下痞塞①,百虑皆错。

【注解】

①痞塞:本为中医术语,指胸腹间气机阻塞不舒的症状,这里仍是指内心的阻滞、郁结。

【今译】

内心若是有所郁结,百虑都是错的。

二二

【原文】

闲思杂虑①,纷纷扰扰,由外物溷②之也。常使志气如剑,驱除一切外诱,不敢袭近肚里,自觉净洁快豁③。

【注解】

①闲思杂虑:底本作"间思杂虑",日文中"间"字通"闲","闲思杂虑"一词出自《朱子语类》卷十二。

②溷:即混,相当于动词污、弄脏、混扰。

③豁:开阔、通达。

【今译】

闲思杂虑所造成的纷纷扰扰,是由于外物混扰所致。常使自己的"志气"如同宝剑一般，则能驱除一切外部诱惑，使之不能袭染靠近肚腹内心，会自觉内心洁净，快乐通达。

二三

【原文】

吾方将处事，必先于心下自下数针①，然后从事。

【注解】

①针：指中医行医时用的针，这里指心中所持警戒、戒条。

【今译】

我将要处理一些事物时，必先自己于内心如行医下针般有所警戒，然后行事。

二四

【原文】

心之邪正，气之强弱，笔画不能掩之，至于喜怒哀惧，勤惰静躁，亦皆形诸字，一日内自书数字以反观，亦省心之一助。

【今译】

心中的正邪、气血之强弱，在一个人所写之字上均无法掩盖，而至于欢喜、愤怒、哀伤、忧惧，以及勤勉、懒惰、安静、躁郁也均可在所书之字上反映出来，因而一日之内自书数字而自己反观，也是一种有助于内心的自省的方法。

二五

【原文】

有心求名，固非，有心避名，亦非。

【今译】

有心求名利，固然是错的，而有心逃避名利，同样也是错的。

二六

【原文】

虑事欲周详，处事欲易简。

【今译】

思虑事情应寻求周详,处理事情应寻求简易。

二七

【原文】

真有大志者,克勤①小物。真有远虑者,不忽细事。

【注解】

①克勤:出自《尚书·大禹谟》,能够勤劳之意。

【今译】

真正有大志向的人,能够在小的物件上保持勤勉。真正有远虑的人,不会忽略那些细小琐碎的事务。

二八

【原文】

才有夸伐①念头,便与天地不相似。

【注解】

①夸伐:夸耀、炫耀。

【今译】

刚要产生炫耀的念头,便与天地之道不相符了。

二九

【原文】

大德不逾闲,小德出入可也,①以此待人,尽好。

【注解】

①大德不逾闲,小德出入可也:出自《论语·子张》中子夏所言。大德即仁、义等大的德目、德行,泛指纲常伦理方面的节操。逾,同逾,越过、超越。闲,阑义,用于阻止物的出入,此处指界限、边界。小德,即小的德行,多指日常生活中的作风。

【今译】

人的德行,于大处不可逾越界限,于小处可以略有出入,以此法待人,便都是好的。

三〇

【原文】

自责严者，责人亦严，恕人宽者，自恕亦宽，皆不免于一偏。君子则躬自厚而薄责于人。①

【注解】

①"君子则躬自厚而薄责于人"出自《论语·卫灵公》："躬自厚而薄责于人，则远怨矣。"意为对自身督责严，对他人督责轻，可以避免为人所怨。躬自，自己对自己。

【今译】

严于自责者，对他人的督责也是严苛的，易于宽恕他人过错者，同样对自己的过错也容易宽恕，都不免偏于一隅。君子则是自身督责严，对他人督责轻。

三一

【原文】

今人率①口说多忙，视其所为，整顿实事十一二，料理闲事八九，又认闲事以为实事，宜②其多忙，有志者勿误踏此窠③。

【注解】

①率：大概、大都。

②宜：当做、认定为。

③窠：窠白。禅门及儒家用语中多用于指代貌似安逸实则随时处于坠落风险之中的事物。

【今译】

如今一些人大都嘴上说自己很忙，可观察他们的所作所为，用于整顿实事的不过十之一二，而用于处理闲事的却占了十之八九，因而又往往易将闲事误认作实事，认为自己很忙，有志者不应使自己陷入这种窠白。

三二

【原文】

紧①立此志以求之，虽搬薪运水，亦是学所在，况读书穷理乎。志之弗立，终日从事，读书亦唯是闲事耳。

【注解】

①紧：坚固、坚定。

【今译】

坚定地立下自己的志向并进行求索，虽然是搬柴运水，也是在学习，更何况读书穷理这样的事呢。如果没有立下志向，其终日所做之事，即便是读书也只是闲事而已。

三三

【原文】

有志之士如利刃，百邪辟易①。无志之人如钝刀，童蒙②侮玩。

【注解】

①辟易：退避，避开。

②童蒙：幼稚无知的儿童。

【今译】

有志之人的志向如同利刃一般，可令百邪退避。无志之人的志向却如同钝刀，蒙昧无知的儿童也可对其侮辱戏弄。

三四

【原文】

少年时当着①老成②功夫，老成时当存少年志气。

【注解】

①着：着力。

②老成：指成熟稳重，亦指年高有德。

【今译】

少年时应当在老成稳重上下功夫，到了年高有德时则应当存有少年时的志气。

三五

【原文】

容物①，美德也，然亦有明暗。

【注解】

①容物:度量大,能容人。

【今译】

有雅量能容人是一种美德,但也有该容与不该容之别。

三六

【原文】

人言,须容①而择之,不可拒,又不可惑。

【注解】

①容:容纳,接受。

【今译】

别人的话,须以雅量容纳接受并择其善者而从之,既不可轻拒,也不可为其所迷惑。

三七

【原文】

能容人者,而后可以责人,人亦受其责。不能容人者,不能责人,人亦不受其责。

【今译】

能容人的人,才有资格指责别人,别人也因其容人接受他的指责。不能容人的人,也不能去指责别人,别人也不愿接受他的指责。

三八

【原文】

心之所形①,尤在于言与色②。察言而观色,贤不肖③、人不能瘦④。

【注解】

①形:表现、显现。
②色:表情。
③贤不肖:贤人和不肖之人。不肖,不成材、不正派。
④瘦:减损、减少,引申为隐藏、遮掩。

【今译】

人的内心活动的外在表现,尤以在语言和表情上最为明显。如能仔细察言观色，贤人与不肖之人，其自己是不能够掩藏的。

三九

【原文】

人之贤否，于初见时相①之，多不谬②。

【注解】

①相：动词，通过观察进行判断。

②谬：谬误、错误。

【今译】

一个人是否是贤人，在初次相见的时候便可观察判断出来，大抵是不会有错的。

四〇

【原文】

爱恶①念头，最累②藻鉴③。

【注解】

①爱恶：爱好和厌恶，出自《周易·系辞下》"是故爱恶相攻而吉凶生"。

②累：拖累。

③藻鉴：品藻和鉴别，这里指他人的品评判断。

【今译】

爱好和厌恶的念头，最容易为他人的品评判断所拖累影响。

四一

【原文】

富贵，譬则春夏也，使人心荡①；贫贱，譬则秋冬也，使人心肃②。故人于富贵则溺③其志，于贫贱则坚其志。

【注解】

①荡：动摇，不稳定。

②肃：庄重、严肃。

③溺：沉湎于某种状态、陷入困境。

【今译】

富贵,如同春夏,使人心动摇;贫贱,如同秋冬,使人心严肃庄重。因而人处于富贵之中则容易令其志向失陷,处于贫贱之中则可使其志向坚定。

四二

【原文】

知分①,然后知足。

【注解】

①分:分限,指名位、职责、权利的限度。

【今译】

知道分限所在,然后才能知足。

四三

【原文】

悔昨非者有之,改今过者鲜矣。

【今译】

后悔过去所做的错事的人大有人在,能改过正在犯的错误的人却很少。

四四

【原文】

得意时候,最当着退步工夫,一时一事,皆有亢龙①。

【注解】

①亢龙:出自《易经》乾卦上九爻中的"亢龙有悔",亢龙即飞至过高处而无法返回的龙。

【今译】

得意的时候,最应当在如何后退一步上下功夫,任何时候任何事情,都如同亢龙一般,飞得过高便会后悔。

四五

【原文】

宠过者，怨之招也。昵①甚者，疏之渐也。

【注解】

①昵：亲昵、亲近。

【今译】

过于宠溺一个人，也容易招其怨恨。与一个人亲昵过度，与这个人之间的疏远便也逐渐产生了。

四六

【原文】

土地人民，天物①也。承而养之，使物各得其所②，是君职也。人君或谬谓土地人民皆我物也而暴③之，此谓君偷天物。

【注解】

①天物：上天的产物；也指自然生长出来的事物，这里应是前者之意。

②各得其所：出自《周易·系辞下》，"交易而退，各得其所"，指每一个人或事物都得到恰当的安置。

③暴：残害、糟蹋。

【今译】

土地人民，都是上天的产物，接受下来并对其进行养育，使其都得到恰当的安置，这是位居人君者的职责。有的君主错误地认为土地人民都是属于自己之物而糟蹋浪费，这就是所谓的人君偷窃了上天所有之物。

四七

【原文】

君之于臣，举贤使能，与治①天职，与食天禄，元首股肱，合成一体，此之谓义。人君若徒谓我出禄俸以畜②人，人将报以赴驱使而已，则与市道③何异？

【注解】

①治：本义指整治、修治，这里引申为完成、实现。

②畜：养育义。

③市道：出自《史记·廉颇蔺相如传》："夫天下以市道交，君有势，我则从君，君无势则去，此固其理也，有何怨乎？"市道，即市井生意买卖的贩卖之道，一般以"市道之交"指代那些以利害关系为转移的交情。

【今译】

君主对于大臣，如果能够举任贤者、使其发挥所长，与其一起完成上天所赐的职责，一起享用上天所赐的福禄，作为元首的君主和作为股肱的大臣便可合成一体，这就是所谓的"义"。君主如若只是一味地说这些人是我出的俸禄所养育的，那么这些人也只是会用受其驱使来回报，这种交情与以利害关系为转移的交情又有何区别？

四八

【原文】

"天尊地卑，乾坤定矣"①，君臣之分，已属天定，各尽其职而已。故臣之于君，当不视畜养之恩何如而厚薄其报也。

【注解】

①天尊地卑，乾坤定矣：出自《周易·系辞上》，指天地自然的秩序形成，由乾坤构成的世界才能安定。

【今译】

"天和地有尊卑之分，乾坤才可安定"，君臣之分的产生，已经属于上天的定断，只是各自尽到自己的职责。因而大臣对于君主，不应该按照君主对自己的养育之恩的不同而表现出对其回报的不同。

四九

【原文】

助天工①者，我从而赏之。戕天物者，我从而罚之。人君非容私焉。

【注解】

①天工：上天的职责任务。

【今译】

有助于上天实现其职责的人，我将对其进行赏赐。戕害上天所赐之物的人，我将对其进行惩罚。身为君主不应容有私心。

五〇

【原文】

五谷自生，假耒耜①以助之。人君财成辅相②，亦与此似。

【注解】

①耒耜：农具，用于农业生产中的翻整土地、播种庄稼。耒是耒耜的柄，耜是耒耜下端用于起土的部分。

②财成辅相：出典自《周易·泰卦·象》："天地交，泰。后以财成天地之道，辅相天地之宜。"财通"裁"，裁制或节制义。成，成就施政义。辅、相均为辅助、帮助义。

【今译】

五谷自然生长，需要借助耒耜等农具对其进行辅助。君主或裁制或成就其施政之方需要得到辅助，也与此类似。

五一

【原文】

大臣之职，统大纲而已。日间琐事，遵依旧套可也。但发人难发之口，处人难处之事，年间率①不过数次，勿须纷更劳扰。

【注解】

①率：大概、大略。

【今译】

大臣这一职务，只是统领政治上的大纲而已。日常琐事，遵依老规矩来做就可以了。但要去说一般人难以说出的观点，处理一般人难以处理的事情，这样的事情一年之内不过数次即可，不要因次数过多而造成纷扰。

五二

【原文】

社稷之臣所执二，曰镇定，曰应机。

【今译】

关乎社稷安危的重臣应具有的能力有两个，一是镇定，一是临机应变。

五三

【原文】

家翁①今年龄八十有六，侧多人时，神气②自能壮实，少人时，神气顿衰脱。余思子孙男女同体一气，其所顿以安者固也。不但此老人气乏，得人气以助之，盖③一时气体调和，如服温补药味一般，此其所以爱多人而不爱少人。因悟王制八十非人不煖④，盖谓以人气煖之，非肤妪⑤之谓。〈癸酉腊月⑥小寒节后五日录。〉

【注解】

①家翁：此处指佐藤一斋的父亲佐藤信由，字一卿，号文永，没于1814年（文化十一年），时年八十七岁。

②气：中国古代哲学概念，含义较为复杂，既可指主观精神，也可指构成天地万物的物质材料，上文中已有"神气"一词指代主观精神气质，这里应为后一种含义，即带有本体论色彩的"气"，接下来关于酒的三则内容中的"气"也是同样含义。

③盖：发语词，表原因。

④"八十非人不煖"出自《礼记·王制》："五十始衰，六十非肉不饱，七十非帛不暖，八十非人不暖；九十，虽得人不暖矣。"煖，同暖。

⑤妪：音与，指用身体温暖。

⑥癸酉腊月：指文化十年（1813）十二月。

【今译】

家父今年已经八十六岁了，周围人多的时候，神气自然就能够显得强健而充实，而人少时，神气却立刻显得衰脱。我想这是因为一个人和他的男女子孙本是源自同一体同一气，老人能够依靠这些实现短时间的"气"的安定也原本可以理解。但不止如此，老人之"气"匮乏不足，在这里是得到了周围人的"气"的帮助，因而一时间"气"和"体"相调和，如同服用了温补的药剂一般，这是老人喜人多而不喜人少的原因。通过这件事可以领悟《礼记·王制》中"八十非人不暖"一句，应该是说以人之"气"暖他，而非一般而言的依靠肌肤身体来温暖。〈文化十年（1813）十二月小寒节后五日录。〉

五四

【原文】

酒，谷气①之精也，微饮可以养生矣，过饮至于狂酗②，是因药发病也。如人参附子巴豆大黄之类，多服之，必致瞑眩③，饮酒发狂亦犹此。

【注解】

①气：同上第五三条解释。

②酗：指无节制地饮酒。

③瞑眩：瞑，闭眼。眩，眼睛昏花看不清楚。瞑眩，指服药后的强烈反应，若无这种反应，说明疾病无法得到医治。《尚书·说命》中有"若药弗瞑眩，厥疾不瘳"之说。

【今译】

酒，是谷物之气的精华，少量引用可以养生，过度饮用而达到了疯狂无节制的程度，就会因而发病。如同人参、附子、巴豆、大黄等重要，如果过多服用，必定招致头昏目眩，饮酒发狂也是由于同样的原因。

五五

【原文】

酒之用有二。鬼神有气无形，故以气之精者聚之①。老人气衰，故亦以气之精者养之。若少壮气盛之人，衹②足以致病已。

【注解】

①故以气之精者聚之：这里指用酒来祭祀鬼神使其"气"得以汇聚成"形"。

②衹：同祇、只。

【今译】

酒的作用有两个。一是鬼神等有构成它们的"气"而无具体的"形"，所以用（谷物）"气"的精华使之汇聚到一起。二是老年人的"气"衰竭，因而也可以用"气"的精华来进行滋养。如果是少壮气盛的人饮用，只是足以使他生病而已。

五六

【原文】

勤之反为惰，俭之反为奢。余思酒能使人生惰，又使人长奢。勤俭可以兴家，则惰奢足以亡家，盖酒为之媒也。

【今译】

勤劳的反面是懒惰，节俭的反面是奢靡。我想酒能够使人生出懒惰，又能够使人增长奢靡。勤俭可以使家兴旺，那么懒惰和奢靡就足以使家衰亡，是因为酒成为其中的媒介。

五七

【原文】

培植草木，以观元气①机缄②之妙，何事非学。

【注解】

①元气：中国古代哲学概念，指构成万物的原始物质。宋明理学中，元气基本与"气"的含义相同。

②机缄：机，本义是弓弩上的发射机关，这里指发动、启动。缄，收束、关闭义，机缄指机关的启动和关闭，引申指推动事物发生变化的力量，也指气数，气运。

【今译】

培养种植草木，用来观察元气的发动和停止妙处，什么事情不是学习呢。

五八

【原文】

登山岳，涉川海，走数十百里，有时乎露宿不寐①，有时乎饥不食，寒不衣，此是多少实际学问。若夫徒尔②明窗净几，焚香读书，恐少得力处。

【注解】

①寐：睡着。

②徒尔：同徒然。

【今译】

登上山脉高峰，渡过河流海洋，走过数十数百里，有时露宿而不能安睡，有时饥饿而找不到食物，寒冷却没有衣服可穿，这里面是多少实际的学问，如果只是徒然窗明几净、焚香读书，恐怕得到的益处也少。

五九

【原文】

凡所遭患难变故，屈辱谗谤①，拂逆②之事，皆天之所以老③吾才，莫非砥砺切磋④之地，君子当虑所以处之，欲徒免之不可。

【注解】

①谗谤：谗毁诽谤。

②拂逆：违背、背叛。

③老：动词，使成熟义。

④砥砺切磋：砥，细腻的磨刀石，砺，粗糙的磨刀石。砥砺即磨刀石，也指磨炼锻炼。切磋，古时加工兽骨、象牙的方法。砥砺切磋，这里用以比喻才能学问品性修养之精炼。

【今译】

一切所遭遇的患难和变故、屈辱和忏悔诽谤、有违自己意愿的事，都是上天想要使我的才能更加成熟所致，无处不是如同砥砺刀剑、切磋兽骨象牙一般，君子应当思虑凭借什么去应对这些事情，而不可只是徒然想要免除躲避。

六〇

【原文】

古人读经以养其心，离经①以辨其志，则不独读经为学，而离经亦是学。

【注解】

①离经：离开经典，指不拘泥于经典，《礼记·学记》中有"一年视离经辨志"之说。

【今译】

古人读经是用来养他的心，不拘泥于经典是为了辨明自己的志向，所以不单单读经是做学问，不拘泥于经典同样是做学问。

六一

【原文】

一艺①之士,皆可语。

【注解】

①艺:技艺、才能。

【今译】

只要是有一定才能的人士,都可与之交谈。

六二

【原文】

凡与人语,须教渠①说其所长,于我有益。

【注解】

①教渠:教,让、令。渠,第三人称,他。教渠即让他、令他。

【今译】

凡是与人交谈,须让对方说出他的所长,对于自己也是有益的。

六三

【原文】

凡事于吾分①不得已者,当为之不避,可得已②而不已,是则自我生事。

【注解】

①分:本分。
②得已:已,结束、了结。得已,得以了解。

【今译】

凡是对于自己的本分而言是不得已的事情,应当不回避去做,可得以了结而自己不了结,就是自己额外生事了。

六四

【原文】

才犹剑,善用之,则足以卫身,不善用之,则足以杀身。

【今译】

才能就像剑,善于用它,则足以防卫自身,不善于用它,则足以招来杀身之祸。

六五

【原文】

古今为奸恶之小人，皆才过人。若①商辛②最是非常才子，虽有微箕比干③诸贤且亲，不能格其心④，又不能易其位，终以毙⑤其身而殄⑥其世，是才之可畏也。

【注解】

①若：如，好像。

②商辛：指商纣王。名受，号帝辛。

③微箕比干：指微子、箕子、比干等商代贤臣，均为商纣王的臣子及亲戚。《论语·微子》有"微子去之，箕子为之奴，比干谏而死。孔子曰：殷有三仁焉"，佐藤一斋在《论语栏外书》中曾指出依据《尚书》经文可知，《史记·宋微子世家》中所说的微子降伏周武王后获封地于宋之说为"妄造典故"的不实之说。

④格其心：匡正他的思想。

⑤毙：死，含贬义。

⑥殄：尽、绝。

【今译】

古今为奸为恶的小人，都有过人的才华。像商纣王是最具非同寻常才华之人，虽然有微子、箕子、比干等众贤臣亲戚，因不能匡正他的思想，也不能更改自己的位置，最终还是使自己毙命，使商灭亡，这就是才华的令人畏惧之处。

六六

【原文】

辞爵禄易，不为小利动难。

【今译】

辞去爵位俸禄容易，不为小的利益所动难。

六七

【原文】

利者，天下公共之物，何曾有恶？但自专①之，则为取怨之道耳。

【注解】

①专：独自掌握或占有。

【今译】

利益，是天下公共之物，何曾有什么恶处？但如果独自占有它，就会成为招人怨恨的途径了。

六八

【原文】

循情①而制情，达②欲而遏欲，是礼之妙用。

【注解】

①循情：循，遵循、因循。曲从私情。
②达：达成、实现。

【今译】

因循人的情感而又能控制人的情感，达成人的欲望而又能遏制人的欲望，这是礼的妙用。

六九

【原文】

治己与治人，只是一套事，自欺与欺人，亦是一套事。

【今译】

自治与治理他人，只是同一件事，自欺与欺骗他人，也是同一件事。

七〇

【原文】

凡欲谏①人，唯有一团诚意溢于言而已。苟②挟一忿疾③之心，谏决不入。

【注解】

①谏：旧时指对君主、尊长的言行提出批评或劝告，规谏、进谏。

②苟：假如、如果。

③忿疾：愤怒憎恶。

【今译】

想要规谏于他人，唯有将自己一团诚意溢于言表而已。如果夹带一点点的愤憎之心，规谏便绝不会被采纳。

七一

【原文】

闻谏者固须虚怀，进谏者亦须虚怀。

【今译】

听取别人的规谏固然须要胸襟宽广，进谏的人同样需要胸襟宽广。

七二

【原文】

使人欢欣鼓舞，畅发①于外者，乐也。使人整肃收敛，固守②于内者，礼也。使人寓③欢欣鼓舞之意于整肃④收敛之中者，礼乐合一之妙也。

【注解】

①畅发：酣畅、顺畅地抒发。

②固守：坚决地遵循。

③寓：寄居、寄托。

④整肃：整齐严肃。

【今译】

能使人欢欣鼓舞并进行酣畅于外表抒发出来的是乐。能使人外表上整齐严肃又有所收敛，并在内心坚决地遵循的是礼。使人将欢欣鼓舞之意寄托于整齐严肃而又内敛之中的，是礼和乐合而为一的妙处。

七三

【原文】

古者方相氏①为傩②，蒙熊皮，黄金四目，玄衣朱裳，执戈扬盾，帅百隶而殴之③。乡人群然出观，盖制礼④者有深意焉。伏阴⑤愆阳⑥，结为疫气，欲驱除之，莫若资⑦乎人纯阳之气也。方相作气率先，百隶从之，状若怪物然。阖乡⑧老少，杂沓⑨聚观，且骇且笑，于是，阳气四发，疫气自能消散，乃至阖乡人心，亦因以欢然和畅，无复邪慝⑩之伏郁⑪于内矣。盖其近于戏处，是其妙用所在欤。

【注解】

①方相氏：周代官名。据《周礼》中记载，夏官司马所属有方相氏，设狂夫四人，方相原有"放想可畏怖之貌"的含义，放想指仿佛想象之意。

②傩：一种原始祭礼，是汉族最古老的一种祭神跳鬼、驱瘟避疫或表示安庆的祈神舞蹈或祭祀活动，这里指驱除疫病的祭祀活动。

③"蒙熊皮，黄金四目，玄衣朱裳，执戈扬盾，帅百隶而殴之"出自《周礼·夏官·方相氏》："方相氏掌：蒙熊皮，黄金四目，玄衣朱裳，执戈扬盾，帅百隶隶而时傩，以索室驱疫。"郑玄注释为："蒙，冒也。冒熊皮者，以惊驱疫疠之鬼，如今魌头也。时难，四时作方相氏以难却凶恶也。" 玄衣朱裳，传统农民服饰中衣为上装，裳为下装。作气，作出气势。百隶，指众官吏。

④制礼：制定仪礼。

⑤伏阴：指盛夏中出现寒气，形容气候反常。

⑥愆阳：冬天温和，有悖节令。愆有违背、违反之意。

⑦资：借助，资助。

⑧阖乡：阖，全、总共。全乡。

⑨杂沓：纷杂繁多貌。

⑩邪慝：邪恶。

⑪伏郁：隐伏蕴藏。

【今译】

古时有名为方相氏的巫官在举行被称为"傩"的祭祀活动中，身上蒙着熊皮，四目为金色，身着黑色上装红色下衣，手里拿着戈和盾，率领众官吏作出挥舞打击的样子。乡里的人们会群集而至进行观看，制定这种礼仪的人是有其深意的。出现夏寒冬暖这样的反常季候，容易结为瘟疫之气，如果想要对其进行驱除，最好的方法莫若于借助人们身上的纯阳之气了。由方相氏率先作出气势，众官吏跟随着他，其形状如同怪物一般。全乡老少，纷杂而至聚集到一起来观看，一面惊骇一面说笑，于是阳气得以四散，瘟疫之气自然就能够消散了。以至于全乡人的内心也因此欢乐和畅，不再有邪恶之念隐伏蕴藏于其中了。这种祭祀活动在其近似做戏之处，正是其妙处所在。

七四

【原文】

治安日久，乐事渐多，势①然也。势之所趋，即天也。如士女聚欢，因饮谳②歌舞，在在③有之，固不可得而禁止。而乃④强禁之，则人气抑郁，无所发泄，必伏焉邪慝，藏为凶奸，或结为疾疢⑤毒疮，其害殊甚。为政者但当斟酌人情，为之操纵，置之于禁不禁之间，使其不至于过甚，是亦赴时之政为然。

【注解】

①势：中国古代哲学概念，用于描述事态局面，有趋势、趋向之意。
②谳：相聚叙谈。
③在在：处处，到处。
④而乃：连词，表另起话题。
⑤疢：本义为热病，也泛指疾病。

【今译】

社会治理安定时间久了，令人高兴的事情也逐渐增多，是因为"势"使其成为这样。这种"势"的趋向之处，就是"天"。如同男女欢聚在一起，因而饮酒叙谈，欢歌燕舞，各处均有这种事情发生，一定不可将其禁止。如果强行禁止，则人气变得抑郁，无处发泄，必定蛰伏下来成为邪恶之气，隐藏起来成为奸凶之气，或是郁结为疾病毒疮，其害处是非常严重的。当政的人只需斟酌人们的实情，对其进行操纵控制，使其处于一种被禁与不被禁之间的状态，而不至于过于严重，为时代所趋之政也就是这样。

七五

【原文】

人心不可无欢乐发扬处，故王者出世，必作乐以教之，使人心有所寄，乐不至淫①，和不至流②。风移俗易，斯无邪慝③矣。当今所传雅俗乐部，虽并无移风易俗④之用，而士君子为之，亦无不可。至如坊间词曲，多是淫哇巴歈⑤，有损无益，但舍此则都鄙⑥男女，无所可寄以欢乐发扬，势亦不可缴停⑦之。譬诸病，发扬，表也，抑郁，里也，击表则入里，不可救也。不若姑缓其表，以防内攻，此为政者之所宜⑧知。

【注解】

①乐不至淫：淫，过度、沉溺，超出了正常的范围。欢乐而不至于过度沉迷。《论语·八佾》中有"关雎乐而不淫，哀而不伤"。

②和不至流：流，放任自流，顺从无节制，引申指盲从。和顺而不至于到放任自流。《中庸》中有"君子和而不流"，是用于形容人与人之间的关系，这里用于形容乐曲。

③邪慝：邪恶。

④风移俗易：与后文"移风易俗"同，指改变旧的风俗习惯。出自《荀子·乐论》："乐者，圣人之所乐也，而可以善民心，其感人深，其移风易俗，故先王导之以礼乐而民和睦。"

⑤淫哇巴歈：淫哇，淫邪之声，多指乐曲诗歌。巴歈，歌名，歈本作渝，原指古代四川地区的巴歈舞，这里指偏远地区的乐曲。

⑥都鄙：京城和边邑。

⑦缴停：退回、停止义。

⑧宜：应当，应该。

【今译】

人心不可以没有让欢乐得以发扬之处，因而当王者来到世间，必定制作出乐曲对人进行教化，使人心有所寄托，欢乐而不至于过度，和顺而不至于放纵。改变旧的风俗习惯，这样就没有邪恶之心产生了。如今所流传的雅乐、俗乐两部分，虽然并没有改变旧的风俗习惯的作用，如果是士人君子来演奏，也并无不可。但如果是坊间的乐曲，多为淫荡之曲或边远之乐，对世间有损害而无益处，但如果对其进行舍弃，都城和边邑中的男女就会失去发泄欢乐的寄托，其发展的趋势也无法停止。以治病来比喻，让其发泄，是让疾病得以显露出来，对其进行抑制，则是让疾病深入隐藏起来，只攻其表面，疾病就会入里，而无法救治。不如暂缓对其外表的攻击，以防止疾病向内攻入身体，这一点当政者是应该知道的。

七六

【原文】

人君当令士人常游于射骑刀槊之技①,盖其进退驱逐,坐作击刺,使人心身大有所发扬,是不但治不忘乱,而又于政理有补。

【注解】

①游于射骑刀槊之技：这里是仿照《论语·述而》中"志于道,据于德,依于仁,游于艺"的说法,游指如同游泳一般从容和广泛涉猎。射骑刀槊,分别指射箭、骑马、刀、槊。

【今译】

君主应当让手下的武士常常广泛涉猎于射箭、骑马、刀和槊的使用等技艺,是因为这些技艺中的进退驱逐、坐立、进击和刺杀,可以使人身心大大有所发扬,这样不但可以在国家安定时不忘为战乱做好准备,而且还有益于国家治理。

七七

【原文】

古乐不能不亡。乐其始于何世,果前乎圣人欤。若有待于圣人而后作,则其人既亡,而其所作安能独保久远。圣人德之精英①,发而为乐,乃被②之管弦,谐之箫磬,使听者如亲炙③之,则乐之感召④,以其德之寓于此也。今去圣既远,传之者非其人,其渐致差缪⑤,遂以亡。亦理势之必然。《韶》之传于齐,孔子深契于心⑥,然恐已非当时之全。但其遗音尚足以感人,而今亦遂亡矣。凡天地间事物,生者皆死,金铁亦灭,况乎寓于物者,能保久远乎。故曰,古乐不能不亡,但至于元声⑦太和⑧,存于天地人心者,则前乎圣人,后乎圣人,未尝有始终焉,是亦不可不知。

【注解】

①圣人德之精英：源自《礼记·乐记》"乐者,德之华也",《乐记·乐施》"乐也者,圣人之所乐也"等观点,即乐是圣人之德的精华。

②被：本义指覆盖,这里指施加、加上。

③亲炙：直接受到熏陶,出自《孟子·尽心下》："圣人,百世之师也……奋乎百世之上,百世之下,闻者莫不兴起也。非圣人而能若是乎？而况于亲炙之者乎？"

④感召：感动和召唤，指思想上受到触动而有所觉悟。

⑤差缪：差错和谬误。

⑥契于心：源自《论语·述而》中"子在齐闻《韶》，三月不知肉味。曰：不图为乐之至于斯也"的典故，契于心，即铭刻于心。

⑦元声：构成音阶的基本音。指十二律中的黄钟，古人定十二律以黄钟之管为基准，故名黄钟为元声。

⑧太和：指音乐至高的和谐、和睦。源自《礼记·乐记》中"大乐与天地同和"的观点。

【今译】

古乐不能不消亡。乐开始于哪个时代，究竟是否是先于圣人呢？如果乐是要等到圣人出世后才创作出来，那么创作的人如果不在了，他所创作的乐又怎么能够安然地独自保持久远。圣人之德的精华，抒发出来成为乐。于是施加吹拨之器来演奏，并通过箫和磬来进行谐调，使聆听的人如身临其境般耳濡目染，而乐的感动与号召，也因其德性蕴藏其中。如今往圣离我们已经年代久远，传承这些乐的人又不一定适合做这些事，导致这些乐逐渐产生差错谬误，于是消亡，也是道理及趋势上的必然。《韶》乐传至齐国，孔子将其深深铭刻于心，然而恐怕已不是当初的全貌了，但其遗留下来的音乐仍然足以感动世人，而到如今也终究消亡，但凡天地间的事物，有生者皆有死，黄金黑铁也会消灭，更何况是寄托于外物的乐，怎能保持久远传承？因而说，古乐不能不消亡，但至于像元声那样的至上和谐之音，存在于天地人心之中，则无论先于圣人还是后于圣人，都未曾有始终，这也是不可不知的道理。

七八

【原文】

一气息、一笑语，皆乐也。一举手、一投足，皆礼也。

【今译】

一息之气、一笑之语都是乐。一举手、一投足都是礼。

七九

【原文】

聪明而厚重①，威严而谦冲②，为人上者当如此。

【注解】

①厚重：敦厚庄重。

②谦冲：谦虚平和。

【今译】

聪明而又敦厚庄重，威严而又谦虚平和，居于上位的人应当这样。

八〇

【原文】

为邦下手处，在阃①内之治。禁淫靡，省冗费，最为先务。

【注解】

①阃：本义指门槛，这里指妇女居住的内室，内阃。

【今译】

为了国家而应当着手之处，在于对内阃的治理。禁止淫靡，节省掉多余的消费，是最为首要的事务。

八一

【原文】

人君闺门之事，其好歹外人能识而窃议之，故欲正风俗敦①教化，必起基于此。

【注解】

①敦：敦促、督促。

【今译】

君主后宫的事情，其好坏外人是能够知道并背地里进行议论的，因而想要端正风俗敦促教化，必须以此作为基础。

八二

【原文】

人主每事①私自令，则少威严，历有司②，则人严惮③之。

【注解】

①事：使用，役使。

②历有司：通过有司这样的官吏。历，经过、通过。有司，本为官吏之名，这里指相应职务的武士。

③严惮：极度畏惧、害怕。

【今译】

君主每当下达徇私命令，他的威严就会减少，而通过专职武士传达正令，人们就会对他产生敬畏。

八三

【原文】

不信大臣之言而信左右之言，不听男子之言而听妇人之言，庸主皆然。

【今译】

不相信大臣的话而去相信身边人的话，不听男子之言而听妇人之言，昏庸的君主都是这样。

八四

【原文】

下情①与下事不同。君人者，下情不可不通，下事则不必通。

【注解】

①下情：下属的情况。

【今译】

下属的情况与下属的琐事不同。主管人事的人，下属的情况不可不了解，下属所做的一些琐事则可以不了解。

八五

【原文】

邦有道，则君与大臣让权，权在于德，不在于力。邦无道，则君与大臣争权，权在于力，则权遂归于下。故为政唯以德礼之为尚。

【今译】

国家有道，则君主与大臣互相让出权力，是否有权在于是否有美好的德行，而不在于是否有强大的力量。国家无道，则君主与大臣互相争权，是否有权在于是否有强大的力量，于是权力也就归于天下了。因而为政只是以德和礼为尚。

八六

【原文】

大臣弄权之风，多自幼主而起。权一下移，不可复收。主既年长，仍拥虚器①，沿袭成风，则患遗后昆②矣。但大臣得其人，则独无此患耳。

【注解】

①虚器：虚设而不用的器物，指空有帝王的名位而无其实，形同虚设。

②后昆：指后代、子孙。

【今译】

大臣弄权之风，多数因为君主年幼而起。权力一旦下移，就难以收回了。君主成年后，仍旧形同虚设没有实权，如此沿袭成风，则会遗留后患于子孙。但如果能托付给合适的大臣人选，则断然不会有这种忧患了。

八七

【原文】

当①托孤之任者，迨②孤主年长，则当早还权于君以自退避，乃能君臣两全。伊尹曰，臣罔以宠利居成功，③是阿衡④实践之言，万世大臣之龟鉴⑤也。

【注解】

①当：担当，担任。

②迨：等到，达到。

③"伊尹曰，臣罔以宠利居成功"出自《尚书·太甲下》："君罔以辩言乱旧政，臣罔以宠利居成功，邦其永孚于休。"伊尹（前1649—前1550），夏末商初政治家、思想家，商朝开国元勋。臣罔以宠利居成功，臣下不要凭仗恩宠和利禄而安居成功。宠利，恩宠和利禄。罔，无，没有。

④阿衡：商代官名，师保之官，相当于宰相，这里指伊尹。

⑤龟鉴：比喻可供人对照学习的榜样或引以为戒的教训。鉴，镜子。语出《周书·皇后传序》："夫然者，岂非皇王之龟鉴与？"

【今译】

担当托孤之职的臣子，等到托孤的幼主年长之后，则应当尽早将权力归还于君主而自己退避，才能使君主和大臣都能两全。伊尹说：臣下不要凭仗恩宠和利禄而安居于成功，是其身居阿衡的要职实践得来之言，也是万世大臣们引以为戒的镜鉴。

八八

【原文】

着眼高，则见理不歧。

【今译】

着眼于高处，则其所见之理不会迷于歧路。

八九

【原文】

当今之毁誉不足惧，后世之毁誉可惧。一身之得丧①不足虑，子孙之得丧可虑。

【注解】

①得丧：得失。

【今译】

当下的毁誉不足以畏惧，后世的毁誉应该畏惧。自己一人的得失不足为虑，子孙的得失应该思虑。

九〇

【原文】

已死之物，为方生之用①。既过之事，为将来之鉴。

【注解】

①"方生之用"出自《庄子·齐物论》："彼出于是，是亦因彼。彼是，方生之说也。虽然，方生方死，方死方生。"指为刚刚诞生的事物所用。

【今译】

已经死去的事物，能够为刚刚诞生的事物所用。已经过去的事情，能够成为将来的借鉴。

九一

【原文】

人看月，皆徒看也。须于此想宇宙无穷之概。〈乙亥中秋①月下录。〉

【注解】

①乙亥中秋：指文化十二年（1815）中秋。

【今译】

人们看月亮，都只是徒劳无获地看。需要于此处去想宇宙无穷无尽之梗概。〈文化十二年（1815）中秋月下录。〉

九二

【原文】

薄①于不得已而后发②诸外者，花也。

【注解】

①薄：迫近，靠近。

②发：花开放。

【今译】

被逼迫到不得已的状态后才绽放的，是花。

九三

【原文】

布置得宜①而不假安排者，山川也。

【注解】

①得宜：得其所宜，适当。

【今译】

布置得当而不需要假借安排的，是山川。

九四

【原文】

人须守地道①，地道在敬，顺承乎天而已。

【注解】

①地道：与天道相对应，出自《易经·坤卦》："阴虽有美，含之，以从王事，弗敢成也。地道也，妻道也，臣道也。地道无成而代有终也。"地道与天道相比是卑微的，凡事不以自身为先导，而是顺从于天道，一斋将地道此举称为"敬"。

【今译】

人须要遵守地道，地道在于"敬"，只是顺应承接天道罢了。

九五

【原文】

耳目口鼻，四肢百骸，各守其职以听乎心，是地顺乎天也。

【今译】

耳朵、眼睛、嘴巴、鼻子，乃至四肢百骸，各自守着自身的职能而听从于心的指挥，这也就是地顺应天的道理。

九六

【原文】

使地能承乎天者，天使之也，使身能顺于心者，心使之也，一也。

【今译】

地能够承载天，是天使它这样，身体能够顺应于心，是心使它这样，其中的道理是一致的。

九七

【原文】

举目百物，皆有来处，躯壳出于父母，亦来处也。至于心则来处何在，余曰，躯壳是地气之精英，由父母而聚之；心则天也，躯壳成而天寓焉。天寓而知觉生，天离而知觉泯，心之来处，乃太虚①是已。

【注解】

①太虚: 宇宙万物生成的根源。北宋理学家张载认为"太虚即气",提出其对世界本源的看法,认为"气"是宇宙万物的物质性本原,"太虚"是气的自然状态,其聚而为有形为万物,散而为无形即为"太虚"。这里一斋基本沿袭了这种观点。

【今译】

举目四望周围的万事万物,都有其来处,人的躯壳出自父母,也是其来处。至于心的来处在哪里,我认为,躯壳是地气的精英所结,由父母将其聚集起来;心即是天,当人的躯壳生成时天就寄居在那里。天如果寄居于此就会产生知觉,天如果离开知觉就会泯灭,心的来处,就是太虚。

九八

【原文】

气有自然之形,结成体质,体质乃气之聚也。气人人异,故体质亦人人不同。诸其所思惟运动,言谈作为,各从其气之所禀①而发之。余静而察之,小则字画工艺,大则事业功名,其迹皆如其气之所结而为之形。人之少长,从童稚之面貌而渐以长,既其长也,凡发迹于外者,推一气而条达②之,如体躯之长大不已也。故观字画工艺,若其所结构之堂室园池③,亦可以想见其人气象何如。

【注解】

①禀: 领受、禀受。
②条达: 指树木枝条向四方散开。
③结构之堂室园池: 原文为"结构堂室园池",属日式汉语,据中文表达习惯进行了更改。

【今译】

气有其自然的形体,结成体质,体质就是气的聚集。气人人不同,因而体质也人人不同。人的各种思考、运动、言谈和作为,各自从这个人禀受之气而产生。我静静地对其体察,发现小到字画工艺,大到事业功名,其迹象都如同其气所结成的形状。人有年少时年长时,都是从幼年的面貌而逐渐成长,已经长大之后,所有发出来的迹象,皆可推测为从一种气如树木枝条四散一般发展而来,如同躯体的不断长大。因而观赏字画工艺，如果看的是作者所构建的堂室园池，也可从中想象得出这个人的气象如何。

九九

【原文】

性同而质异。质异，教①之所由设也。性同，教之所由立也。

【注解】

①教：指教育。

【今译】

人的本性相同而气质不同。气质不同，是进行教育的缘由。本性相同，是教育得以成立的缘由。

一〇〇

【原文】

人君以社稷为重，而人伦①殊重于社稷。社稷可弃，人伦不可弃。

【注解】

①人伦：古时指人与人之间的关系，特指长幼尊卑之间的关系和应遵守的行为准则。以下几条所讲的人伦多数是指君主和百姓间的关系。

【今译】

君主应当以社稷为重，而人伦要更重于社稷。社稷可以抛弃，而人伦不可抛弃。

一〇一

【原文】

或疑成王周公①征三监②，非重社稷轻人伦乎？余谓不然。三叔助武庚以叛，是则叛于文武矣。为成王周公者，不为文武讨其罪，而故纵之以党③其恶乎？即仍是重人伦矣。

【注解】

①成王周公：成王是周武王之子，周朝的第二任皇帝，周公为其叔父、辅臣。

②三监：即下文中的三叔，周武王伐纣后，分封土地给纣王之

子武庚，以安置商之遗民，并派遣自己的三个弟弟管叔、蔡叔、霍叔对其进行监督，史称"三监"，此三人对于成王而言是其叔父，故又称"三叔"，后管叔、蔡叔、霍叔拥护武庚叛乱，成王派遣周公对他们进行了讨伐。

③党：结伙、组织。

【今译】

有人怀疑成王和周公征伐"三监"一事，难道不是重视社稷轻视人伦吗？我认为并不是这样。"三叔"帮助武庚背叛周朝，这样就已经是背叛了周文王和周武王。身为成王和周公怎么能不为自己的祖先周文王和周武王讨伐其罪，而故意放纵任其结伙为恶呢？即成王和周公仍然是以人伦为重。

一〇二

【原文】

谚云：祸自下起。余谓是亡国之言也，不可使人主误信之。凡祸皆自上而起，虽其出于下者而亦必有所致。成汤之诰①曰：尔万方②有罪，在予一人。为人主者，当监此言。

【注解】

①成汤之诰：殷商汤王的诰文，诰，古代帝王对臣子的命令。成汤之诰，载于《尚书·汤诰》。

②万方：万国，各地诸侯。

③监：察看，明察。

【今译】

有谚语说道：祸端都是自下而起的。我说这是亡国之言，不可以让君主误信它。凡祸端都是自上而起的，即便是自下而出也必然有其原因。成汤曾下诰命说：尔等各地诸侯如果有罪，都在我一人。任君主之职的人，应当明察此言。

一〇三

【原文】

征①止十一，则井田②也；经界不慢③，则井田也；深耕易耨④，则井田也；百姓亲睦，则井田也。何必拘拘⑤乎方里⑥九区，然后为井田哉。

【注解】

①征：指征税。

②井田：即井田制，中国古代土地制度，《孟子·滕文公上》中提到"方里而井，井九百亩，其中为公田，八家皆私百亩，同养公田"。

③经界不慢：出自《孟子·滕文公上》，"是故暴君污吏必慢其经界。经界既正，分田制禄可坐而定也"。经界不慢，即不轻视田地的界限，慢，有轻视之意。

④深耕易耨：出自《孟子·梁惠王上》，"王如施仁政于民，省刑罚，薄税敛，深耕易耨，壮者以暇日，修其孝悌忠信。"深耕易耨，指深耕细作，及时除草，比喻精心耕种。

⑤拘拘：拘泥貌。

⑥方里：一里见方的土地。

【今译】

征税止于十分之一，就是井田制；重视田地界限，就是井田制；精耕细作，就是井田制；百姓间亲近和睦，就是井田制。何必拘泥这一里见方的九块区域，然后才可称之为井田呢？

一〇四

【原文】

夏后氏①而来，人君皆传于子矣，是世其禄②也。人君既自世其禄，而使人臣独不得世其禄者，斯不亦为自私乎。故世禄之法，天下之公也。

【注解】

①夏后氏：指中国第一个世袭王朝夏朝君主的氏称。

②世其禄：世袭他的官禄。世，世袭。禄，本义为俸禄，这里指君位、官职。

【今译】

自从夏朝之后，君主都传位给自己的子嗣，这就是君位世袭。君主既然自己世袭君位，而他的大臣却不能够将职位世袭给后人，这不也是一种一己之私吗？所以世袭职位之法，是天下公有的。

一〇五

【原文】

天下事物，有理势^①不得不然者。学人或辄^②斥人事，目以无用。殊不知天下无无用之物，则亦无无用之事。其斥以为无用者，安知其不为大有用者乎。若辄一概以无用目之，则天之生万物，一何^③无用之多也。有不中材之草木，有不可食之禽兽虫鱼，天果有何用而生之，殆^④非情量^⑤所及。易曰，贲其须^⑥，须亦将何用。

【注解】

①理势：事理的发展趋势，情势。

②辄：就。

③一何：何其，多么。

④殆：大多数。

⑤情量：指个人的标准。

⑥贲其须：修饰他的胡须。贲，指修饰、修剪。

【今译】

天下的事物，有因为事物发展的自然趋势而不得不如此的。学习的人于是就排斥人事，视之为无用之物。殊不知天下没有无用之物，也没有无用之事。他们所排斥并认为无用的东西，又怎么知道这些东西是没有大用的呢？如果总是一概视之为无用之物，那么天生出万物来，无用之物是何其之多。有不适合用作木材的草木，有不可以吃的禽兽鱼虫，天到底因为什么用途而生出了这些事物，大都并非依个人意愿而如此。《易经》上说，修剪掉他的胡须，那么这胡须又将有什么用呢？

一〇六

【原文】

凡年间人事万端，算来十中七无用。但人处平世，心无所寄，则闲居为不善^①亦不少，今连贵贱男女，率为无用缠绵驱役以涉日，则念及不善者或少矣。此亦其用处，盖治安世界不得不然，亦理势也。

【注解】

①"闲居为不善"出自《大学》："故君子必慎其独也。小人闲居为不善，无所不至。"指无事可做而想着去做坏事。

【今译】

大抵一年之中的各种人事纷多杂乱，算一算其中十中有七是没有用的事情。但人处于和平之世，因无事可做而做不善之事的也不少，无论富贵贫贱男人女人，大都为没有用处的缠绵所驱使度日，却可能使想要去做不善之事的人变少。这也是其用处，因而太平世界也不得不这样，这也是自然的趋势。

一〇七

【原文】

欲知性之善，须先究为恶之所由。人之为恶，果何为也。非为耳目鼻口四肢乎。有耳目而后溺于声色，有鼻口而后耽于臭味，有四肢而后纵于安逸。皆恶之所由起也。设令躯壳去耳目鼻口打做一块血肉，则此人果何所为恶邪，又令性脱于躯壳，则此性果有为恶之想否，盍①试一思之。

【注解】

①盍：文言副词，何不，为什么。

【今译】

想要知道本性之善，须要先弄清楚为恶的由来。人之所以为恶，究竟为了什么呢？难道不是为了耳眼口鼻吗？有了耳朵和眼睛后沉溺于声音和颜色，有了鼻子和嘴巴后耽迷于香气和味道，有了四肢后放纵于安逸，都是恶的由来。假使可以令躯壳去掉耳眼鼻口而打回成一块血肉，那么这个人到底又有什么可以为恶呢？另外如果可以令人身体的各种属性离开躯壳，那么这些属性又是否会有为恶的念头呢？不妨试着去思考一下这个问题。

一〇八

【原文】

性禀诸天，躯壳受诸地，天纯粹无形，无形则通，乃一于善而已。地驳杂①有形，有形则滞，故兼善恶，地本能承乎天以成功者，如起风雨以生万物是也。又有时乎风雨坏万物，则兼善恶矣。其所谓恶者，亦非真有恶，由有过不及而然。性之善与躯壳之兼善恶亦如此。

【注解】

①驳杂：指混杂不纯，不纯净。

【今译】

人的性禀受于天，躯壳来源于地，天纯粹而无形，无形就可以通达，能够一以贯之地为善。地驳杂不纯而有形，有形则会有停滞，因而善恶都会有，地本来也能够承载天而成功，如同风雨起而万物生这样。有时候风雨也会破坏万物，那就是善恶都有了。这里所谓的恶，也并不是真的有恶，是因为过犹不及才这样。性的善于躯壳之兼具善恶也是如此。

一〇九

【原文】

性虽善而无躯壳不能行其善，躯壳之设①，本趋心之使役以为善者也。但其有形者滞，则既承乎心以为善，又有过不及而流于恶。孟子云：形色，天性也，惟圣人然后可以践形。②可见躯壳亦本无不善。

【注解】

①设：设立、存在。

②"形色，天性也。惟圣人然后可以践形。"出自《孟子·尽心上》，指形体和容貌，是天生的，只有圣人可以让自己的形体容貌的天性展现出来。践形，展现出天生品质。

【今译】

性虽然是善的，但没有躯壳则不能行使它的善，躯壳的存在，本来是要听从于心的驱使而使其成为善的，但有形的东西就会停滞，于是既有承受于心来成为善的地方，也有因过犹不及而流于恶的地方。孟子说：形体和容貌，是天生的，只有圣人可以让自己的形体容貌的天性展现出来。可见躯壳本来也是没有不善的。

一一〇

【原文】

人不能无欲①，欲能为恶。天既赋人以性之善者，而又必涵②之以恶者，天何不使人初无欲，欲果何用也。余谓欲者，人身之生气，膏脂精液之所蒸③也，无此而死。人身欲气四畅④，由九窍⑤毛孔而漏出，因使躯壳炽⑥其愿，所以流于恶也。凡生物不能无欲，唯圣人用其欲于善处耳。孟子曰：可欲之谓善⑦。孔子曰：从心所欲⑧。舜曰：俾予从欲以治⑨。皆就善处言之。

【注解】

①欲：本义感于物而动，欲求、欲望。

②溷：同混，混合、掺杂。

③蒸：本义指蒸发，引申指转化。

④四畅：阴、阳、刚、柔四气协调通畅。

⑤九窍：指人体耳眼鼻口及前后排泄孔窍。

⑥炽：本义为热烈旺盛，这里指热衷、迷恋。

⑦可欲之谓善：出自《孟子·尽心下》："可欲之谓善，有诸己之谓信。充实之谓美，充实而有光辉之谓大，大而化之之谓圣，圣而不可知之之谓神。"值得去欲求的东西称之为善。

⑧从心所欲：出自《论语·为政》"七十从心所欲不逾矩"，从心所欲，遵从内心的欲求。

⑨"俾予从欲以治"出自《尚书·大禹谟》："俾予从欲以治，四方风动，惟乃之休。"俾，使（达到某种效果），整句意思是使我依从于百姓的欲求来治理国家。

【今译】

人不能没有欲求，欲求使人为恶。天既然赋予人性以善的能力，却又将欲求之恶混入其中，上天为何不使人一开始就没有私人欲求，欲求究竟有何用呢？我认为，欲求是人身体的生气，由人体的膏脂、精液转化而来，没有了这些东西人就会死去。人身体的各种欲求之气协调通畅，通过人体的九个孔窍以及毛孔泄漏而出，因而使躯壳可以热衷于它的各种愿望，也因而流于恶。凡是生物就不能没有欲求，只有圣人可以将其欲求用于善的地方。孟子说：值得去欲求的东西称之为善。孔子说：遵从内心的欲求。舜说：使我依从于百姓的欲求来治理国家。这些都是在说欲求的好处。

【原文】

人身之生气，乃地气之精也。故生物必有欲，地兼善恶，欲亦有善恶。

【今译】

人身上的生气，是地气的精华。因而有生命之物必然有欲求，地同时兼有善和恶，欲求也有善和恶。

一一二

【原文】

草木之有生气而日畅茂①，是其欲也。从其枝叶之所长则欲漏②。故伐其枝叶，则生气反于根而干乃大。如人亦从躯壳之欲则欲漏，欲漏则神耗，不能灵也。故窒③欲于外，则生气畜④于内而心乃灵⑤，身亦健矣。

【注解】

① 畅茂：旺盛繁茂。
② 漏：泄漏，发泄。
③ 窒：阻塞、阻止。
④ 畜：同蓄，积、积聚。
⑤ 灵：聪慧、灵敏。

【今译】

草木因有生气而日渐旺盛繁茂，这是草木的欲求。遵循其枝叶的生产欲求就得以发泄。因而如果砍掉草木的枝叶，那么其生气就会返回到根部而枝干就会变得强壮。如果人也遵从躯壳的欲求则欲望发泄，欲望发泄后心神受到消耗，不能保持聪明灵敏。因而要将欲求阻挡在外，那么生气就能积聚在身体内部而人心也可聪明灵敏，身体也可强健。

一一三

【原文】

锅内之汤，蒸成烟气，气漏于外则汤减。人能窒欲，则心身并得其养亦如此。

【今译】

锅里的热汤，蒸发生成烟气，气漏出到外面后汤就减少。人如果能控制欲求，则身心都可以得到自身的滋养也是如此。

一一四

【原文】

近代赏孝子，赐金帛粟米以旌①之，于风励②颓俗之意则得矣。但其赏之，当原③诸孝子之心为可。孝子之心，爱亲之外无他念。其身之艰苦，且甘受之，况敢求名乎。故金帛粟米之赐，宜厚于其亲而薄于其子。盖非薄于其子，所以厚于其亲者，即所以厚于其子也。赏亲之辞曰：庭训④有素⑤。赏子之辞曰：能从庭训。如此则孝子之素愿⑥足矣。

【注解】

①旌：本义为旗帜，引申为表彰。

②风励：本义为委婉的言辞鼓励、劝勉，这里指教化勉励。

③原：推究、溯源。

④庭训：家训，本义指父亲的教诲，出自《论语·季氏》中孔子对其子孔鲤的庭训。

⑤有素：由来已久，一直如此。

⑥素愿：向来的愿望。

【今译】

近代以来赏赐孝子，赐其金帛粟米来进行表彰，对于教化劝勉颓废的风俗而言是可以的，但这种赏赐，应当是推究孝子的内心所想才可以。孝子的内心，除了爱自己的亲人外别无他念，他的身体所受的艰苦，也是他心甘情愿遭受的，哪里还想着追求名声呢。因而这些金帛粟米的赏赐，应该是用来厚待孝子的亲长而薄待孝子本人。这也并非薄待孝子，因为厚待孝子的亲长，也就是厚待了孝子。奖赏孝子亲长的言辞为：一直以来教诲厚待有方。奖赏孝子的言辞为：能遵从父辈的教诲。这样孝子一直以来的愿望也得到了满足。

一一五

【原文】

孝名之著，必由于贫窭①艰难，疾病变故，则凡有孝名者，率②不幸人也。今若徒厚赐于孝子而不及于亲，则于为孝子者，几乎资③其家之不幸以博赏徼名④也。其心恐有所不安，且凡称人之善，当必本其父兄，如此则不独劝其孝弟⑤，而并以劝其慈⑥友，可谓一举而两得之。

【注解】

①贫窭：贫穷。

②率：大抵、大概。

③资：资助，凭借。

④徼名：徼，求。邀功求名。

⑤孝弟：即孝悌，孝敬父母，敬爱兄长。

⑥慈：慈爱、和善。

【今译】

孝的名声之所以昭显出来，必定是由于贫穷艰难或疾病变故，所以凡是有孝的名声的人，大抵是不幸之人。如今如果只是厚赐于孝子而不恩泽于其亲长，则对于孝子而言，几乎相当于是凭借家中的不幸而博得赏赐获得名声。他的内心恐怕也有不安，而且凡是称道一个人的善，必须以他的父兄为本，这样就不仅仅是劝人孝顺尊敬长辈，而是可以同时劝他和善地对待朋友，可谓是一举而两得。

一一六

【原文】

古今以舜为大孝人，舜固大孝矣，然余为舜不愿称此名。舜果为孝子欤，闻其有此名，必将竦然①惴惧②，不翅③肤受砭刺。盖舜之孝名，由瞽瞍④之不慈而显，使瞽瞍为慈父，则舜之孝亦泯然⑤无迹，此固其所愿也，乃不得然。故舜只忧苦百端，负罪引慝⑥，为父隐之，思己宁得不孝之谤，而不使亲之不慈暴白⑦。然而天下后世论已定，推舜以为古今第一等孝子，而目瞽瞍以为古今第一等不慈，夫舜之孝名不可磨灭，则瞽瞍之不慈亦不可磨灭，使舜知之，必有不胜⑧痛苦者，故曰为舜不愿称此名。

【注解】

①竦然：惊惧貌。

②惴惧：惊恐。

③不翅：不啻。翅通"啻"，不仅，不止。

④瞽瞍：舜的父亲。

⑤泯然：完全符合貌。

⑥引慝：承认罪过。慝，罪恶、罪过。
⑦暴白：暴露。
⑧不胜：承受不住、承担不了。

【今译】

古今都认为舜是大孝之人，舜固然是大孝的，但我认为舜不愿意被人称道有这样的名声。舜如果真是孝子，听到自己有这样的名声，必然惊惧而惶恐，不啻于用砭针来刺他的身体。因为舜的孝名，是由于他的父亲瞽瞍的不慈而得以凸显，如果瞽瞍是慈父，那么舜的孝名也就完全不会有了，这也确实是舜本来的愿望，但没能实现。舜因此而遭受各种忧愁苦恼，想要负罪认错，为父亲隐去不慈之名，想着宁可自己遭受不孝的诽谤，也不想使父亲不慈之名显露出来。然而天下后世已经形成了一种定论，推崇舜为古今第一等孝子，而其父瞽瞍则成了古今第一不慈之父。因为舜的孝名不可磨灭，那么瞽瞍的不慈之名也就不可磨灭，假使舜知道了这些，必定会产生无法承受的痛苦，因而说舜不愿意被人称道有这样的名声。

一一七

【原文】

上古之时无人君，无百官有司①，人各食其力以为生，殆与禽兽等耳。当是之时，强凌弱，众暴寡，有不得遂其生者。其间有才德出于众者，则人必有来控②以情，请宰断③者，于是，往而为理解之。强者众者，屈④其直⑤而服于其义，不敢复凌暴，弱者寡者，因以得遂其生。如此者渐多，遂至于群然来控，不能自食其力，势不得不拒绝。于是，众必相议曰：微是人，患复作，盍各出衣食以给之，使是人无复食力之劳，则必能为我肯⑥专任之。众议乃谐，以是再请，才德者果诺之，是则君长之始，而贡赋之所由起也。如是者彼此有之，其间又有才德大卓越乎众者，次者亦皆来听命焉，推而上之，以第一等才德者置诸第一等地位，乃亿兆之君师⑦是也。孟子所谓得乎邱民⑧而为天子，意亦与此类。

【注解】

①有司：指主管某部门的官吏，泛指官吏，出自《礼记·儒行》。
②控：控告，申诉。

③宰断：裁断。

④屈：降服、服从。

⑤直：公正、正直。

⑥肯：应允，同意。

⑦"亿兆之君师"出自朱熹《大学章句·序》："则天必命之以为亿兆之君师，使之治而教之。"指天下终生的君主，天子。

⑧"得乎邱民"出自《孟子·尽心上》："民为贵，社稷次之，君为轻。是故得乎丘民而为天子，得乎天子为诸侯，得乎诸侯为大夫。"邱民即丘民，引申指万民，得乎邱民，即赢得万民拥护。

【今译】

上古的时候没有君王，没有各种官吏，人们各自靠自己的力量谋求食物得以生存，基本上与野兽无异。当这样的时代，强者欺凌弱者，人多的欺压人少的，人们不能够保证生命的安全。这时候有才能和德性出众的人出现，则必定会有人来向他申诉自己的状况，请他来进行裁断。于是，人们都来到他这里欲寻求了解。强者人多者都屈服于他的正直而服从于他的仁义，不敢再去施暴欺凌他人，弱小者也得以保全他们的生命。这样的人越来越多，以至于成群结队地来找这样的人申诉，这种人于是不能够有充足的时间来养活自己，于是不得不拒绝众人。于是，众人相互商议说：如果没有这样的人，忧患会反复发生，大家何不各出衣物食品来供养他，使这样的人不必再为养活自己而操劳，那么他必然能够应允为我们专门担任这样的工作。众人商议妥当之后，以所谈内容再次向他请求，有才德的人果然答应了，这就是君王的起始，进贡和赋税也是从这时开始的。这样的人不断出现，在此期间又有才能德性远超众人者出现，不如他的人也来听命于他，推举他到上位，凭借第一等才能德性被安置到了第一等的地位上，这就是亿万人的君王。孟子所说的赢得万民拥护即是天子，其意思也与此类似。

一一八

【原文】

欲为世间第一等人物，其志不小矣。余则以为犹小也。世间生民虽众而数有限，兹事恐非难济①。如前古已死之人，则几万倍于今。

其中圣人贤人英雄豪杰，不可胜数。我今日未死，则似稍出头人。而明日即死，辄②忽入于古人箓③中，于是，以我所为，校诸古人，无足此数者，是则可愧矣。故有志者，要当以古今第一等人物自期焉。

【注解】

①难济：难以完成、结束。

②辄：立即，就。

③箓：簿籍、名录。

【今译】

想要成为世间第一等人物，其志向可谓不小。而我则认为这种志向仍然是小的。世间百姓虽多但其数量依旧有限，成为世间第一等人物这件事恐怕也并非难以完成。如果将古时已经死去的人也计算在内，人数将几万倍于当今在世之人，其中的圣人、贤人、英雄豪杰更是不可胜数。我们今日还在世，似乎稍微比众人出头，但如果明日死去，就会立刻被计入与古人同列的籍录当中，于是以我的所作所为，和古人相比，是不足以被计算在内的，这样的事是令人羞愧的。因而有志向的人，要以成为古今第一等人物自期。

一一九

【原文】

士当恃①在己者，动天惊地极大事业，亦都自一己缔造。

【注解】

①恃：依赖、依靠。

【今译】

士人应当依靠自己，惊天动地的极大事业，也都凭一己之力来缔造。

一二〇

【原文】

丧①己，斯②丧人。丧人，斯丧物。

【注解】

①丧：丢失、失去。

②斯：则，就。

【今译】

丧失了自己,也就丧失了他人。丧失了他人。也就丧失了万物。

一二一

【原文】

士贵于独立自信矣,依热附炎①之念不可起。

【注解】

①依热附炎:即趋炎附势。

【今译】

士人贵在独立而自信,趋炎附势的念头不可起。

一二二

【原文】

有本然①之真己,有躯壳之假己,需要自认得。

【注解】

①本然:本来。

【今译】

有本来的真我,有躯壳的假我,都需要自己认得。

一二三

【原文】

人方少壮时,不知惜阴。虽知不至太惜,过四十以后,始知惜阴,既知之时,精力渐耗。故人为学,需要及时立志勉励,不则百悔亦竟无益。

【今译】

人在刚刚少壮之时,不知道珍惜光阴。虽然不至于十分惋惜,可过了四十岁以后,才开始知道珍惜光阴,已经知道的时候,精力也开始逐渐不足。因此人做学问需要及时立志而勤勉不懈,否则百般后悔也再无用。

一二四

【原文】

云烟，聚于不得已；风雨，洩①于不得已；雷霆，震于不得已。斯可以观至诚之作用。

【注解】

①洩：同泄。

【今译】

云烟，聚到一起是出于不得已；风雨，倾斜而出也是出于不得已；雷霆，震响而出也是出于不得已。从中可以看出至诚的作用。

一二五

【原文】

动于不可已之势，则动而不括①。履②于不可枉③之途，则履而不危。

【注解】

①括：捆束、结扎，这里指控制、约束。

②履：走，走过。

③不可枉：枉，弯曲，不可枉即没有弯曲、笔直。

【今译】

在不得不动的趋势下动，这种动也就不必控制了。行走在没有弯曲的笔直的路上，则可以行走而没有危险。

一二六

【原文】

周官有食医①，掌饮食。饮食，须视为常用药饵耳。"食不厌精，脍不厌细"②，即是制法谨严意思。食饐③而餲④，鱼馁⑤而肉败，不食。色恶，不食。臭恶，不食。即是药品精良意思。肉虽多不使胜食气⑥，即是君臣佐使⑦分量意思。

【注解】

①食医：周朝官名，掌调药、饮食之职。

②食不厌精，脍不厌细：出自《论语·乡党》，粮食越精致越好，肉类切得越细越好。下文"食饐而餲，鱼馁而肉败，不食。色恶，不食。

臭恶，不食"也出自《论语·乡党》。

③馎：食物腐败发臭。

④餲：食物经久而变味。

⑤馁：指鱼腐烂变质。

⑥食气：即食器。

⑦君臣佐使：原指君主、臣僚、僚佐、使者四种人分别起着不同的作用，后指中药处方中的各味药的不同作用。

【今译】

周朝有一种官职名为食医，掌管饮食。饮食，须将其看作是常用的药和药饵。"粮食越精致越好，肉类切得越细越好"，就是在说食物的制作方法应该严谨的意思。饭食腐败发臭、鱼肉腐坏变质，不吃。颜色变坏，不吃。味道变臭，不吃。就是药品要精良的意思。肉虽然多也不要多于食器中的饭食，这也就是中药处方中君、臣、佐、使等各种用药分量不同的意思。

一二七

【原文】

圣人，如强健无病人；贤人，如摄生①慎病②人；常人，如虚羸③多病人。

【注解】

①摄生：保养身体、持养生命。摄，养义。

②慎病：指不易生病。

③虚羸：虚弱。

【今译】

圣人就像强健而不生病的人；贤人，就像养生而不易生病的人；常人，就像虚弱多病的人。

一二八

【原文】

身恒病者，不觉其痛，心恒病者，亦不觉其痛。

【今译】

身体一直生病，就习惯于感觉不到这种病的痛，人心一直生病，也同样习惯于感觉不到心病之痛。

一二九

【原文】

需①，雨天也，待则霁②，不待则沾濡③。（古文作"上雨下天"。丙子正月④录。）

【注解】

①需：《易经》卦名，雨云在天之象，也有雨将至或待雨停之意。
②霁：指雨停止。
③沾濡：沾湿、淋湿。
④丙子正月：文化十三年（1816）一月，时年佐藤一斋四十五岁。

【今译】

需字，是雨天之意，等待就会变成雨停之意的"霁"，不等待则会被雨水淋湿。["需"字古文中写作"上雨下天"。文化十三年（1816）一月录入。]

一三〇

【原文】

急迫败事，宁耐①成事。

【注解】

①宁耐：亦作"宁奈"，忍耐。《朱子语类》卷七十："以刚遇险，时节如此，只当宁耐以待之。且如涉川者，多以不能宁耐致覆溺之祸。"

【今译】

急迫会败事，忍耐则可以成事。

一三一

【原文】

茫茫宇宙，此道只是一贯①。从人视之，有中国，有夷狄②；从天视之，无中国，无夷狄。中国有秉彝③之性，夷狄亦有秉彝之性；中国有恻隐、羞恶、辞让、是非之情④，夷狄亦有恻隐、羞恶、辞让、是非之情；中国有父子、君臣、夫妇、长幼、朋友之伦⑤，夷狄亦有父子、君臣、夫妇、长幼、朋友之伦。天宁有⑥厚薄爱憎于其间，所以此道只是一贯。但汉土古圣人发挥此道者独先，又独精，故其言语文字足以兴起⑦人心，而其实则道在于人心，非言语文字之所能尽。若谓道独在于汉土文字，则试思之，六合⑧内同文之域凡有几，而犹有治乱⑨。其余横文之俗⑩，亦能性其性，无所不足，伦其伦，无所不具，以养其生，以送其死，然则道岂独在于汉土文字已乎，天果有厚薄爱憎之殊云乎。

【注解】

①此道只是一贯：出自《论语·里仁》中孔子语"吾道一以贯之"。

②夷狄：泛指除华夏以外的各族，异族。夷，指东方异族，狄指北方异族。

③秉彝：持执常道、把握常规。彝，常道、常规。

④恻隐、羞恶、辞让、是非之情：出自《孟子·公孙丑上》，即所谓"四端"。

⑤父子、君臣、夫妇、长幼、朋友之伦：出自《孟子·滕文公上》，即所谓"五伦"。

⑥宁有：岂有。宁，岂、难道。

⑦兴起：因感动而奋起。《孟子·尽心下》："奋乎百世之上，百世之下，闻者莫不兴起也。非圣人而能若是乎？"

⑧六合：天地及四方通称六合，指整个世界。

⑨治乱：安定与动乱。

⑩横文之俗：横着书写文字的习俗，指西洋国家。

【今译】

茫茫宇宙，这所谓的"道"只是一以贯之。从人的角度看，有中国，有夷狄等异族；从天的角度看，没有中国，也没有异族。中国有把握常规之性，异族也有把握常规之性；中国有恻隐、羞恶、辞让、是非之情，异族也有恻隐、羞恶、辞让、是非之情；中国有父子、君臣、夫妇、长幼、朋友等伦常，异族也有父子、君臣、夫妇、长幼、朋友等伦常。天难道在中国和异族之间还有厚薄爱憎之分吗？所以这所谓的"道"，在各国都是一以贯之的。但汉土中国古时有圣人独自先发挥此"道"，又独自精于此，因而其语言文字足以使人心振奋而起，而其实的情况是"道"在于人心，并非语言文字所能全部描绘。如果说"道"只在中国的文字中，那么试想一下，全世界有几个国家文字是完全相同的？而这些国家之中也有安定与动乱。其余有着横着书写文字习俗的国家，也能够以其性为性，而没有什么不足，也能以其伦常为伦常，而没有什么不周全，同样有在颐养其生命，同样有在进行生死别离。那么"道"难道只独自存在于中国的文字中吗？天果真有厚薄爱憎的差别之说吗？

一三二

【原文】
圣人安死，贤人分①死，常人畏死。

【注解】
①分：事物的限度，引申为固定、注定。

【今译】
圣人对于死亡是安然超脱的，贤人将死亡视作注定之事，常人畏惧死亡。

一三三

【原文】
贤者临殁①，见理当然以为分，耻畏死而希安死，故神气②不乱，又有遗训，足以耸听③，而其不及圣人，亦在于此。圣人平生言动无一非训，而临殁未必为遗训，视死生真如昼夜，无所着念。

【注解】
①殁：同殁，死亡。
②神气：这里指精神气息。
③耸听：原义指故意夸大其词，使人震惊。这里指留下令人震惊的言论。

【今译】
贤者面临死亡时，明白这是理所当然之事而以其为注定之事，以畏惧死亡为耻辱，而希望能够安然超脱于死亡，因而他的精神气息没有乱掉，又会留有遗训，足以使听者震惊，而其不如圣人的地方也在于此。圣人平生的言语行为无一不是训诫，而临死之际未必要留下遗训，而是将生死看做如同白天和黑夜一般平常，没有什么执着之念。

一三四

【原文】

尧舜文王其所遗典谟训诰①，皆可以为万世法，何遗命如之。至于成王顾命②，曾子善言③，贤人分上④自当如此已，因疑孔子泰山之歌⑤，后人假托为之，檀弓⑥叵信⑦多此类，欲尊圣人而却为之累。

【注解】

①典谟训诰：指《尚书》中的《尧典》《大禹谟》《汤诰》《伊训》等篇的并称。

②成王顾命：周成王的遗命，载于《尚书·顾命》。

③曾子善言：指《论语·泰伯》中曾子所说的"人之将死，其言也善"一句。

④分上：分，指分限，能力所至，分上指从贤人的能力而言。

⑤孔子泰山之歌：指《礼记·檀弓上》中孔子临终前作《曳杖歌》的典故，原文为："孔子蚤作，负手曳杖，消摇于门。歌曰："泰山其颓乎，梁木其坏乎，哲人其萎乎"。

⑥檀弓：指《礼记·檀弓篇》。

⑦叵信：不可信。

【今译】

尧、舜、周文王等圣人所留下的《尧典》《大禹谟》《汤诰》《伊训》等篇章，都可以作为万世之法度，没有其它遗命可以与之相提并论。至于周成王的《顾命篇》，曾子所说的"人之将死，其言也善"，以他们作为贤人的能力而言自当如此，因而有人怀疑孔子临终前所作泰山之歌是后人假托创作的，《礼记·檀弓篇》中有多处类似不可信之处，想要尊崇圣人却又连累了圣人。

一三五

【原文】

常人平素无一善可称，而偶有及病笃，自知不起，遗嘱不乱，如贤者之为者，此则临死一节①似可取，然一种死病证候②或有致然，是亦不可不知

【注解】

①临死一节：指在临终的节点上。

②死病证候：死病，指不治之症。证候，即症候，中医中的专用术语，指一系列有相互关联的症状总称。死病证候，指不治之症的症候，这里指普通人临死前如同贤人一般的言论有可能是一种由于生病所导致的胡话。

【今译】

普通人平常乏善可陈，而偶然得病之后，自己知道将卧床不起，有条不紊地留下遗嘱，如同贤人的所作所为一般，这看似在临死这一节点上是值得称道的，但有一种不治之症的症状也是这样，这一点也是不可不知的。

一三六

【原文】

气节之士，贞烈之妇，其心有所激，敢不畏死，分死者之次也。血气之勇轻死，狂惑①之夫甘死，则下于畏死者。又如释老之徒，处死颇有自得，然其学毕竟亦由畏死而来。独极大老人生气全尽，溘然②无病以终者，则与安死者无异耳。

【注解】

①狂惑：精神错乱、疯癫。
②溘然：忽然、突然，又指忽然去世。

【今译】

有气节的士人，贞烈的妇人，他们的内心有所被激动之处，而敢于不畏惧死，是仅次于将死亡视为注定之事的贤人的。有气血之勇的人轻易赴死，精神错乱的人心甘情愿地去死，则还不如畏惧死亡的人。又如信佛老之徒，对待死亡似乎很有自己的心得，但是他们所学的其实是由于害怕死而学。只有年龄极大的老人生气全部耗尽，突然无疾而终，才与安然面对死亡的圣人没有不同。

一三七

【原文】

生物皆畏死，人其灵①也，当从畏死之中，拣出不畏死之理，吾思我身天物也，死生之权在天，当顺受之。我之生也，自然而生，生时未尝知喜矣，则我之死也，应亦自然而死，死时未尝知悲也。

天生之而天死之，一听乎天而已，吾何畏焉，吾性即天也，躯壳则藏天之室也，精气之为物也，天寓于此室，游魂之为变也②，天离于此室，死之后，即生之前，生之前，即死之后。而吾性之所以为性者，恒在于死生之外，吾何畏焉，夫昼夜一理，幽明③一理，原始反终，知死生之说④，何其易简⑤而明白也，吾人当以此理自省焉。

【注解】

①灵：指杰出而有灵性者，灵长。"人其灵也"一句出自《尚书·泰誓上》中"唯天地万物之母，唯人万物之灵"一句。

②精气之为物也……游魂之为变也：出自《周易·系辞上》"精气为物，游魂为变，是故知鬼神之情状"。即精气凝聚为物，气散而变为游魂。

③幽明：黑暗和光明。出自《周易·系辞上》："仰以观于天文，俯以察于地理，是故知幽明之故"。

④原始反终，知死生之说：追溯开始回顾终结，可以了解生死之说。出自《周易·系辞上》："原始反终，故知死生之说。"

⑤易简：即简易。出自《易经·系辞上》："易简，天下之理得矣；天下之理得，而成位乎其中矣。"

【今译】

有生命之物都畏惧死亡，人是其中灵长，应当从对死亡的畏惧中，拣出能够不畏惧死亡之理，我思虑我的身体属于上天，生死的权利也在于天，应当顺从接受。我的出生，是自然而然地出生，出生的时候并不知道什么是欢喜，那么我的死也应当是自然而然地死去，死的时候也不曾知道有悲伤可言。天生我也是天亡我，一切听命于天，我有什么可畏惧的呢？我的天性就是天，躯壳就是用于藏天的屋室，精气之所以可以转化为物，是因为天寄居在这样的屋室里，成为游魂所发生的变化，也就是天离开了这间屋室，死之后，也就是生之前，生之前，也就是死之后。而我的天性之所以是天性，是因为它永远处于生死之外，我有什么可畏惧的呢？生死就和昼夜、明暗是同一道理，追溯万物的开始，回顾万物的终结，就可以了解生死之说，这是何其简易明白，我们应当通过这些道理来自省。

一三八

【原文】

畏死者,生后之情也,有躯壳而后有是情,不畏死者,生前之性也,离躯壳而始见是性,人须自得不畏死之理于畏死之中,庶乎①复性②焉。

【注解】

①庶乎:庶几乎。近似,差不多。

②复性:恢复本来的天性。儒家认为学的目的在于复其本性,朱熹《大学章句序》中的"盖自天降生民,则既莫不与之以仁义礼智之性矣。然其气质之禀或不能齐,是以不能皆有以知其性之所有而全之也。一有聪明睿智能尽其性者出于其间,则天必命之以为亿兆之君师,使之治而教之,以复其性",是较为全面的论述说明。

【今译】

畏惧死亡,是人出生后产生的情感,有了躯壳之后才有了这种情感,不畏惧死亡,是人出生之前的天性,离开躯壳才能见到这种天性,人须要在对死亡的畏惧中找到不畏惧死亡的道理,近似恢复本来的天性。

一三九

【原文】

亡灵现形,往往有之。盖其人于未死之时,或切①思慕,或极愤恨,气既凝结遍身,身虽死而气之凝结者不散,因或为祟②为厉③。然聚者无不散之理,譬犹冬月贮水于器,冻冱④成冰,器虽毁而冰尚存,终亦不能不澌⑤尽。

【注解】

①切:深,深切。

②祟:鬼神作怪害人。

③厉:恶鬼。

④冱:水因寒冷而冻结。

⑤澌:尽义,澌灭,消失干净。

【今译】

亡灵现形的事常常会发生。是因为人在未死之时,或者深切思慕,或者极度愤恨,其气已经凝结于全身,身体虽然死去而气却凝结不散,因而有时会作祟成为厉鬼。然而聚在一起的东西没有不散的道理，就如同十一月里将水装到容器里，会冻结成冰，容器即便毁坏了冰仍然存在，但终究不能不消失殆尽。

一四〇

【原文】

方读经时，须把我所遭人情事变做注脚，临处事时，则须倒把圣贤言语做注脚，庶乎事理融会，得见①学问不离日用意思。

【注解】

①得见：原文作"见得"，依据中文习惯改为"得见"，可以见到。本句多用口语化表达，如"把我""倒把"等。

【今译】

刚开始读经时，须把自己所经历的人情世故变成注脚，将要处理事务时，则须倒过来把圣贤说的话做自己的注脚，这就近似于事和理的融会贯通，才能看明白学问离不开日用的含义。

一四一

【原文】

一部历史，皆传形迹①，而情实②或不传，读史者须要就形迹以讨出情实。

【注解】

①形迹：这里指外在的迹象，不一定为实事。
②情实：实情，真相。

【今译】

一部史籍，所传达的只是外在的迹象，而其中真相可能并未传达，读史的人须要从各种迹象中追讨出真相。

一四二

【原文】

吾方读书，一想古昔圣贤豪杰体魄①皆死，则俯首感怆②，一想圣贤豪杰精神尚存，则闭眼愤兴③。

【注解】

①体魄：身体和魂魄。魄，指掌控肉身之灵，魂，指掌控精神之灵。

②感怆：感慨悲伤。

③愤兴：奋兴、奋起。

【今译】

当我读书时，一想到往昔圣贤豪杰身体魂魄皆已死去，就会低下头而感慨悲伤，一想到圣贤豪杰的精神仍然存在，就会闭着眼睛振奋而起。

一四三

【原文】

古往历史，是现世界，今来世界，是活历史。

【今译】

往昔的历史，也是现在的世界，如今所面临的世界，是活着的历史。

一四四

【原文】

博闻强记①，聪明横②也，精义入神③，聪明竖④也。

【注解】

①博闻强记：形容见闻广博，记忆力强。出自《礼记·曲礼上》："博闻强识而让，敦善行而不怠，谓之君子。"

②横：宽度，幅度。

③精义入神：领悟义理的精微之处，达到神妙的境地。语出《周易·系辞下》："精义入神，以致用也。"

④竖：纵，纵深。

【今译】

见闻广博、记忆力强决定了聪明智慧的幅度范围，领悟义理的精微之处，达到神妙的境地，决定了聪明智慧的纵深。

一四五

【原文】

有一耆宿①好读书,除饮食外,手不释卷,以至于老,人皆称笃学②。以余视之,恐不济事③,渠心常常放在书上,不收在腔子④里。人五官之用,须均齐役之,而渠精神崏注⑤于目,目偏受其劳,而精神亦从昏聩,如此则虽能看收,而决不能深造自得,便只是⑥放心⑦。且如孔门之教,自终食至造次颠沛,不敢违仁⑧,试思渠一生手不释卷,放心如此,能不违仁否。

【注解】

①耆宿:指年老资深德高望重之人。

②笃学:指专心好学。出自《论语·泰伯》。

③济事:能成事。

④腔子:胸腹;躯体。宋儒常用语,如《二程遗书》卷七:"心要在腔子里。"

⑤崏注:同专注。

⑥只是:原文作"除是",据中文表达习惯做了修改。

⑦放心:指失去本心。出自《孟子·告子上》:"仁,人心也;义,人路也。舍其路而弗由,放其心而不知求,哀哉!人有鸡犬放,则知求之;有放心,而不知求。学问之道无他,求其放心而已矣。"

⑧"自终食至造次颠沛,不敢违仁"出自《论语·里仁》:"君子无终食之间违仁,造次必于是,颠沛必于是。"指君子在一顿饭之时、匆忙之时、颠沛困顿之时没有一刻有违仁道。

【今译】

有一位年老而德高望重之人喜好读书,除了吃饭时间外,手不释卷,一直到老年都是这样,人们称他是专心好学之人。我看这个人,恐怕不能成事。他的心常常放在书上,而不是收进自己的身体里。人的五官发挥作用,需要对其进行均等的役使,而他的精神专注于眼睛,眼睛过多地受到他地劳役,精神也就跟着昏聩,像这样虽然能够看在眼里,但决不能深入创造有所自得,这就只是失去本心。而且如孔门的教导,君子哪怕是一顿饭的时间或者是匆忙之时、颠沛困顿之时都不会违背"仁"之道,试想一下他一生手不释卷,失去本心已经到如此地步,能不有违于仁吗?

一四六

【原文】

孔门诸子,或訚訚如,或行行如,或侃侃如①,气象何等刚直明快,今之学者,终岁为故纸陈编②所驱役,神气奄奄不奋,养成一种衰飒③气象,与孔门诸子霄壤。

【注解】

①"或訚訚如,或行行如,或侃侃如"出自《论语·先进》:"闵子侍侧,訚訚如也;子路,行行如也;冉有、子贡,侃侃如也。子乐。'若由也,不得其死然。'"訚訚,中正貌。行行,刚强貌。侃侃,和乐貌。

②故纸陈编:古旧书籍。

③衰飒:衰落萧索,颓废失落。

【今译】

孔门诸子,有人中正,有人刚强,有人和乐,气象何等刚直明快,如今的学习者,常年被古书旧典所累,神气奄奄一息而不振作,养成一种衰弱颓废的气象,与孔门诸子有天壤之别。

一四七

【原文】

伯鱼趋庭,始闻诗礼,①时年盖已过二十,古者易子而教之,则伯鱼必既从学矣,而趋庭之前未闻诗礼,所学者何事?陈亢亦喜于问一得三,则似前此未学诗礼,此等处学者宜深思之。

【注解】

①"伯鱼趋庭,始闻诗礼"出自《论语·季氏》:"陈亢问于伯鱼曰:'子亦有异闻乎?'对曰:'未也。尝独立,鲤趋而过庭,曰:"学《诗》乎?"对曰:"未也。""不学《诗》,无以言。"鲤退而学《诗》。他日,又独立,鲤趋而过庭,曰:"学《礼》乎?"对曰:"未也。""不学《礼》,无以立。"鲤退而学《礼》。闻斯二者。'陈亢退而喜曰:'问一得三,闻《诗》,闻《礼》,又闻君子之远其子也。'"这里指孔子的儿子,从庭前小跑而过,才从孔子那里听到了要学习《诗》和礼。

【今译】

孔子的儿子伯鱼从庭前小跑而过,才从孔子那里听到了要学习《诗》和礼,伯鱼当时的年纪已过二十,古时互相交换教育别人的儿子,从中可知伯鱼当时必定已经跟随他人在学习了,而在"趋庭"这一典故之前未曾听说过《诗》和礼,那么他所学习的是什么呢?陈亢也高兴于自己问了一个问题学到了三种知识,但这里却可以看出伯鱼此前未曾学习过《诗》和礼,这样的地方学习的人应该深入思考。

一四八

【原文】

取信于人难也,人不信于口而信于躬①,不信于躬而信于心,是以难。

【注解】

①躬:亲自实行。

【今译】

取信于人是难的,人们不相信所说的话而相信实际行为,不相信实际行为而相信本心,所以难。

一四九

【原文】

临时之信,累功于平日,平日之信,收效①于临时。

【注解】

①收效:取得效果。

【今译】

得到临时的信任,归功于平日的积累,平日的信任,也依靠临时的信任所取得的效果。

一五〇

【原文】

信孚①于上下,天下无甚难处事。

【注解】

①孚:根据《日本思想大系46:佐藤一斋 大盐中斋》中的解释,

这里为覆盖、普遍存在之意。

【今译】

信任如果能在上上下下的人们之间普遍存在，天下就没有什么难以处理的事情了。

一五一

【原文】

责善①，朋友之道也。只须恳到切至以告之，不然，徒资口舌以博责善之名，渠不以为德，却以为仇，无益也。

【注解】

①"责善"出自《孟子·离娄下》："责善，朋友之道也。"指依据善相互责备。

【今译】

依据善相互责备，是成为朋友之道。只须足够诚恳关切地告诉他，不这样，只是徒劳的通过言语博得以善相责的虚名，对方不以之为德性，却将其当做仇恨，没有益处。

一五二

【原文】

畜厚而发远，诚之动物，自慎独①始。独处能慎，虽于接物时不太着意，而人自改容起敬。独处不能慎，虽于接物时着意恪谨②，而人亦不敢改容起敬，诚之畜不畜，其感应之速已如此。

【注解】

①慎独：出自《大学》第六章、《中庸》第一章中的"君子其慎独"。指在闲居独处无人监督之时，更须谨慎从事。

②恪谨：恭谨。

【今译】

积蓄厚重其表现才能久远，诚之所以能够打动他物，是从慎独开始的。独处时能够谨慎，虽然在待人接物时可能不太在意，而他人却自然会正色对他产生敬意。独处时不能做到谨慎，虽在待人接物时着意于表现出恭谨，而他人也不会对他正颜色并产生敬意，诚的积蓄与否，其感应之迅速已经达到如此程度了。

一五三

【原文】

意之诚否,须于梦寐中事验之。

【今译】

是否做到了诚意,须要通过睡梦中发生的事情来对其进行检验。

一五四

【原文】

不起妄念,是敬,妄念不起,是诚。

【今译】

不产生妄念,是敬,妄念不会产生,是诚。

一五五

【原文】

敬能截断妄念,昔人云,敬胜百邪①,白邪之来,必有妄念,为之先导。

【注解】

①敬胜百邪:出自《二程遗书》第十一卷,指敬可以战胜各种邪恶。

【今译】

敬能够截断妄念,过去有人说,敬可以战胜各种邪恶,各种邪恶之所以产生,必定是因为有妄念成为这些邪恶的先导。

一五六

【原文】

一个敬生许多聪明,周公曰:汝其敬,识百辟享,亦识其有不享。①既已道破。

【注解】

①汝其敬,识百辟享,亦识其有不享:出自《尚书·洛诰》,是周公对成王所说的话,意为"你如果做到了敬,就能识别诸侯朝贡中的差异,也能够识别没有重视的朝贡"。

【今译】

一个敬字可以生出许多聪明智慧,周公说:如果做到了敬,就能识别诸侯朝贡中的差异,也能够识别没有重视的朝贡。就已经道破了其中的缘由。

一五七

【原文】

敬则心精明。

【今译】

敬可以使心精明。

一五八

【原文】

修己以敬,以安人,以安百姓,①一是天之流注于心②。

【注解】

①修己以敬,以安人,以安百姓:出自《论语·宪问》,含义为用敬来让自己修身,修身可以安人,修身可以安百姓。

②天之流注于心:原文作"天心流注",依据中文习惯进行了调整修改。佐藤一斋主张"心即天",诚是天流入到人心而产生的。

【今译】

用敬来让自己修身,可使他人安,可以使百姓安,均是天流注于人心。

一五九

【原文】

勿错认敬做一物,放在胸中,不但不生聪明,却窒聪明,即是累。譬犹肚中有块,气血为之涩滞①不流,即是病。

【注解】

①涩滞:不通畅。

【今译】

不要错把敬当成是一种物件,放在胸中,不但不能生出聪明,反而会使聪明被阻塞,也就是连累。譬如人的肚腹中有瘀块产生,气血会因其而不通畅并不能流动，也就是一种疾病。

一六〇

【原文】

人不可无明快洒落处，若徒尔畏缩趑趄①，只是死敬②，济得甚事。

【注解】

①趑趄：想前进又不敢前进的样子。形容疑惧不决，犹豫观望。原文作"赺赺"，应为古字用法。

②死敬：《朱子语类》卷十二中有死敬、活敬之说，死有僵硬、死板之意。

【今译】

人不能没有明快洒落之处，如果只是徒然的畏缩而趑趄不前，只是死板的"敬"，成不了什么事。

一六一

【原文】

胸臆①虚明②，神③光四发。

【注解】

①胸臆：内心深处的想法。

②虚明：空明，清澈明亮。

③神：心神。

【今译】

内心深处的想法澄清而明亮，心神之光便会四射。

一六二

【原文】

耳目手足，都要神帅而气从，气导而体动。

【今译】

耳朵、眼睛、手、脚都要通过心神来统帅而以气跟从，气引导着身体随之运动。

一六三

【原文】

学者当德与齿长①，业逐年广。四十以后之人，血气渐衰，最宜戒床笫②，不然，神昏气耗，德业不能致远，不独戒在少之时。

【注解】

①齿长：年龄的增长，齿指代年龄。

②床笫：本义是指床和垫在床上的竹席，引申指男女房中之事。

【今译】

做学问的人的德性应当随着年龄的增长而增长，其功业应当逐年拓广。四十岁以后的人，气血逐渐衰弱，最应当戒床笫之事，不然就会神昏气竭，德性功业均不能实现远大抱负，不单单只在少年时引以为戒。

一六四

【原文】

少壮人精固闭而不少漏亦不可，神滞而不畅，过度则又自戕焉，故得节之为难。饮食之过度，人亦或规之，淫欲之过度，人所不伺①，且难言，非自规而谁规。

【注解】

①伺：探察、察觉。

【今译】

少壮之人固守精气而没有少许发泄是不好的，会导致心神阻滞而不顺畅，过度发泄又会伤害到自己，因而体会到节制的困难。饮食如果过度，人也许会进行规劝，淫欲过度，他人并不会察觉，而且自己又难以启齿，自己不来规劝自己谁又能来规劝呢？

一六五

【原文】

民非水火不生活，而水火又能焚溺①物，饮食男女②，人之所以生息，而饮食男女，又能戕害人。

【注解】

①溺：淹没在水里。

②饮食男女：餐饮用食、男女之事。泛指人类对食物、性爱的欲求与本性。出自《礼记·礼运》："饮食男女，人之大欲存焉。"

【今译】

平民百姓离开水火就不能生活，而水火同时也能焚毁和淹没物品，餐饮用食、男女之事，是人们所凭借来生存息养的，而餐饮用食、男女之事，也能戕害人。

一六六

【原文】

为学标榜门户，只是人欲之私①。

【注解】

①人欲之私：人的欲望中的私心，在宋明理学中，"人欲之私"是与"天理之公"相对应的概念。

【今译】

做学问标榜门户之分，只是人的欲望中自私的部分。

一六七

【原文】

今之儒，勿攻①今之释，儒既非古之儒，释亦非古之释。

【注解】

①攻：攻击。《论语·为政》中有"攻乎异端，斯害也已"，但其中的"攻"为专攻、用力把握之意，这里佐藤一斋应是模仿了原句的句式，而未使用原句的含义。

【今译】

当今的儒家，不应去攻讦当今的佛教，儒家已经不是古时的儒家，佛教也已经不是古时的佛教了。

一六八

【原文】

儒①其言，而不儒其行，则其言也，只躬自②谤。

【注解】

①儒：动词，指按照儒家的准则行事。

②躬自：亲自，自己对自己。

【今译】

只是在语言上表现出符合儒家的准则，而在实际行动上并没有按照儒家的准则去做，那么他的言论，只是自己对自己的诋毁。

一六九

【原文】

泰西①之说，已有渐盛之机②，其所谓穷理③，足以惊人。昔者程子以佛氏之近理为害④，而今洋说之近理，甚于佛氏，且其所出奇技淫巧⑤，导人奢侈，使人不觉骎骎然⑥入于其中，学者当亦以淫声⑦美色待之。

【注解】

①泰西：本义指极西，这里指西洋、西方国家。出自明末方以智《东西均·所以》。

②机：机运。

③穷理：本来是宋明理学中的概念，意为穷究事物之理。这里指西方的物理学等学问之理。

④程子以佛氏……学者当亦以淫声美色待之：这里是模仿了朱熹在《论语集注》中引用的程颐所言，原文为"程子曰：'佛氏之言，比之杨墨，尤为近理，所以其害为尤甚。学者当如淫声美色以远之，不尔，则骎骎然入于其中矣。'"又《论语·为政》中有"攻乎异端，斯害也已"一句，指专攻异端之学是有害的，这里是采取了对古代异端之学同样的态度，因而使用了同样的句式。

⑤奇技淫巧：指新奇的技艺和作品。出自《尚书·泰誓下》。

⑥骎骎然：原义是形容马跑得很快的样子，这里指迅速、迅疾。

⑦淫声：淫邪的乐声。古代以雅乐为正声，俗乐为淫声。

【今译】

西洋的学说，已经显示出逐渐兴盛的机运，其所谓的穷究事物之理，足以令人震惊。过去程子曾经说过，佛教的学说因接近"理"而为害，如今西洋学说同样接近于"理"，甚至超过了佛教，而且其中所出现的新奇的技艺和作品，诱人行奢侈之风，使人不觉很快陷入其中，学习的人应当将其视作淫邪之声和美色来对待。

一七〇

【原文】

穷理二字,原本《易》传[①],和顺于道德而理于义,穷理尽性以至于命。[②]故吾儒穷理,唯理于义而已,义在于我,穷理亦在于我,若以徇外[③]逐物为穷理,恐终使欧罗巴人贤于[④]吾儒,可乎。

【注解】

①原本《易》传:本来起源于《易经》中的《说卦传》。

②和顺于道德而理于义,穷理尽性以至于命:出自《易经·说卦传》,意思是顺应道德而通过"义"来治理天下,穷究万物之理来通晓自然命运。和顺,顺应、不违背。

③徇外:求索心外之理。王阳明主张"格物致治,自求于心",反对朱熹的"外心以求理",因而信奉王学者有"读书是徇外"之语。

④贤于:超过,比……好。

【今译】

穷理二字本来起源于《易经》中的《说卦传》,即顺应道德而通过"义"来治理天下,穷究万物之理来通晓自然命运。因而我等儒者穷究物理,只是为了通过"义"来治理天下,"义"在于我自身,穷理也在于我自身,如果把追逐外物于心外求理当做穷理,恐怕终究将使欧洲人超过我们儒家了,这样真的可以吗?

一七一

【原文】

吾俯仰而观察之[①]:日月,昭然揭明[②];星辰,灿然列文[③];春风,和煦[④]宣化[⑤];雨露,膏泽[⑥]洽物[⑦];霜雪,气凛然肃;雷霆,威赫然震;山岳,安静不迁;河海,弘量能纳;溪壑,深不可测;原野,广无所隐。而元气[⑧]生生不息,斡旋[⑨]于其间,凡此皆天地一大政事,所谓天道至教,风雨霜露无非教者[⑩],人君最宜体此。

【注解】

①俯仰而观察之:源自《周易·系辞上》中"仰以观于天文,俯以察于地理"的说法。

②昭然揭明:昭然发出光明。

③灿然列文:灿然排列成纹。

④和燠：即和暖。
⑤宣化：宣显转化，这里指春风宣显转化天地间的生生之气。
⑥膏泽：以脂膏润泽，常比喻及时雨。
⑦洽物：普及到万物。
⑧元气：生成宇宙万物的根源之气。
⑨斡旋：周旋。
⑩"风雨霜露无非教者"出自《礼记·孔子闲居》："天有四时，春秋冬夏，风雨霜露无非教也。"风霜雨露无不是对人的教化。

【今译】

我俯仰观察这个世界：日月，昭然发出光明；星辰，灿然排列成纹理；春风，和暖地宣显转化天地间的生生之气；雨露，润泽遍及万物；霜雪，气禀凛然而严肃；雷霆，威严赫然而震烁；山岳，安静而无变迁；河海，气量宏大而善于容纳；溪壑，深不可测；原野，广袤而无所遮掩。而元气则是生生不息在这些事物间周旋转换，所有这一切都如同天地间的一件大的政治之过程，所谓天道是至高的教化，风霜雨露无不是对人的教化，身为君主最应对此有所体悟。

一七二

【原文】

天下之体①，以交易②而立，天下之务③，以变易④而行。

【注解】

①天下之体：天下的本体，指自然、社会等。
②交易：交替，往来。
③天下之务：指天下的政务。
④变易：随着变化而改变。

【今译】

天下的本体，因万物间的交互往来而得以确立，天下的政务因应对变化而得以实行。

一七三

【原文】

吾观古今人主，志存文治①者必创业，不忘武备者能守成。

【注解】

①文治：以文教礼乐治民。《礼记·祭法》："文王以文治，武王以武功，去民之菑。"

②武备：军备。指武装力量、军事装备等。

③守成：保持前人创下的成就和业绩。出自《毛诗·大雅·凫鹥序》。

【今译】

我看着古今人主帝王，有志于以文教礼乐治民必能建功立业，不忘武力上的防备的能守得住前人的成就业绩。

一七四

【原文】

国家于食货①无遗策②，连园田山林市廛③，无尺地欠租入④，金银铜并寘⑤署⑥铸出，不知日几万计。而当今上下困弊⑦，财帑⑧不足，或谓奢侈所致，余则谓不特此。盖以治安日久，贵贱人口繁衍，比诸二百年前，恐不翅十数倍，衣食之者逐年增多，生之者不给，势必至此。然则困弊如此，亦由于治安之久，是可贺，非可叹。但有责于世道者⑨，不可徒诿⑩诸时运，而不虑所以救之之方⑪，其方亦无别法可设，唯不过曰：食之者寡，用之者舒，生之者众，为之者疾，⑫而至于制度一立，上下守之，措置⑬得宜，士民信之，则盖存乎其人矣。

【注解】

①食货：国家经济财政的通称。

②遗策：失策，失算。

③市廛：市中店铺或店铺集中的市区。

④租入：即租金收入。

⑤寘：同"置"，安排、设置。

⑥署：办理公务的机关、机构。

⑦困弊：困顿疲惫。

⑧财帑：财物钱币。

⑨有责于世道者：有责任于世道的人。原文作"世道之有责者"，据中文习惯做了修改。

⑩诿：推托，把责任推给别人。

⑪方：方策。

⑫"食之者寡，用之者舒，生之者众，为之者疾"出自《大学》："生财有大道，生之者众，食之者寡，为之者疾，用之者舒，则财恒足矣。"消费的人少，生产的人多，使用得慢，制造得快。

⑬措置：处置，安排。

【今译】

国家对于财政经济应当是没有失策之处的，田园、山林、市井店铺均包括在内，无咫尺的土地会有租金收入被欠下，金银铜都会设置专门的机构铸造生产出来，每天的产出不计其数。而如今中央和地方陷入困顿疲惫，财务货币不足，也许是奢侈所致，我则认为并不仅如此。是因为安定的时间久了，贫富之家的人口都在繁衍，与二百年前相比，恐怕增加不止十余倍，其衣食需求逐年增多，生产制造这些东西的人无法完成供给，势必发展到这种境地。那么困顿到如此境地，也是由于安定的时间久了，这是可贺之事，而不是可叹之事。对世道负有责任的人，不可只把责任推脱给时运，而不考虑可以用来救治的方策，其方策也没有别的方法可以成立，只不过是说：消费的人少，生产的人多，使用得慢，制造得快，而制度一旦确立，上下都应坚守，处置得当，武士和百姓都将信任这一方策，也就会被人们记住了。

一七五

【原文】

世有小人亦理也，小人可小知①，不贤者②识其小者，是亦天地间不可无是人。或谓尧舜之民③，比屋可封④，则过甚，但唐虞之世，虽有小人，皥皥⑤自得，各安其分而已。

【注解】

①"小人可小知"出自《论语·卫灵公》："君子不可小知而可大受也，小人不可大受而可小知也。"小人可以学习小的技艺、小道。

②"不贤者"出自《论语·子张》："贤者，识其大者。不贤者，识其小者。"识，记，认识。

③尧舜之民，比屋可封：尧舜时代的民众，家家都可接受封爵。

出自汉代陆贾《新语·无为》："尧舜之民，可比屋而封。"

④唐虞之世：即尧舜之世、太平盛世。

⑤皡皡：广大自得貌，形容心情舒畅貌。出自《孟子·尽心上》："王者之民，皡皡如也。"

【今译】

世间有小人也是有其道理的，小人可以学习小的技能，不贤之人能够记住一些小的地方，也是天地间不可以没有这种人的原因。有人说，尧舜时代的平民百姓德性修养高，家家皆可受封爵禄，是说得过度了，明君盛世，虽然也有小人，但却是怡然自得，各自安守自己的本分而已。

一七六

【原文】

方以类聚，物以群分。①人君以国为党②者也，苟不能然，下各自相党，是必然之理也。故下有朋党，君道之衰也，乱之兆也。

【注解】

①方以类聚，物以群分：出自《周易·系辞上》："方以类聚，物以群分，吉凶生矣。"各种意识观念依门类相聚合，各物种以群体相区分。

②党：结伙、结党。

【今译】

各种意识观念依门类相聚合，各物种以群体相区分。君主以国家为自己的朋党，如果不能这样，下属各自相互结党，是必然之理。因而如果下属结成朋党，君主治理之道也就衰落了，是乱政的先兆。

一七七

【原文】

聪明睿知，能尽其性①者，君师②也。君之诰命③，即师之教训，无二也。迨世之下，君师判④焉，师道之立，君道之衰也。故五伦⑤之目，有君臣而无师弟，非无师弟，君臣即师弟，不必别立目，或谓朋友兼师弟者误⑥。

【注解】

① "聪明睿知，能尽其性"出自朱熹《大学章句·序》："一有聪明睿智能尽其性者出于其间，则天必命之以为亿兆之君师。"聪明睿智，能充分发挥自己的本性。

② 君师：即天子。

③ 诰命：皇帝的布告或下达的命令。

④ 判：分判，分离。

⑤ 五伦：古代指君臣、父子、兄弟、夫妇、朋友五种人伦关系。

⑥ 误：谬误，错误；也指可疑、疑惑。

【今译】

聪明睿智，能充分发挥自己的本性的是君主和老师。君主的诰命也就是老师的教诲，并无二致。到了世风日下的时代，君主和老师是分离的，师道如果确立，君主之道就会衰落。因而五种伦常关系的分类中，有君臣而无师徒，其实并非没有师徒这种关系，而是君臣即师徒，不必另立分类，有些人说的朋友关系也兼有师徒关系是错误的。

一七八

【原文】

为邦之道，不出于教养①二途。教，乾道也，父道也，养，坤道也，母道也。

【注解】

① 教养：教化和生养（民众）。

【今译】

治国之道，不出于教和养两条途径。教，是乾道、父道，养是坤道、母道。

一七九

【原文】

辨虚实①强弱而后剂可投，知时世②习俗而后政可施。

【注解】

① 虚实：中医中对于症状的描述。源自《黄帝内经·素问》："邪

气盛则实,精气夺则虚。"

②时世:时代,世道。

【今译】

辨明病症的虚实强弱后可以投药,知晓时代的习俗后可以施政。

一八〇

【原文】

见一物之是非而不问大体①之是非,拘一时之利害而不察久远之利害,为政如此国危矣。

【注解】

①大体:大局。

【今译】

只看一件事物的是非而不管大局的是非,拘泥于一时的利害关系而不明察长远的利害关系,如果这样为政国家就危险了。

一八一

【原文】

人情气机①,不可以一定求。诱之而劝,禁之而遏,顺也;导之而反阻,抑之而益扬,逆也。是故驾驭之道,当察其向背,审其轻重,因势而利导之②,应机而激励之,使其不自觉其所以然,此之为得。

【注解】

①气机:日语中"气"有内心、精神的含义,气机指人的精神的动向、机微。

②因势而利导:根据发展的趋势而向着有利的方向引导。

【今译】

人情的动向机微,不可追求定数。想要引诱就进行劝导,想要禁止就进行遏止,是顺势而为;想要引导却反过来阻止,想要抑制却反而更加提点,是逆势而为。因而驾驭之道,应当明察其中向背,审度其中轻重,根据发展的趋势而向着有利的方向进行引导,根据时机对其进行激励,使其不觉为何如此,这就是有得于使人之道。

一八二

【原文】

遇难处之事,不得妄动,须候几①至而应之。

【注解】

①几:时机、机会。

【今译】

遇到难以处理的事情,不应妄动,须要等待合适的时机来进行应对。

一八三

【原文】

处事虽有理,而一点便己①挟在其内,则于理即做一点障碍,理亦不畅。

【注解】

①便己:与己方便,给自己行方便。

【今译】

处理事情虽然有其"理",但如果有一点对于自己的便宜夹在其中,则对于理而言变成了一种障碍,这时的"理"也不顺畅了。

一八四

【原文】

教人者,要①在须责②其志,聒聒③腾口④,无益也。

【注解】

①要:紧要、关键之处。"要在须责其志"原文为"要须责其志",据中文表达习惯进行了修改。

②责:索要、寻求。

③聒聒:多言喧扰貌,聒噪嘈杂。

④腾口:张口放言。

【今译】

教育他人,关键在于要让他去寻求自己的志向,只是聒噪地动动嘴巴,是没有益处的。

一八五

【原文】

饶舌①之时，自觉气暴②，暴斯馁③，安能动人？

【注解】

①饶舌：唠叨，多嘴。

②"气暴"出自《孟子·公孙丑上》："持其志，无暴其气。"要拥有自己的志，不要乱用自己的气。暴，乱义。

③"馁"出自《孟子·公孙丑上》："其为气也，配义与道，无是，馁也。"馁，朱熹《四书集注》中解释为"饥乏而气不充体"，因饥饿而无力。

【今译】

唠叨多嘴时，自己也会感觉到气乱掉了，乱到毫无气力，怎么能打动人心呢？

一八六

【原文】

慎言处，即慎行处。

【今译】

慎言之处，也即是慎行之处。

一八七

【原文】

昏睡发呓语①，足见心之不存②。

【注解】

①呓语：梦话。

②心之不存：意为本心不得保持。源自《孟子·尽心上》："存其心，养其性，所以事天也。"存其心，朱熹《四书集注》中解释为"存谓操而不舍"，即保持本心。

【今译】

昏睡时说梦话，足见本心已经不被保持了。

一八八

【原文】

病狂人①，言语无序，则言语无序者，其去病狂也不远。

【注解】

①病狂人：因病而精神失常之人。

【今译】

因病而精神失常之人，其说话无序，那么说话无序的人，离精神失常也不远了。

一八九

【原文】

人最当慎口，口之职兼二用，出言语，纳饮食，是也。不慎于言语，足以速祸，不慎于饮食，足以致病，谚云：祸自口出，病自口入。

【今译】

人最应该小心自己的嘴巴，嘴的作用有两个，即说话和饮食。不谨慎说话，足以加速祸事的到来，不谨慎于饮食，足以致病。俗话说：祸从口出，病从口入。

一九〇

【原文】

同此躯壳，则同此情，圣贤亦与人同耳，故其训曰：敖不可长，欲不可从。①敖欲亦是情种，何必断灭②之，只是不可长，不可从而已，《大学》敖惰③，人往往疑之，吾不谓然。

【注解】

①"敖不可长，欲不可从"出自《礼记·曲礼上》："敖不可长，不可从，志不可满，乐不可极。"敖同"傲"，从同"纵"，傲慢不可滋长，欲望不可以放纵。

②断灭：本为佛教用语，多用于"断灭种姓"的说法，儒家在使用这个词时多含有讽刺揶揄之意。

③《大学》敖惰：指《大学》第八章中"人之其所亲爱而辟焉……之其所敖惰而辟焉"的观点，敖惰即傲慢怠惰。

【今译】

拥有同样的躯体则会拥有同样的情感，圣贤也与普通人一样，因而训诫说：傲慢不可滋长，欲望不可以放纵。傲慢和欲望也是因情感而产生，何必把它断灭掉呢？只是不要让它滋长，不要让它放纵而已，《大学》中所谈及的傲慢与怠惰，人们往往对其有所怀疑，我不这样认为。

一九一

【原文】

枚乘①曰：欲人无闻，莫若勿言，欲人无知，莫若勿为②。薛文靖③以为名言，余则以为未也。凡事当问其心何如，心苟有物，己虽不言，人将闻之，人虽不闻，鬼神将阚④之。

【注解】

①枚乘：西汉时期著名辞赋家。

②欲人无闻，莫若勿言，欲人无知，莫若勿为：出自枚乘《上书谏吴王》。

③薛文靖：即薛瑄，明代著名儒者，河东学派的创始人，世称"薛河东"。

④阚：望见或俯瞰。

【今译】

枚乘说：想要不被人听到，不如不去说，想要不被人知道，不如不去做。薛文靖认为是名言，我却不这么认为。凡事应当问其本心如何，心里面如果有念头，自己虽然不说，他人也将听到，他人虽然也许听不到，鬼神也将俯察得到。

一九二

【原文】

心犹火，着物为体①，不着于善，则着于不善。故游艺之训②，不特导诸善，而又所以防不善也，博弈之贤乎已③亦以此。

【注解】

①体：本体，主体。

②游艺之训：指《论语·述而》中"子曰：'志于道，据于德，

依于仁，游于艺'"一句。儒家所说的"艺"，一般是指礼、乐、射、御、书数等六艺，这里佐藤一斋将这些"艺"统一视作一般的教养。

③博弈之贤乎已：源自《论语·阳货》"饱食终日，无所用心，难矣哉！不有博弈者乎？为之，犹贤乎已"。博，即六博，一种古代游戏。弈，围棋。本句意为"去玩六博、围棋这样的游戏也好于终日无所用心"。

【今译】

心就如同火一样，需要附着在他物上以之为本体，不附着在善上，就会附着在不善上。因而《论语》中有关"游于艺"的训诫，不仅引导人向善，而且又能防止陷于不善，所谓的玩六博、围棋这样的游戏也好于终日无所用心，也是出于此。

一九三

【原文】

理到之言，人不得不服。然其言有所激①，则不服，有所强则不服，有所挟②则不服，有所便则不服。凡理到而人不服，君子必自反，我先服而后人服之。

【注解】

①激：刺激、激发。
②挟：裹挟，挟持。

【今译】

于"理"上到位的言论，他人不得不服。然而如果这个人的言语对他人有所刺激，则他人也会不服，对他人有所强求也会不服，有所裹挟也会不服，有所图于自己的便利也不会服。凡是"理"到位了而他人不服的，君子必须自己反省，自己先服而后别人才会服。

一九四

【原文】

禹闻善言则拜①，中心感悦，自然能如此，拜字最善状，犹言膝不觉屈。

【注解】

①禹闻善言则拜：出自《孟子·公孙丑上》，意思是禹听到有

益的话就会下拜。

【今译】

禹听到有益的话就会下拜，由衷地感动而喜悦，自然会这样做，"拜"字最能够描绘其行为状态，如同在说膝盖不知不觉地微屈。

一九五

【原文】

人心惟危①，则尧舜之心，即桀纣②矣；道心惟微，则桀纣之心，即尧舜矣。

【注解】

①"人心惟危"出自《尚书·大禹谟》："人心惟危，道心惟微；惟精惟一，允执厥中。"惟，表限定。

②桀纣：历史是上的暴君，桀是夏朝最后一个君主，纣是商代最后一位君主。

【今译】

人心只是危险莫测，那么尧舜的心，也就是桀纣的心；道心只是中正入微，那么桀纣的心也是尧舜的心。

一九六

【原文】

水气结为鱼鳖，鱼鳖，即水也，而鱼鳖不自知其为水。山气结为禽兽，为草木，禽兽草木，即山也，而禽兽草木不自知其为山。地气之精英结为人，人，即地也，而人不自知其为地。

【今译】

水之气结为鱼鳖，鱼鳖就是水，而鱼鳖不知道自己来自水。山之气结为禽兽、草木，禽兽草木就是山，而禽兽草木不知道自己来自于山。地气中的精英结为人，人就是地，而人不知道自己来自地。

一九七

【原文】

人与万物，毕竟不能离地，人物皆地也。今试且游心六合外以俯瞰世界，但见世界如一弹丸黑子①，而人物不可见，于是思察此中有川海，有山岳，有禽兽草木，有人类，浑然成此一弹丸，着想到此，乃知人物之为地。

【注解】

①黑子：痣。

【今译】

人与万物，终究不能离开地，人和物都是地。如今试着姑且让心游于六合之外来俯瞰世界，只看到世界如同一颗弹丸大小的黑痣，而人和物均不可见，于是思考观察其中有河流海洋，有山岳高峰，有禽兽草木，有人类，浑然一体构成了这个弹丸，着想到这里，才会知道人和物即是地。

一九八

【原文】

此心灵昭不昧，众理具，万事出。①果何从而得之，吾生之前，此心放在何处，吾殁之后，此心归宿何处，果有生殁欤？无欤？着想到此，凛凛②自惕③，吾心即天也。

【注解】

①灵昭不昧，众理具，万事出：灵性昭明而不昏昧，兼具众理，万事从中而出。朱熹《四书章句集注》在解释"明德"时有"明德者，人之所得乎天，而虚灵不昧，以具众理而应万事者也"的解释，王阳明《传习录上》（第三十三条）中也有"虚灵不昧，众理具而万事出，心外无理，心外无事"之说，这里是援用了王阳明的观点。旅美学者陈荣捷（1901—1994）指出，"灵知""不昧"本为佛门用语，朱子不满意佛门观点因而又加上了"具众理而应万事"的儒家观点，而日本学者多不知其中渊薮认为是朱子所创阳明后发。

②凛凛：态度严肃，令人敬畏的样子。

③惕：戒惧，小心谨慎。

【今译】

此心灵性昭明而不昏昧，兼具众理而万事从其中出来，究竟是从哪里得到的呢？我出生之前，此心放在何处？我死之后，此心的归宿又在何处？也是有或没有生死吗？想到此处，则敬畏地自警，我心即是天。

一九九

【原文】

人所受之气，其厚薄分数①，大抵相若。如躯之大小，寿之修短，力之强弱，心之智愚，无大相远者。其间有一处受厚者，皆谓之非常。非常则姑②置之，就如常人，躯与寿与力之分数，不可奈之何。独至于心之智愚，可以学而变化之，故博学、审问、慎思、明辨、笃行，③人一十之，己百千之。果能此道矣，虽愚必明，虽柔必强，④可以渐进于非常之域，盖有此理矣。但常人多游惰⑤不能然，岂亦天有算筹⑥欤。

【注解】

①分数：数量程度。

②姑：姑且，暂时。

③博学、审问、慎思、明辨、笃行：广博地学习，审慎地提问，慎重地思考，明确地辨别，笃实地行动。出自《中庸》第二十章："博学之，审问之，慎思之，明辨之，笃行之。"

④果能此道矣，虽愚必明，虽柔必强：出自《中庸》第二十章。如果能做到这样，即使愚蠢的人也必定变得聪明，即使柔弱的人也必定变得坚强。

⑤游惰：游荡懒惰。

⑥算筹：计算、算计。

【今译】

人所禀受之气，其厚薄以及数量程度，大抵相近。如身躯的大小，寿命的长短，力量的强弱，心的智慧愚蠢，并没有相差很远。其中有一处得到的较多，都称作非常。非常就是说只是暂时置放在这里，就如同常人，他的身躯、寿命、力量的数量程度，自己是没有什么办法左右的。只有心的智慧愚蠢，可以通过学习进行改变，因而需要广博地学习，审慎地提问，慎重地思考，明确地辨别，笃实地行动，他人若做一次或十次，自己就做百次或千次。如果能坚持这样的道，即使愚蠢的人也必定变得聪明，即使柔弱的人也必定变得坚强，可以逐渐进入非常的领域，是因为有此理存在。但常人多数散漫而懒惰不能做到这样，这是上天也有它的算计吗？

二〇〇

【原文】

有名之父，其子不坠家声者鲜矣。或谓世人推尊其父，因及其子，为子者长于豢养①，且有所挟②，遂养成傲惰之性，故多不肖，固非无此理。而不独此，父既非常人，宁不虑及予为之防，毕竟不能反之，盖亦有数矣。试就如草木思之③，今年结实过多，则明年必歉，人家乘除之数④亦有然者。

【注解】

①豢养：这里指受到保护的养育。
②挟：夹持，引申为依赖。
③试就如草木思之：原文为"试思之就如草木"，根据汉语表达习惯做了修改。试着以草木为例对其进行思考。
④乘除之数：盛衰的定数。

【今译】

父亲有名，其子能够保持家族的名声而不坠的很少有。有人说世人推崇尊敬其父，顺便延及其子，而作为儿子在呵护中培养长大，而且可以有所依赖，于是养成了傲慢懒惰的品性，这种道理并非不存在。而且不仅如此，其父既非常人，难道不会提前对之进行预防吗？但终究是无法反转改变，是因为也有其中定数。试着以草木为例对其进行思考，今年结的果实过多，则明年必定歉收，人的家族的盛衰的定数也是这样。

二〇一

【原文】

人罹①灾患，祷鬼神以禳②之，苟以诚祷，或可以得验，然犹惑也，凡天来之祸福有数，不可趋避③，又不能趋避，鬼神之力，纵能一时禳成之，而有数之祸，竟不能免，天必以他祸博④之，譬如头目之疾，移诸腹背，何益之有？故君子顺受其正⑤。

【注解】

①罹：指遭受苦难或不幸。
②禳：原为古代祭祀名，这里指向鬼神祈祷消除灾殃，禳灾。
③趋避：逃避。

④博：搏斗，争斗。
⑤顺受其正：顺应地承受正常的命运。出自《孟子·尽心上》："莫非命也，顺受其正。"

【今译】

人遭遇灾患，向鬼神祈祷以禳灾，如果诚心祈祷，也许可以灵验，然而仍有疑惑，但凡天降的祸福都有其定数，不可逃避，也没有能力逃避，鬼神的力量，纵然能够一时禳灾成功，而有定数的灾祸，究竟不能避免，天必定用其他的祸端让他与之相搏，就如同脑袋眼睛的疾病，转移到了肚腹或后背，又有什么益处呢？因此君子顺应地去承受正常的命运。

二〇二

【原文】

吉凶，以理言之，君子常吉，小人常凶。以气言之，有流行，有对待①，如盛衰迭②至，是流行也，忧乐相耦③，是对待也。

【注解】

①对待：这里指对立。
②迭：交换，轮流。
③相耦：耦同"偶"，相偶，互成一对。

【今译】

吉凶，从"理"的角度来说，君子常吉，小人常凶。从"气"的角度来说，有流行，有对立，像盛衰交迭而至这样，是流行，忧乐互成一对，是对立。

二〇三

【原文】

天下之忧，集于一身，非凶乎。天下之乐，归于一身，非吉乎。享天下之乐者，必任天下之忧，则吉凶果何所定欤，召公①云：无疆惟休，亦无疆惟恤。②

【注解】

①召公：周武王的辅臣，与周公同辈。
②无疆惟休，亦无疆惟恤：有无限美好，也有无限忧患（指周

王受了天命之后)。出自《尚书·召诰》:"惟王受命,无疆惟休,亦无疆惟恤。"休,美好。恤,忧虑、顾念。

【今译】

天下之忧,都集中到一个人身上,不是凶吗?天下之乐都归结到一个人身上,不是吉吗?享受天下之乐的人,必定要承担天下之忧,那么吉凶究竟是由什么决定的呢?召公说:有无限美好,也有无限忧虑。

二〇四

【原文】

乾以易知,良知也。坤以简能①,良能也。乾坤统于太极,知能一也。

【注解】

①乾以易知,坤以简能:出自《周易·系辞上》中的"乾以易知,坤以简能;易则易知,简则易从"。易,平易。知,知晓。简,简约。乾以平易为人所知,坤以简约见其功能。

【今译】

乾以平易为人所知,是良知;坤以简约成就其功能,是良能,乾坤统括于太极,良知和良能是一致的。

二〇五

【原文】

看来宇宙内事,曷尝①有恶,有过不及处,即是恶。看来宇宙内事,曷尝有善,无过不及处,即是善。

【注解】

①曷尝:即何尝。

【今译】

看来宇宙内之事,何尝有什么恶,有过犹不及之处,就是恶。看来宇宙内之事,何尝有什么善,没有过犹不及之处,就是善。

二〇六

【原文】

万物相待①为用,不能相兼②,是亦其所以为一体③。

【注解】
①相待:相互发生关联。
②相兼:相互代替。
③一体:指宋明理学特别是阳明学中所强调的"万物一体"的观点。
【今译】
万物相互关联才能成其用,不能相互代替,这也是万物之所以为一体的原因。

二〇七

【原文】
形质①相似者,气性②亦相类,人与物皆然。
【注解】
①形质:外在的形状体质。
②气性:本义是指人秉受的气和性,这里指气质、秉性。
【今译】
外在形状体质相似的,其气质和秉性也相类似,人和物都是如此。

二〇八

【原文】
相法①非没道理,然其惑人不尠②,故君子不为也。荀卿《非相》,言虽武断,而亦说破③痛快。
【注解】
①相法:即相术。
②尠:形容少、稀有、罕见。
③说破:指说破真相。
【今译】
相术并非没有道理,然而却迷惑人不在少数,因而君子不习相术。荀卿的《非相篇》,言语上虽有武断之处,但说破了真相也是痛快。

二〇九

【原文】

雅乐①感召之妙，至于百兽率舞，庶尹允谐。②盖使听者不觉手舞蹈，何曾思睡。如郑卫淫哇③，亦使人手舞蹈，故足以乱雅乐耳，乃知魏文侯听古乐唯恐卧者④，恐已非先王之雅操⑤。

【注解】

①雅乐：纯正的音乐，雅，正义。

②百兽率舞，庶尹允谐：出自《尚书·益稷》。庶，众。尹，官长。庶尹，众官之长，也指百官。人们扮成百兽一起起舞，百官也随之共舞。

③郑卫淫哇：源自《礼记·乐记》"郑卫之音，乱世之音也"。郑卫，春秋战国时郑国与卫国。淫哇，淫邪的音乐。

④魏文侯听古乐唯恐卧者：魏文侯听古乐害怕自己睡着。出自《礼记·乐记》："吾端冕而听古乐，则唯恐卧。"魏文侯，战国时魏国的君主。

⑤操：本义指弹奏古琴，这里指琴曲。

【今译】

雅乐的感召的妙用，可以使扮成百兽的人们一起起舞，百官也随之共舞。可以使听的人不知不觉中手舞足蹈，何曾会想着睡觉。而像郑卫之地的淫邪之声，也可以使人手舞足蹈，因而足以乱掉雅乐，于是了解到魏文侯听古乐唯恐自己睡着，是担心所听的已经不是先王的雅琴之曲。

二一〇

【原文】

雅乐秘诀，在声音节奏之外。寻常伶工①固不及知，唯大师或可与语，故孔子语之②。圣人以天地万物为一体，故其所作之乐，亦自与天地同流③。春气始至，万物向荣，见诸翕如④。畅茂条达⑤，大和毕呈，见诸纯如⑥。结实成形，条理明整，见诸皦如⑦。剥落于外，胎孕于内，见诸绎如⑧。盖其妙有与四时合其序者如是，唯夫子能知之，故语以泄其秘，不然，大师既是大师矣，声音节奏，彼所熟讲，虽夫子乌能⑨倒诲之邪。

【注解】

①伶工：古时指乐师。

②孔子语之：指《论语·八佾》中孔子与鲁国乐官谈论音乐的典故，原文为："子语鲁大师乐，曰：'乐，其可知也。始作，翕如也；从之，纯如也，皦如也，绎如也，以成。'"本条内容与佐藤一斋在《论语栏外书》的《论语·八佾》所注内容基本相同。

③与天地同流：与天地协调运行。出自《孟子·尽心上》："夫君子所过者化，所存者神，上下与天地同流。"

④翕如：出自《论语·八佾》，繁盛和谐貌。

⑤畅茂条达：畅茂，旺盛繁茂，指文笔通畅，感情充沛。条达，条理通达。《传习录上》："至於日夜之所息，条达畅茂，乃是上达。"

⑥纯如：纯正和谐貌。

⑦皦如：分明清晰貌。

⑧绎如：延绵不绝貌。

⑨乌能：怎么能。

【今译】

雅乐秘诀，在声音节奏之外。寻常固然不知道这一点，只有大师或许可以与他谈论此事，因而孔子谈及此事。圣人以天地万物为一体，因而他所创作的音乐，也自然与天地协调运行。春天之气开始到来后，万物茂盛生长，可从中见到其盛大和谐之貌。通畅丰茂、条理通达，完全呈现出大和的气象，可从中见到其纯正和谐之貌。结出果实之形，条理分明而整然，从中可见其分明清晰之貌。干枯剥落于外，孕育胎藏于内，从中可见其延绵不断之貌。因为其妙处在于与四季顺序相合达到了如此程度，只有夫子能够知晓，故而说破了其中的奥秘，若非如此，大师已经是大师，声音节奏是他平时所熟练讲说的内容，虽然是夫子也不能倒过来去教诲对方。

二一一

【原文】

须知亲在时，亲身即吾身，亲没后，吾身即亲身，则自不得不以自爱之心爱亲，以敬亲之心自敬。

【今译】

须知父母在时，父母的身体就是我的身体，父母不在后，我的身体就是父母的身体，那么自然就不得不以自爱之心爱父母，以敬父母之心敬自己。

二一二

【原文】

吾静夜独思，吾躯一毛一发，一喘一息，皆父母也，一视一听，一寝一食，皆父母也。既知吾躯之为父母，又知我子之为吾躯，则推而上之，祖曾高无非我也，递而下之，孙曾玄无非我也。圣人亲九族①，其起念头处，盖在此。

【注解】

①亲九族：使自己的九族亲善。出自《尚书·尧典》："克明俊德，以亲九族。"

【今译】

我在深夜里独自思考，自己身上的一毛一发，一呼一吸，都是源自父母。每一次看，每一次听，每一次睡觉每一次用餐，也都源于父母。已经知道了自己的身躯即是父母，又知道了我的孩子也是我的身躯，那么向上推溯，祖父母、曾祖父母、高祖父母也无不是我自己，向后代推算下去，我的孙子、曾孙、玄孙无非也是我。圣人使自己的九族亲善，其念头所起之处，也正在于此。

二一三

【原文】

体肤垢污，化为虮虱①，不得不刷除。又思念此物亦为吾皮毛之末所生，犹不忍杀，大人之心，以天地万物为一体，其恤刑慎罚②，即是与此念头一般。

【注解】

①虮虱：虱及其卵。

②恤刑慎罚：慎重行刑，慎重处罚。《尚书·舜典》多次出现"刑之恤"等说法，恤，慎重义。

【今译】

身体肌肤的污垢,化成了虮虱,不得不将其从身上拂去。又思虑念及此物也是自己发肤的毫末所产生的,仍不忍心将其杀死,大人之心,以天地万物为一体,慎重行刑,慎重处罚,也是和这种念头一样。

二一四

【原文】

深夜独坐暗室,群动皆息,形影俱泯①,于是反观,但觉方寸内有炯然自照者,恰如一点灯火,照破暗室。认得此正是我神光灵昭本体,性命即此物,道德即此物,至于中和位育②,亦只是此物光辉充塞宇宙处。

【注解】

①泯:泯灭,消失。

②中和位育:中正而和谐适度,天地各守其分,万物得以生长。出自《中庸》中"喜怒哀乐之未发,谓之中;发而皆中节,谓之和。中也者,天下之大本也;和也者,天下之达道也。致中和,天地位焉,万物育焉"一段。

【今译】

深夜里独自坐在暗室之中,各种运动都已停息,形和影也都不见了,于是反观自身,只感觉方寸的空间内有闪亮自照之物,恰如一盏灯火,照遍暗室。可认出这正是我的神光灵性昭明的本体,性命即是此物,道德也即是此物,至于做到中正而又和谐适度,天地各守其分,万物得以生长,也都只是此物光辉充塞宇宙之处。

二一五

【原文】

孝子即忠臣,贤相即良将。

【今译】

孝子就是忠臣,贤明的大臣就是良将。

二一六

【原文】

事君不忠，非孝也，战陈无勇，非孝也，①曾子孝子，其言如此，彼谓忠孝不两全者，世俗之见也。

【注解】

①事君不忠，非孝也，战陈无勇，非孝也：为君主做事不忠诚，就是不孝，临阵作战不勇敢，就是不孝。出自《礼记·祭义》："居处不庄，非孝也；事君不忠，非孝也；莅官不敬，非孝也；朋友不信，非孝也；战陈无勇，非孝也。"陈，军队作战时战斗队列。

【今译】

为君主做事不忠诚，就是不孝，临阵作战不勇敢，就是不孝，曾子是孝子，他说的话都已如此，有人说忠孝不能两全，是世俗之见。

二一七

【原文】

忍字未拔去病根，所谓克伐怨欲不行①者也，张公艺书百"忍"字，②恐俗见。

【注解】

①克伐怨欲不行：指让好胜、自夸、怨恨、贪欲无所表现。出自《论语·宪问》："克、伐、怨、欲不行焉，可以为仁矣。"

②张公艺书百"忍"字：指张公艺写一百多个"忍"字的典故，张公艺是中国古代著名寿星，经历北齐、北周、隋朝、唐朝，多次受到朝廷旌表。作为中国历史上治家有方的典范，家族九代同居，和睦相处，唐高宗曾向他询问治家之法，他写了百余个"忍"字回答，令唐高宗非常感动，见于《旧唐书》（卷一百八十八列传第一百三十八）。

【今译】

"忍"字还没有被拔去病根，是因为让所谓好胜、自夸、怨恨、贪欲无所表现（才可以称得上是仁），张公艺回答唐高宗治家之法时写一百多个"忍"字的典故，恐怕也只是俗见。

二一八

【原文】

心上有刃为忍①，忍字非好字面，但借做喫紧②宁耐③可也，要之④亦非道之至者。

【注解】

①心上有刃为忍：原文无"为"字。

②喫紧：吃紧，喫同"吃"。

③宁耐：忍耐。

④要之：总之，原文无"之"字。

【今译】

心上有刃为"忍"，"忍"字自勉上看并非好字，但转借为吃紧忍耐之意是可以的，总之也并非至高之道。

二一九

【原文】

多一物，斯①多一事，多一事，斯多一累。

【注解】

①斯：就，则。

【今译】

多一物，就多一事，多一事，就多一累。

二二〇

【原文】

众人以为幸者，君子或以为不幸，君子以为幸者，众人却以为不幸。

【今译】

众人以为是幸运的，君子也许以为是不幸，君子以为是幸运的，众人却以为是不幸。

二二一

【原文】

私欲不可有，公欲①不可无，无公欲则不能恕人②，有私欲则不能仁物③。

【注解】

①公欲：为国家社会谋利之欲。

②恕人：指宽以待人。恕，宽恕、原谅。

③仁物：这里是同等地爱物，即一视同仁地对待。仁，仁爱。

【今译】

个人私欲不能有，为国家社会的公欲不可无，没有公欲就不能宽以待人，有了私欲就不能一视同仁地待物。

二二二

【原文】

因①民义②以激③之，因民欲以趋④之，则民忘其生而致其死，是可以一战。

【注解】

①因：依据、根据。

②义：正义，正义感。

③激：激发，激励。

④趋：使……奔跑、前进。

【今译】

根据民众的正义感来激励他们，根据民众的欲求来使他们前进，那么民众才能舍生赴死，这样才可以一战。

二二三

【原文】

渐必成事，惠①必怀人②，如历代奸雄，有窃其秘者，一时亦能遂志，可畏之至。

【注解】

①惠：施惠。

②怀人：使人怀念，指怀柔拉拢。

【今译】

循序渐进一定可以成事，施惠于人必定可怀柔拉拢人，即便如历代奸雄，若能够窃取其中奥秘，也能一时实现他的志向，这一点真是可怕之至。

二二四

【原文】

匿情①似慎密②,柔媚似恭顺,刚愎似自信,故君子恶似而非者。

【注解】

①匿情:隐瞒真情。

②慎密:谨慎周密。

【今译】

隐瞒真情看似谨慎周密,柔媚看似恭顺,刚愎看似自信,因而君子厌恶似是而非的事物。

二二五

【原文】

恻隐之心①偏,民或有溺爱殒身者。羞恶之心偏,民或有自经沟渎②者。辞让之心偏,民或有奔亡疯狂者。是非之心偏,民或有兄弟阋墙,父子相讼者。凡情之偏,虽四端遂陷不善,故学以致中和③,归于无过不及,谓之复性之学④。

【注解】

①恻隐之心、羞恶之心、辞让之心、是非之心:孟子所说的四端,即同情之心、羞耻之心、恭敬之心、是非之心,分别对应仁、义、礼、智,是这四种德性的开端。出自《孟子·告子上》。

②自经沟渎:自缢于沟渠中。出自《论语·宪问》:"岂若匹夫匹妇之为谅也,自经于沟渎而莫之知也。"

③致中和:做到中正平和,语出《中庸》"致中和,天地位焉,万物育焉"。

④复性之学:儒家认为学的目的在于复性,即复其本性,参见第一三八条注解。

【今译】

同情之心偏了,民众会有人因溺爱而丧生。羞耻之心偏了,民众会有人自缢于沟渠角落而无人知。恭敬之心偏了,民众会有人因奔命逃亡而疯狂,是非之心如果偏了,会发生兄弟阋墙、父子相讼这样的事。但凡情感有所偏斜，即便是"四端"也会陷入不善，因而要通过学习做到情感中正而平和，回归到没有过而不及的状态，称为复性之学。

二二六

【原文】

情之本体，即性也，则恶之本体，即善也，恶亦不可不谓之性。

【今译】

情的本体是性，那么恶的本体就是善，所以恶也不能不说是一种性。

二二七

【原文】

经于用之妙处是权，①权之定于体②处是经，程子"权只是经"③一句，诠极妙。

【注解】

①经于用之妙处是权：原文作"经之妙于用处是权"。意思是经在作用方面的妙处是权。经权是儒家哲学中一对重要的概念，经，指恒常不变的常道，权，指一时的权衡、权益，变通。用，作用。

②体：本体，在传统儒家哲学中，体与用是一对相对应的概念，宋以后尤为受到重视。

③"权只是经"出自《河南程氏遗书》卷第十八："古今多错用权字，才说权，便是变诈或权术。不知权只是经所不及者，权量轻重，使之合义，才合义，便是经也。今人说权不是经，便是经也。"

【今译】

"经"在作用方面的妙处是"权"，"权"确定于本体上就是"经"，程子说的"权只是经"一句，诠释极为精妙。

二二八

【原文】

赏罚当与世而定轻重①，然其分数②大略，十中七赏，十中三罚，可也。

【注解】

①赏罚当与世而定轻重：原文为"赏罚与世轻重（賞罰は世と与に軽重す）"，结合中文表达习惯进行了翻译。

②分数：区分之数。

【今译】

赏罚的轻重应结合世间情况，其区分之数大略来看，十分之七是赏，十分之三是罚，就可以了。

二二九

【原文】

孟子以急先务急亲贤为尧舜之仁智。①试检②二典③，并皆前半截是急先务，后半截是急亲贤。

【注解】

①孟子以急先务急亲贤为尧舜之仁智：孟子通过急于做首要事务、急于近亲贤者来达到尧舜的仁爱和智慧。出自《孟子·尽心上》："知者无不知也，当务之为急；仁者无不爱也，急亲贤之为务。尧舜之知而不遍物，急先务也；尧舜之仁不遍爱人，急亲贤也。不能三年之丧，而缌、小功之察；放饭流歠，而问无齿决，是之谓不知务。"

②检：查看。

③二典：指《尚书》中的《尧典》和《舜典》。

【今译】

孟子通过急于做首要事务、急于亲近贤者来达到尧舜的仁爱和智慧。试着在《尧典》和《舜典》中查看一下的话，都是前半截是在急于首要事务，后半截是在急于亲近贤人。

二三〇

【原文】

"尧舜之上善无尽"①，责备②之言，毕竟难也，必先知其人分量③所至，然后责备，不然，宁有穷极？

【注解】

①尧舜之上善无尽：尧舜之上，善没有止境。出自《传习录上》二十二条。

②责备：追求完备。《淮南子·氾论训》："是故君子不责备於一人。"

③分量：这里应指力量。

【今译】

"尧舜之上，善没有止境（可以更善）"，追求完备的话毕竟是难的，必须先知道一个人的最大力量，然后追求完备，不这样的话，难道能有穷竭和尽头吗？

二三一

【原文】

坤厚载物，①人当体之，哀丧敬祭，②亦自一厚字里面出来。

【注解】

①坤厚载物：地体深厚而能普载万物，出自《周易·坤卦·象传》"坤厚载物，德合无疆"。

②哀丧敬祭：丧礼之哀痛，祭祀之虔敬。出自《礼记·祭统》："祭者，所以追养继孝也。孝者，畜也。顺于道，不逆于伦。是故孝子之事亲也，有三道焉：生则养，没则丧，丧毕则祭。养则观其顺也，丧则观其哀也，祭则观其敬而时也。尽此三道者，孝子之行也。"

【今译】

地体深厚而能普载万物，人应当体悟这一点，丧礼之哀痛，祭祀之虔敬，也都是从这一个"厚"字里面出来的。

二三二

【原文】

父母遗衣服器玩，为子孙者当爱护之，以无忘追慕，决无脱手赠人之理。今丧家分赠遗物，汉土亦晚近①有孝布孝帛②，并弊俗③也，金世宗却宋遗物④，亦有见。

【注解】

①晚近：原文作"晚近"，应为误用。

②孝布孝帛：专供丧事用的布帛。

③弊俗：鄙陋的习俗、不良的习尚。

④金世宗却宋遗物：指金世宗完颜雍退还南宋孝宗皇帝赠送的

宋先皇遗物的典故。金世宗素有"小尧舜"之称，上文中"以无忘追慕"一句便出自金世宗所言，见《金史·世宗下》："宋遣使献先帝遗留物。癸巳，宋使朝辞，以所献礼物中玉器五，玻璃器二十，及弓剑之属使还遗宋，曰：'此皆尔国前主珍玩之物，所宜宝藏，以无忘追慕。今受之，义有不忍，归告尔主，使知朕意也。'"

【今译】

父母留下的衣服器玩，作为子孙应当爱护，用以不忘追慕先人，绝无随手赠人的道理。如今治丧之家将先人遗物分赠他人，而中土晚近也出现专供丧事使用的布帛之习，都是鄙陋的习俗，金世宗拒收宋朝遗物，也有这种见识。

二三三

【原文】

能教育子弟，非一家之私事，是事君之公事也，非事君之公事，是事天之职分也。

【今译】

能教育子弟，并非一个家族的私事，而是事奉君主的公事，不是事奉君主的公事，而是事奉上天的职分了。

二三四

【原文】

孔门之学，专①在躬行。门人问目②，皆举己所以为者当质之，③非如后人执经叩问④，故夫子之答之，亦人人异，大抵皆矫偏救弊，裁长补短，以归诸正而已，譬犹良医对症处剂，症人人异，故剂亦人人异。懿子、武伯、子游、子夏所问同而答各不同，⑤亦可以想当时之学。

【注解】

＊此条与《论语栏外书》中相关内容完全一致。

①专：原文作"耑"，应为误用。

②目：要目。

③皆举己所以为者当质之：都是用自己认为得当的内容进行质问，原文作"皆举己所当为质之"，根据汉语表达习惯做了修改。

④执经叩问：手拿经书恭敬询问。出自《后汉书·儒林传序》："帝正坐自讲，诸儒执经问难于前。"这里的"执经"有拘泥于经书的负面含义。

⑤懿子、武伯、子游、子夏所问同而答各不同：指《论语·为政》中所载孔子弟子懿子、武伯、子游、子夏分别向孔子问"孝"，而得到不同的回答。

【今译】

孔门之学，其专长在于躬行。门人问其中要目时，都是用自己认为得当的内容进行质问，而并非后人拿着经书在恭敬询问，因而夫子对这些问题的回答，也是因人而异，大抵都是矫偏纠弊，取长补短，使其回归正途而已，就像良医对症下药，病症因人而异，所以药剂也是因人而异。懿子、武伯、子游、子夏向夫子问同样的问题却得到不同的回答，从中可以想象当时的孔门之学是什么样子。

二三五

【原文】

经书文字，以文字注明之可也，意味则当以我心透入得之，毕竟不能着①文字。

【注解】

①着：这里指拘泥于。

【今译】

经书里的文字，用文字来注明就可以了，其中的意味则需要以自己的心来进行透彻领悟，毕竟不能拘泥于文字。

二三六

【原文】

穷经①须要考据于此心，引证于此心，如徒就文字上考据引证，辄谓穷经止此，则陋甚。

【注解】

①穷经：指极力钻研经籍。

【今译】

钻研经书，要在自己心中进行考据，在自己心中进行引证，如果只是根据文字进行考据引证，就是所谓钻研经书止步于此了，可谓鄙陋之极。

二三七

【原文】

穷经必有义理①文理②凑合③处，一以吾识断之，斯为得。

【注解】

①义理：这里指文辞上的道理

②文理：指语言文法之理

③凑合：结合。

【今译】

钻研经书应当将文辞上的道理和语言文法之理结合，一概以自己的见识进行判断，这样才能有所得。

二三八

【原文】

先儒经解谬误，不得不订正，但须出于不得已，不容有好异①之念。

【注解】

①好异：喜好异说、喜好奇怪言论。

【今译】

先儒解释经书有谬误，不得不进行订正，但须要出于不得已，不容许是因为个人喜好异说。

二三九

【原文】

读书法当师孟子三言①，曰"以意逆志"②，曰"不尽信书"③，曰"知人论世"④。

【注解】

①孟子三言：即以意逆志、不尽信书、知人论世，三言各自出处如下。《孟子·万章上》："不以文害辞，不以辞害志；以意逆志，是为得之。"《孟子·尽心下》："尽信《书》，则不如无《书》。"《孟子·万章下》："读其书，不知其人，可乎？是以论其世也。是尚友也。"

②以意逆志：以自己的心意去推求书中之"志"。逆，推求、揣测。

③不尽信书：不完全相信书，《孟子》原文中的"书"指《尚书》，而这里佐藤一斋指的仍是普通意义上的书籍，即强调不拘泥于所读书籍。

④知人论世：了解其为人讨论其所处的时代。

【今译】

读书的方法应当以孟子的"三言"为师，即是说：以自己的心意去推求书中之"志"，不完全相信书，了解其为人讨论其所处的时代。

二四〇

【原文】

讲经之法，要简明，不要烦悉①，要平易，不要艰奥，只须使听者得大意分晓可也。至深意处，则毕竟非口舌所能尽，但或察识子弟受病处，间②及余意，替圣贤口语，一二箴砭③，使其颇有所省悟，亦尽好④，若夫簸弄⑤口舌，纵横辨博⑥，使听者解颐⑦忘疲，则非讲经本意。

【注解】

①烦悉：详尽，烦琐而细致。

②间：中间，有时候。

③箴砭：本义为古代用于治病的石针，这里指纠谬、规谏、指正。

④尽好：足够好。

⑤簸弄：玩弄。

⑥纵横辨博：也作纵横辩博，《明史》中评价政治家夏言（1482—1548）所用辞令，意思是恣意高谈阔论，纵横，本义为奔放无阻，这里引申为恣意，辩博，本义指知识广博，引申为高谈阔论。

⑦解颐：开颜欢笑，颐，指下巴。

【今译】

讲解经书的方法，要简明，不要过于详尽，要平易，不要艰涩晦奥，只须使听的人能分晓其中大意即可。至于有深意之处，则毕竟并非通过口舌之言就能充分说明，但有时要察明和识别弟子犯错误的地方，有时涉及一下其中未尽之意，替圣贤说话，指正其中一二处不当，使其能够有颇多的省悟，也是足够好的，如果只是搬弄口舌，恣意高谈阔论，使听的人开心大笑而忘记疲倦，则并非讲解经书的本意。

二四一

【原文】

不定而定，谓之无妄①，宇宙间唯有此活道理充塞焉，万物得此以成其性，所谓物与无妄②也。

【注解】

①无妄：妄，胡乱、不合理之意，《易经》六十四卦中的第二十五卦，孔颖达在《周易正义》中指出："无妄者，以刚为内主，动而能健，以此临下，物皆无敢诈伪虚妄，俱行实理，所以大得亨通，利于贞正，故曰'元亨利贞'也"。又朱熹在《中庸章句》中将"诚"解释为"真实无妄"，将"无妄"与"诚"视为同义，佐藤一斋结合二者之说，在《周易栏外书》中指出："无妄为大畜之对……无妄者任于自然，则泆用发散，大畜主收敛，则有节之限制，所以对也"，"无妄者，以天为动，以天为动者，固至诚之道也"，"无妄之工夫，在于心无妄动……代天而动……所为知止而后能定，定而后能静也"，又指出"占得此卦者，宜从自然，大率，宜止不宜动，然若动以正，则动犹未动"，可见是沿袭了朱熹的观点。

②物与无妄：万物均被赋予了无妄。出自《朱子语类》卷七十一："或问：物与无妄，众说不同。文蔚曰：'各正性命'之意，先生曰：然，一物与他一个无妄。"

【今译】

不确定中的一定，称为无妄，宇宙间唯有这个活道理充塞其中，万物得到它而成就了自身的性，就是所谓万物被赋予了无妄。

二四二

【原文】

物固活①也，事亦活也，生固活也，死亦活也。

【注解】

①活：即上文中的活道理，无妄。

【今译】

物固然是活的，事也是活的，生固然是活的，死也是活的。

二四三

【原文】

天定之数①，不能移动，故人生往往负其所期望，而趋其所不期望，吾人试反顾过去履历可知。

【注解】

①天定之数：天所定下来的数，即命数。在谈及天数时，一斋为命定论者。

【今译】

天所定下来的数，是不能移动的，因而人生往往会辜负其所担负的期望，而趋向于其所不被期望的方向，我们试着去回顾过去的履历就可以知道了。

二四四

【原文】

世有君子有小人，其迭相消长者，数也。数之所以不得不然者，即理也。理有可测之理，有不可测之理，要之皆一理也。人当安于可测之理，以俟①于不可测之理，是人道也，即天命也。

【注解】

①俟：等待。

【今译】

世间有君子也有小人，他们交互消长就是数。数之所以不得不这样，是因为理。理有可测的，有不可测的，总之都是同一个理。人应当安于可测之理，以便等待不可测之理，这就是人之道，也就是天命。

二四五

【原文】

凡作事①，当尽于人而听于天②焉。有人平生放懒怠惰，辄谓人力徒劳无益，数诿③于天来，则事必不成。盖是人，天夺之魄④使然，毕竟亦数也。有人平生敬慎勉力，乃谓人理不可不尽，数俟于天定，则事必成。盖是人，天诱之衷⑤使然，毕竟亦数也。又有尽于人而事不成，是理可成而数未至者，数至则成；不尽于人而事偶成，是理不可成而数已至者，终亦必致败。要之皆数也，成败有不于其身而于其子孙者，亦数也。

【注解】

①作事：即行事，做事。

②尽于人而听于天：即尽人事而俟天命，出自南宋胡寅《读史管见》。

③诿：推托。

④魄：参见第一四二条注解。

⑤天诱之衷：上天引导其心意，即天诱其衷。出自《左传·僖公二十八年》："天祸卫国，君臣不协，以及此忧也。今天诱其衷，使皆降心以相从也。"

【今译】

凡做事，应当尽人事而听候天命。有人一生放任自己偷懒怠惰，就说人的力量是徒劳无益的，命数推托给天来决定，于是做事必定不会成功。因为这样的人，天夺去了他的魄而使他变成这样，终究也是命数。有人生平恭敬谨慎而勤勉力行，是在说人之理不可不尽，而命数就等待天来决定，那么做事必定成功。是因为这样的人，上天引导他的心意使他这样，终究也是命数。也有尽了人事而事不成的人，是从"理"上看可以成功，而命数却没有到那种程度，命数到了就会成功；没有尽人事而事情偶然一时成功，是因为从"理"上看不可以成功而命数已经到了，最终也必将导致失败。总之都是命数，成败有时没有发生在这个人身上而是发生在他的子孙身上，也是命数。

二四六

【原文】

数①始于一而成于十，十复归于一，大而百千万亿，小而分厘毫丝②，皆一十之分合，以至无穷也。易自太极而起，③至四象④而数略具，以其一二三四之积始成十也。就十中除老阳位一，则余九，故九为老阳之数；就十中除少阴位二，则余八，故八为少阴之数；就十中除少阳位三，则余七，故七为少阳之数；就十中除老阴位四，则余六，故六为老阴之数。又自一至十之积，则成五十五，谓之天地之数。今试屈伸五指数之，先自大指屈为一，食指为二，中指为三，无名指为四，小指为五，再自小指伸为六，六与五，即十一，无名指为七，七与四，即十一，中指为八，八与三，即十一，食指为九，九与二，即十一，大指为十，十与一，即十一，每一指皆十一，合五指而成五十五，则天地之数，盖既具于掌中矣。又就天地之数，以其五十充蓍数，⑤余五，虚之以拟卦位，卦位六虚⑥，五则一不足，蓍用四十九，五十则一有余，并未定也。方筮时，蓍虚其一，盖去其有余，归之于不足，是感应之几⑦也，乃蓍数退成四十九，而卦位进具六虚，以待于六十四，数于是定矣。蓍之德⑧，圆而神，故七其七。卦之德，方以智，故八其八。用七求八，得九与六，以推吉凶悔吝⑨之所趋，凡是数理之秘也，不独易为然，而万物之数，亦皆不越于此。

文政癸未嘉平月⑩ 福知山城主源纲条⑪校字

【注解】

①数：即数字，但在一斋的论述中数也包含了命数的含义。

②分厘毫丝：一以下的数字单位，一等于十分，一分等于十厘，一厘等于十毫，一毫等于十丝。

③易自太极而起：《周易》自太极开始。源自《周易·系辞上》："易有太极，是生两仪，两仪生四象，四象生八卦。"太极，即太一，指天地阴阳未分前的混沌状态。

④四象：指少阳、老阳、少阴、老阴，在筮数上分别指七、九、八、六，在时令上象征春、夏、秋、冬。

⑤以其五十充蓍数：源自《周易·系辞上》中"大衍之数五十，其用四十有九"的说法，五十为大衍之数，数，即蓍数、蓍策数，在占筮中以蓍草之策代表。

⑥六虚：六个虚位，指卦位中的六爻。

⑦感应之几：感应的机微，几同"机"。

⑧蓍之德，圆而神，卦之德，方以智：蓍数的性质圆通而神奇，卦体的性质方正而明智。出自《周易·系辞上》："蓍之德圆而神，卦之德方以知，六爻之义易以贡。"蓍，即蓍数。德，性质。圆，圆通，含反复变化之意。方，方正，知即智。这两句是说蓍数以变化神奇为德，卦体以明志有方为德。

⑨吉凶悔吝：即吉、凶、悔、吝等卦象，分别代表得、失、忧、

虞。出自《周易·系辞下传》："吉凶悔吝者，生乎动者也。"

⑩文政癸未嘉平月：文政六年（1823）十二月，一斋此年五十二岁。

⑪福知山城主源纲条：朽木纲条（1801—1836），号格斋。丹波福知山（现京都府福知山市）藩主，自幼师从一斋。

【今译】

数字开始于一而成于十，从十又重新回归到一，大到百千万亿，小到分厘毫丝，都是一和十的分与合，直到无穷。《易》开始于太极，衍化到四象就已略有数字，通过将一二三四加在一起就首先得到了十，从十中减去处在老阳的位置的一，就剩下九，因此九就是老阳之数；从十中减去少阴位置的二，就剩下八，因此八就是少阴之数；从十中减去少阳位置的三，就剩下七，因此七就是少阳之数；从十中减去老阴位置的四，就剩下六，因此六就是老阴之数。再从一加到十。就得到了五十五，称之为天地之数。现在试着弯曲伸直手指来数一下，先从弯曲拇指开始作为一，食指作为二，中指作为三，无名指作为四，小指作为五，再将另一只手的小指伸出作为六，六加五即十一，无名指作为七，七加四即十一，中指作为八，八加三即十一，食指作为九，九加二即十一，拇指作为十，十加一即十一，每一对手指之和都是十一，五对指合在一起，就得到了五十五，也就是天地之数，已经在掌中具备了。又在这个天地之数中，取五十作为著策之数，将剩余五的去掉，来拟出卦位，卦位有六个虚位，所剩下的五则缺一不足，著策如果用四十九，五十就多出一，都没有确定。占筮的时候，将著策减去一个，是减去有余归还给不足，这就是感应的机微。于是著数退成四十九，而卦位则进一位具备了六个虚位，以用来等待六十四卦的生成，数由此而确定下来。著数的性质圆通而神奇，因此是七七之数。卦体的性质方正而明智，因此是八八之数。用七加上八，也得到九与六之和，用此来推算吉、凶、悔、吝等卦象的趋向，凡是数之理中的奥秘，不仅《易》是这样，万物的数之理，也都不超越这个范围。

文政六年（1823）十二月　福知山城主源纲条校字

【原文】

余受学于一斋先生，有年矣。今兹①承乏于浪华副镇，久违教范，因出此录，日读数章，沈潜而玩味之，犹之面命耳提也。凡有志于学者，皆当正其趣向，况于有邦为士者乎。吾观世之号称好学者，或驰虚文，而无实得，或流功利，而失正路，其于家国也，果何益，岂非以学乖其方②乎。此录悉出于先生之所自得，正足以使人正其趣向而得所归宿矣，余不敢自私也，特校刻之，贻诸世之有志者，共焉。

甲申春仲月下浣，③书于浪华城山里廨舍。源纲条

【注解】

①今兹：今年。

②方：应有的规范。

③甲申春仲月下浣：文政七年（1824）二月下旬。

【今译】

我受教于一斋先生，已有多年。今年有幸任职于大阪，违别先生的教诲示范已经很久了。因而出版此录，每日读数章，得以沉潜玩味，如同老师仍在耳提面命一般。凡是有志于学习者，都应端正自己的趣向，更何况是要对国家有所作为之士呢？我看世上号称好学者之人，有的凭空洞之文驰名，并无实际收获、领悟，有的流于功利而失去正途，他们对国家究竟有何益处呢？岂不是因学这样的人的文章而令人乖离了正确的规范吗？这本《言志录》尽数出自先生自己的体悟领会，正好足以使人端正自己的趣向得到自己的归宿，我不敢私藏，特意将其校刻，留给世上的有志者共享。

文政七年（1824）二月下旬，书于大阪城山里廨舍。源纲条

第三部分 佐藤一斋《言志录》思想评述

《言志录》是一斋生平最重要的著作《言志四录》中的第一部，与其他述而不作的注释类、诗文类著作不同，它是一斋儒学思想的直接体现。如前所述，一斋长期在日本朱子学最高学府昌平黉担任教职，其身份一般被认为是朱子学者，而由于其个人自少时起就喜好阳明学，其思想中的宋明理学及心学的特色是不言而喻的，可以说其实其儒学思想呈现出一种朱王兼取而调和的特征，特别是对朱子学、阳明学中关于天道论、心性论、工夫论等核心范畴的认识，乃至对于这两大儒学流派的个人态度等方面，都表现出了这种倾向，这些特征在其《言志四录》之中有所体现及表现。本书译注的《言志录》开始创作于1813年，一斋42岁，业已担任幕府朱子学林家家塾塾长十余年，正是意气风发、年富力强的年龄。一斋在这样的身份和背景下开始创作其箴言体随笔录《言志录》，历时11年，直至1824年53岁时才完成出版，可以说是一斋学术生命力最旺盛时期的著作。长达11年记录的246条感想体悟，多为一斋对于儒家工夫修养的心得体会，也有对儒家核心理论体系如天道论、心性论、工夫论、天人关系论等的个人观点，其中更是涉及了理、气、心、性等儒家思想核心范畴，不仅是一斋儒学思想的集中反映，也为《言志四录》的后三录构建了基本论域和理论框架。

一、一斋思想的形成历程

一名学者或思想家的学问造诣及思想特点往往与其生平经历以及因之而形成的秉性气质密不可分，一斋也不例外。要了解一斋思想，必先了解其人生历程和思想气质形成轨迹。纵观一斋一生，可谓少时小有波折而壮年及晚年仕途平坦，概而言之，家世、师友、个人秉性气质是佐藤一斋学问及思想特色形成的三大要素。

（一）家世及师承

家世背景对佐藤一斋一生的影响深远。他出生于江户末期美浓国岩邑藩（现岐阜县惠那市岩村町）家臣世家，其父佐藤信由深得藩主倚重、信任，其家学亦承藤原惺窝（1561—1619）一脉，在一斋之子佐藤棐（1822—1885）所著《皇考故儒员佐藤府君行状》中曾记录了如下一段一斋的言论：

> 余谓我邦首倡濂、洛之学者为藤公，而早已并取朱陆如此。罗山亦出于其门。余曾祖周轩受学于后藤松轩，而松轩之学亦出自藤公。余钦慕藤公，渊源所自，则有乎尔。①

不仅明言其朱陆并取的为学态度，也强调了曾祖佐藤周轩的家学对自己的影响。

除家学之外，与一斋堪称亦主从、亦师友、亦兄弟的林述斋（1768—1841）对其有着十分重要的影响。一斋之父佐藤信由曾主持藩主松平乘蕴（1716—1783）三子松平乘衡（即后来的林家第八代家主林述斋）的十七岁授乌冠帽元服典礼，是松平乘衡的所谓"乌帽子亲"，基本相当于中国的义父与义子关系。授礼后松平乘衡曾对一斋说：帽亲之子犹兄弟，终身不相违离也。事实证明，此后余生，述斋确实也做到了这一点。二人自幼一起成长，是主从也是兄弟，成年后又一道在江户共事多年，述斋在一斋一生多个重要节点均产生了极为重要的影响。如一斋幼年时曾任岩邑藩近侍，与当时的少藩主松平乘衡等人一同修习儒学，但于1791年二十岁时遭遇"世故"，被免去了仕籍，②这件事可以说是一斋一生最大的一次挫折，据说一斋也因此易名为捨藏，正是在当时还名为乘衡的述斋的劝说下，一斋决定游学大阪，跟随当地著名儒者学习，开始了舍仕途而求学问的新的人生历程。二十五岁时，一斋入江户幕府官学教头林锦峰（1767—1793）门下，以讲习儒学为业，松平乘衡随后也来到江户开始讲习。不久林锦峰病逝，因无子嗣，松平乘衡奉幕府之命过继到林家，更名林述斋并继任幕府官学教头，1841年林述斋去逝后，这一职位由一斋继任直至1859年去世。

一斋早年专攻朱子理学，二十一岁游学大阪时，曾师从怀德堂学主朱子学者中井竹山（1730—1804），据说在跟随竹山求学期间一斋开始关注阳明心学，并为王学"证体启用、明心见性"的巨大魅力所倾倒。与中江藤树（1608—1648）、熊泽蕃山（1619—1691）等出身民间学儒家学者不同，一斋一直处于幕府官学的最核

---

① 转引自申绪璐《19世纪日本儒学思想的朱陆之争——以楠本硕水〈朱王合编〉为中心》，《贵州大学学报（社会科学版）》，2016年3月第34卷第2期。
② 详见后附一斋年谱。

心位置,并长期在幕府儒学教育的最高学府昌平黉任教职,最后还成为了昌平黉儒官之首,可以说一斋实现了大多数儒者一生难以实现的理想——得天下英才而教育之,此后明治维新的诸多英豪人物出自一斋或其弟子门下,对于明治维新的影响不可谓不深远,我国学者朱谦之先生也因此称其为"明治维新的摆渡人"。

(二)秉性气质

佐藤一斋一生的秉性气质,可以用少时放浪而笃学,老来精进而广博来概括。所谓少时狂放笃学,在关于一斋的传记中多有记载,一斋少时喜好阳明学,在性情行迹上也多有模仿,读书之余,骑射刀枪无所不学,形如浪人。在其所著的《爱日楼全集》中,一斋对自己有如下描述:

> 当天明之季,时风渐渝,法网亦疏,而下谷只为无数恶少之渊薮,君初不能无少染。以其家世为疡科,兼整骨枝,因旁学拳法,其师曰松宫柳围翁,余亦适往学,与君始相知于演场中。年齿相若,昵若兄弟,君有膂力,技亦拔群,虽髻颅依样,而发五分,以示勇猛状,时或醉后夜行,途次往往颠踣人以为快。余亦颇负气,相颉颃。

林述斋曾评价其为"幼时黠甚,今则道学先生也",虽为调侃,也颇有由来。在天赋才能上,朱谦之先生评价其为"天资高迈,精力绝人",是极为精准而贴切的。家世、师友、天资禀赋加之自身的勤勉不辍,使一斋具备了可以"立志"成为日本儒学乃至整个儒学史上"第一等人物"的得天独厚的条件,而一斋确实未曾辜负这些难得的机遇,在对儒家思想的体悟、践行及应用上确实取得了名实相符的成就。

二、《言志录》思想特色

《言志录》乃至《言志四录》所反映出的佐藤一斋的儒家思想体系可谓"广博精深",仅就《言志录》中所涵盖的思想主题及体系框架而言,既包括言志之学、朱王会通等关乎个人志向、立场的问题，也包括天道论、心性论及修养工夫论、天人关系论等儒家基本理论范畴及命题等问题，上述内容可以说是分明暗两条线索展开的，即一是作为明线的带有儒家世界观及价值论色彩的言志之学、天人宇宙说及修养工夫论，二是作为暗线的所谓朱王调和、兼收百家的儒家方法论特征。上述内容在《言志录》中的具体分布①如下表所示：

主　题		条　目
言志之学② （15条）		六、七、二七、三二、三三、四一、六〇、九一、九二、九三、九八、一一八、一一九、一二三、一八四
天道论	宇宙论 本体论 （38条）	十六、十八、五三、五四、五七、七三、九二、九三、九八、一〇五、一一〇、一一一、一一二、一二四、一二九、一三一、一三七、一三九、一四三、一五八、一七一、一七二、一七五、一九六、一九七、一九九、二〇〇、二〇一、二〇二、二〇四、二〇五、二〇六、二〇七、二一四、二二七、二四一、二四二、二四六
天人关系论 （25条）		一、二、四、十七、四四、四六、七七、九〇、九四、九五、九六、九七、一〇八、一二四、一三一、一三七、一四三、一九八、二〇一、二〇九、二一〇、二一三、二四三、二四四、二四五

---

① 因《言志录》中各条内容多有重合，如第一条既是天道论论述，也与天人关系论相关，因而同属两项分类，而下表中各项分类总和超过《言志录》各条内容总数的246条。
② 属诚意正心工夫，因言志思想在《言志录》中的特殊地位而单独列出统计。

人道论		心性论（24条）	十一、二四、三八、七二、七五、九六、九七、九九、一〇七、一〇八、一〇九、一一〇、一一一、一二七、一三二、一三三、一三八、一四二、一九二、一九五、一九八、二一三、二一四、二二六
	修养工夫论	格物致知工夫（为学工夫）（27条）	二、五、六、十二、十三、十四、十五、五七、五八、六〇、一四〇、一四一、一四四、一四五、一四六、一四七、一六七、一七〇、一九九、二三〇、二三四、二三五、二三六、二三七、二三八、二三九、二四〇
		诚意正心工夫（60条）	三、七、八、十、十九、二十、二一、二二、二四、二五、二八、三四、三五、三八、四〇、四一、四二、四三、四四、五六、五八、六〇、六五、六六、六八、六九、七〇、七一、八八、八九、一一二、一一三、一二〇、一二八、一三〇、一三一、一三三、一三六、一三七、一三八、一五一、一五三、一五四、一五五、一五六、一五七、一五八、一五九、一六〇、一六一、一八七、一九一、一九二、一九五、二〇一、二二〇、二二五
		修身齐家工夫（59条）	四、九、二六、二七、二九、三〇、三一、三六、三七、三九、四五、五六、五九、六二、六四、六七、七〇、七二、七八、八九、一〇六、一一四、一一五、一一六、一二〇、一二五、一三五、一四六、一四七、一四八、一四九、一五〇、一五一、一六六、一六八、一六九、一八二、一八三、一八四、一八五、一八六、一八九、一九〇、一九三、一九四、一九七、二〇一、二一一、二一七、二一八、二一九、二二一、二二二、二二三
		治平工夫（为政工夫）（47条）	四六、四七、四八、四九、五〇、五一、五二、六一、六九、七五、七六、七九、八〇、八一、八二、八三、八四、八五、八六、八七、一〇〇、一〇一、一〇二、一〇三、一〇四、一一四、一一五、一一七、一三四、一七一、一七二、一七三、一七四、一七六、一七七、一七八、一七九、一八〇、一八一、二〇三、二一二、二一五、二一六、二二一、二二二、二二三、二二八
		养生工夫①（9条）	五四、五五、一二六、一六二、一六三、一六四、一六五、一八八、一八九

从上表中可以看出，《言志录》虽然是一部箴言体的随想录，

---

① 属修身工夫，本表中为与精神及社会关系层面的修身相区别，将身体健康层面的修身单独列为养生工夫。

但却已系统涵盖了儒家思想体系各种重要理论范畴，可以说是一斋儒学思想的最直接体现，特别是有关儒家修身工夫的内容占据了全书近 90% 的内容，远超传统儒学范畴体系中的天道论、天人关系论及人道论中的心性论等方面内容的比重，反映出一斋具有个人特色的《言志录》工夫论思想。关于这一思想体系形成的原因，首先从儒家思想内部而言，它是一斋长期从事儒学教学、研究的过程中其对儒学思想不断发展、日渐圆熟的体现。其次，其关于儒家宇宙论、心性论、天人关系论的深化思考，也是其日积月累的修身工夫论在实践中渐成体系的结果。最后，也是当时社会环境直接作用影响的结果，是其所处时代精神的一种体现。《言志录》第一条记录于 1813 年（文化十年），正是德川幕府十代将军德川家齐治世的时代，其间江户文化早已烂熟至极致而开始呈现颓废之兆，社会现实的巨大变化，身为一个有着历史责任感的儒家学者，作为幕府官学机构的核心成员，一斋自然有其"兼济天下"的担当，《言志录》正是在这样一种历史背景下成书的，可以说其言说中也包含着一斋的社会责任感与历史担当。

（一）言志之学

谈及一斋的学问思想，无论国内还是日本学界多以"阳朱阴王"概之，其实无论言及一斋为人还是思想，需先清楚终其一生所完成的《言志四录》中所言之"志"，究竟为何种之"志"。只有搞清这一点才能真正了解一斋"言志"思想的真正特色，才能理解"言志之学"如何言明了佐藤一斋"止于至善"的儒家终极价值理想。在《言志录》系列著作中，佐藤一斋的"言志"之"志"至少包含了三层含义，即"志学之志""志功之志"，以及一斋一生所追求的"圣人之志"，而这三层含义的"言志"之"志"又存在着一定的逻辑关联及工夫论层面的意义，即其"志学之志"的目的在于实现"志功之志"，从而最终实现"圣人之志"。

1. 志学之志

所谓"志学之志"中的"志学"，源于《论语》中孔子"十五而有志于学"之说，即孔门弟子关于求学的志向及为之付出的努力。《言志录》开篇，一斋便明确指出"学莫要于立志"，并同时认为"立志亦非强之，只从本心所好而已"（言六），这里所说的"志"

均属于志学之志，也有其自身的"志学"的方法论支撑，以及具体实施细节上的工夫论准备。

2. 志功之志

所谓"志功"，即儒家所谓传统"内圣外王"之说中的"外王"之志，指的是儒者一生所建立的功业。对此，一斋在《言志录》中曾当仁不让地指出：

> 有志者，要当以古今第一等人物自期焉。（言一一八）

足见其外王之功的志向之大，而对于成为这种"古今第一等人物"所应具备的功业，则是认为：

> 士当恃在己者，动天惊地极大事业，亦都自一己缔造。（言一一九）

并认为"凡作事，须要有事天下之心"（言五），其"志功之志"不可谓不广大。值得一提的是，对于这种"志功之志"的作用，一斋也做出了自己的解释：

> 有志之事如利刃，百邪辟易。无志之人如钝刀，童蒙侮玩。（言三三）

以"利刃"来比喻儒者的"志功之志"的效用，称其可以令"百邪辟易"，这种论述也颇符合其出身武士的身份特征，因而也有人称一斋的儒学思想为"武士的儒学"。

3. 圣人之志

一斋《言志录》系列著作中所言之志，毫无疑问还有着"圣人之志"的含义。圣人之志自然也涵盖了志学之志和志功之志，但也有着一斋一生所追求的儒家终极理想的意味，是一斋"言志"之"志"的核心内涵，也是一斋终其后半生四十余年撰写《言志四录》的目的所在。儒家有关"言志"的思想一般认为源自《论语》中的两段内容，首先是《论语·公冶长》中的"侍坐"章：

颜渊、季路侍，子曰："盍各言尔志？"子路曰："愿车马、衣轻裘与朋友共，敝之而无憾。"颜渊曰："愿无伐善，无施劳。"子路曰："愿闻子之志。"子曰："老者安之，朋友信之，少者怀之。"

此外还有就是《论语·先进》中的论述：

子曰："何伤乎？亦各言其志也。"曰："莫春者，春服既成，冠者五六人，童子六七人，浴乎沂，风乎舞雩，咏而归。"夫子喟然叹曰："吾与点也！"

上述文本中所谈及的圣人之志，突出的是儒家的礼乐治国的理想，《公冶长》中描述的"大道行之于世"的和谐场景，正是指通过礼乐教化的方法达成儒家礼乐治天下的理想——"圣人之志"的"至善"所在。

对于这种"圣人之志"，一斋视之为儒者行为动力的来源：

圣人平生言动无一非训，而临殁未必为遗训，视死生真如昼夜，无所着念。（言一三三）

而其在《言志录》中还有如下一段的表述：

茫茫宇宙，此道只是一贯……从天视之，无中国，无夷狄……亦能性其性，无所不足，伦其伦，无所不具，以养其生，以送其死。（言一三一）

可以说这是与上文中孔子"言志"之说遥相呼应的一种表述。

通过对不同层次的"言志"之"志"的表述，一斋构筑了自身体系化的"言志之学"。除了对于"志"的具体内容有不同识解之外，《言志录》中还包含了如何立志以及立志之后如何持守的持志之说等，可以说构成了相对完整的立志工夫论体系。一斋所言之志，既有志的具体意涵阐析，在工夫论层面又有立志和持志之分。例如关于如何"立志"，他就曾指出"立志的功夫，以知耻为心要"，认为有大志向者应该有所为有所不为。因此可以说是一种十分细致的儒家工夫论言说。

关于坚持这种"志"的作用，一斋则指出：

> 闲思杂虑，纷纷扰扰，由外物涠之也。常使志气如剑，驱除一切外诱，不敢袭近肚里，自觉净洁快豁。（言二二）

依然是以刀剑喻志，明言心有定向之"志"的功用，既有阳明学明心见性之果敢明了，也是其武士儒者之身份气禀使然。

（二）朱王调和

关于一斋对阳明学和朱子学所采取的态度问题，由于本卷并非系统论述一斋儒学思想之作，因而仅从一斋《言志录》中最具个人特色的工夫论角度对这一问题进行分析。一斋思想中的朱陆关系或朱王关系问题，其本质是一斋对儒家思想发展史上的心学及理学观点的容受情况及态度的概括，即一斋之学究竟是陆王心学还是程朱理学，在日本儒学的语境下，则往往被表述为一斋所秉持的基本立场究竟是朱子学还是阳明学的问题。这一论题牵涉其广，既涉及一斋思想之体系性质及指归，亦涵盖一斋对于朱陆、朱王思想异同的认识及容受要素。迄今为止的论述中有认为一斋是阳明学者[①]，也有认为一斋是朱子学者，有讽喻一斋为"阳朱阴王"者，也有认为一斋是朱王兼收、朱陆调和者，可谓聚讼不已。然而其中部分论述至少存在两方面问题。其一，缺乏基于儒家思想内在理路的论证，如缺乏从理学、心学的基本范畴、命题的理论逻辑差异角度的论证，多为仅依据一斋部分著作中的部分观点来判断其思想指归，如仅从一斋在"栏外书"的注释中表现出对阳明的部分演说的肯定及景仰等角度来判定一斋为阳明学者，但其实一斋著作中对程朱之学的肯定亦不少见；其二，过分强调朱子与陆王即理学与心学的差异性，而忽略的二者同属儒家思想的一致性，如朱陆关于"理"的认识是

---

① 持此观点者如日本井上哲次郎、我国学者朱谦之等。见于井上哲次郎《日本伦理汇编卷三　阳明学派之部（下）》、朱谦之《日本哲学史》。

基本一致的，都主张理是形而上的"所以然"者①。陆王心学中"心"的概念也与朱子学"理""气"概念多有关联，阳明学中的"良知"的概念与朱子所解释的"明德"的概念亦有相近之处，甚至儒家学说中所谓心理之辨与其说是宇宙论、本体论层面的尖锐对立，不如说是认识论层面的基于不同角度的表述，因两派均认为自然界是有机的统一整体，人道可追溯至天道，而天道亦可为人道的形而上依据。

一斋思想中的"朱王之辨"问题并不应占据评价其思想价值的核心位置——特别是在对《言志录》文本的思想特色进行分析时，但仍属研究一斋思想无法回避的问题之一。从工夫论视角而言其内圣外王、修齐治平的政治雄心，以及止于至善的儒家终极理想和目标都是别无二致的正统儒家立场，也即是说在儒家思想内在发展理路看来，朱陆、朱王异同更多的是"格物致知"还是"致知格物"的方法论上的差异，即心学和理学在方法论层面的根本原则究竟是"遵德性"还是"道学问"问题，而较之"公朱私王"的论断，"朱陆调和""朱王兼收"似乎更为贴切。仅就其工夫论思想而言，既有省察层面的铢分毫析，也有涵养层面的明心见性的简易工夫，而"阳朱阴王"之说则是带有评论者个人的价值判断（多为负面）色彩，甚至可以说是一种具有攻击性的评判。

具体而言，关于一斋思想中对朱王思想的态度问题，也许正如一斋在《言志录》中所说："凡事于吾分不得已者，当为之不避，可得已而不已，是则自我生事。"（言六三）即对于一斋而言，面对朱王异同取舍问题，有"不得已者"，他"为之不避"，"有可得已"者，他并不自我生事。这也许是一斋对于心理之辨问题态度的最为贴切的解释。作为与林家关系密切的昌平黉儒官，就一斋公开的身份而言，他在公开讲授内容上以朱子学为主是毋庸多论的，对此一斋并没有避让，而私下里个人喜好包括《言志录》、"栏外书"中的有关具有阳明学性质言说，一斋只是按其本心明言，至于周围他人如何理解，甚至诟病他为"阳朱阴王"，却也并未"自我生事"。在后来他与大盐中斋、渡边华山、佐久间象山等一系列学友、门人的交往过程中也均表现出了这种心中之坦诚，而并非朱陆、朱王二者择一而从之。如在《言志录》中一斋曾多次提及自己心理会通，

---

① 蒙培元：《理学范畴系统》，人民出版社，第21页。

即朱陆、朱王兼收的观点。

究其原因，无论从于私的个人学理还是从于公的事理，一斋身为当时官学最高学府昌平黉的教官，均不可能舍朱从王，或弃王从朱，而且若这样做也不符合儒家极高明而道中庸的基本方法论立场。最后，从情理而言，如果一斋是阳朱阴王的阳奉阴违之徒，本身就违背了一斋作为一名儒者的理想人格追求，也不可能得到周围同时代精英以及一众堪称明治维新骨干精英的弟子的认可与景从。故而无论从学理、事理、情理，还是从其个人学识及品行角度而言，一斋均不至于是阳朱阴王；另一方面从为学次第而言，程朱陆王皆是儒家之学，甚至同为广义理学所涵盖之学说，择其中善者而从之也并无不合理之处。在《言志录》中这种会通程朱陆王的论述并不少见。

例如关于立志的重要性及方法，一斋指出："学莫要于立志，而立志亦非强之。只从本心所好而已。"（言六）这里的"学莫不要于立志"，与阳明在《传习录·示弟立志说》中"夫学，莫先于立志"的观点接近，但将"先"改为"要"强调"立志"对于学习的重要性的同时，淡化了在时间上的先后次序，可以说是对阳明观点的一种深化和发展。而在论及虑事与处事工夫时，一斋则是认为"虑事欲周详，处事欲易简"（言二六），其中的"虑事周详"合于朱子之学"铢分毫析"的方法，而"处事易简"则与陆王心学"简易工夫"的工夫论意旨更为接近，可以说一斋在工夫论层面，有着心理调和，朱陆、朱王兼收的特征。

关于格物穷理的为学工夫，一斋指出：

> 吾既有资善之心，父兄师友之言，唯恐闻之不多，至于读书亦得不多乎。圣贤所云多闻多见，意正如此。（言十四）

这里一斋追求的是"唯恐闻之不多"，尽可能地追求多读书，同时也并非一味格物穷理，而是对穷理进行了区分，对于伦理道德之理的"义"采取的也是求诸本心之法：

> 穷理二字，原本《易》传，和顺于道德而理于义，穷理尽性以至于命。故吾儒穷理，唯理于义而已，义在于我，穷理亦在于我，若以徇外逐物为穷理，恐终使欧罗巴人贤于吾儒，可乎。（言

一七〇）

鉴于上述一斋本人在《言志录》中的有关表述，可以说一斋在《言志录》中所展现的儒学思想，在工夫论及天道论、心性论等方面，有着朱王调和、兼收各家之长的特征。

（三）天道论

所谓天道论，是指儒家学说中本体论、宇宙论等内容，因儒家理论自身固有的特征，前者又关涉到了儒家的心性论及天人关系论，涉及了儒家学说最基本的本体论及世界观、价值观等问题，可以说是任何一个儒者都无法回避的关要问题，如在《言志录》中，一斋曾有这样一段言论：

> 吾俯仰而观察之：日月，昭然揭明；星辰，灿然列文；春风，和煦宣化；雨露，膏泽洽物；霜雪，气凛然肃；雷霆，威赫然震；山岳，安静不迁；河海，弘量能纳；溪壑，深不可测；原野，广无所隐；而元气生生不息，斡旋于其间……（言一七一）

又如：

> 水气结为鱼鳖，鱼鳖，即水也，而鱼鳖不自知其为水。山气结为禽兽，为草木，禽兽草木，即山也，而禽兽草木不自知其为山。地气之精英结为人，人，即地也……（言一九六）
>
> 气有自然之形，结成体质，体质乃气之聚也。（言九八）

这是一种接近"气本论"的宇宙观，从中可见宋儒的影响。再如《言志录》第二条中，一斋指出"太上师天，其次师人，其次师经"，这是将"天"视为至上之师，最高原则，带有朱子学特色，认为天是至高的法则来源：

> 凡此皆天地一大政事，所谓天道至教，风雨霜露无非教者……（言一七一）

在此基础上，一斋进而认为"人道也，即天命也"（言二四四），并认为"吾心即天"（言一九八）、"吾性即天"，又带有心学的特征：

> 吾性即天也，躯壳则藏天之室也，精气之为物也，天寓于此室……（言一三七）

在天人关系层面，他认为"天道以渐运，人事以渐变"（言四），在天人关系上坚持儒家的"天人合一"论的观点，认为人世间的伦理准则应与天道相应合。

又如他说：

> 我既天物，必有天役。天役弗共，天咎必至。省察到此，则知我身之不可苟生。（言十）

在第十七条中也说：

> 静观造化之迹，皆行其所无事。

上述言说均能反映出其天道论及其天人关系论的特色，即在天人关系上，"天"是人的道德伦常行为规则的来源，进而引出了其"心即天""天流注于心"的观点：

> 修己以敬，以安人，以安百姓，一是天之流注于心[①]。（言一五八）

[①] 关于这一句，日语汉文原文为"天心流注"，日本学者有两种不同注释，川上正光在讲谈社版《言志四录（一）》中按照日语的表达习惯，认为是"天流注于心"之一，而相良亨、沟口雄三编的《日本思想大系46：佐藤一斋》中则依据汉语字面注为"天心流注"。本书采用第一种观点，原因有二：首先"天流注于心"更符合按照日语语法对日语古文"天心流注"的解释，即"天は心に注ぐ"，而如果解释为中文的以"天心"为主语的"天心流注"则会令这一短语成为无宾语的不合理句式；其次，"天流注于心"的用法在《言志录》第一三七条也有类似使用，如"吾性即天也，躯壳则藏天之室也，精气之为物也，天寓于此室"，即都将"心"和"躯壳"视为注"天"或藏"天"的容器。

即认为儒者修己安人乃至安民的举动,都是天(理)流注于心的缘故,"心即天"因而天道与人道存有着一致性,其人道论亦与天道论相呼应。

(四)心性论

心性论是宋明理学的核心主题,在儒学思想体系中属于人道论的范畴,对于心、性等重要概念的不同理解甚至成为儒学不同流派划分的依据。朱子学及陆王心学都隶属于广义理学的范畴,因而对心、性等概念都有不同的阐。一斋受朱王的影响,对心性论问题自然也尤为关注,因而《言志录》虽以一斋的工夫论言说为主,但也有部分语录涉及了心性认识问题。

在《言志录》中,一斋所谈及的心的范畴至少包含了两种不同的含义。首先,是作为人的认知器官及其功能的心:

> 心之所形,尤在于言与色。察言而观色,贤不肖、人不能瘦。(言三八)

此外第七五条说"人心不可无欢乐发扬处""使人心有所寄",第七十六条说"使人心身大有所发扬"等,都是这种含义的心的概念。这些地方所说的"心",明显是作为知觉器官及其内在意识活动内容的心,会反映于外在的言动之中。在儒家思想史上朱子学中的心的概念相对更侧重于这种含义,但需要指出的是,上述几条中一斋显然是在谈省察工夫,而不是本体论意义上的心的概念。一斋在《言志录》第二十四条中,在谈论省察工夫的主题时也涉及了这种心的含义,即作为意识现象、意识活动的心的概念:

> 心之邪正,气之强弱。笔画不能掩之,至于喜怒哀惧,勤惰静躁,亦皆形诸字,一日内自书数字以反观,亦省心之一助。(言二四)

在这种含义下,心也具有了思维和身体主宰的性质:

> 使地能承乎天者,天使之也,使身能顺于心者,心使之也,

一也。（言九六）

说心能"使身顺于心"，即认为这种知觉理智之心是身体的主宰。又如他说：

> 心能是非物，而又自知其是非，是所以为至灵欤。（言十一）

在第十一条中，虽然仍在使用作为知觉作用的理智之心的含义，但又将心作为是非万物的尺度，并喻之以"至灵"，已经带有了一种本体论的意味，即具有了理学史上心的另一种含义——伦理道德本性之心的含义。这种观点认为心是道德价值的源泉，而阳明学中"心即理"就是这种含义，强调心是人的本质所在，具有很强的心学特色。因而一斋进一步将其发挥为"心即天"，心即是世界本源。在第九十七、一九八条中，一斋的这种思想得到了更为明确的表述：

> 举目百物，皆有来处，躯壳出于父母，亦来处也。至于心则来处何在，余曰，躯壳是地气之精英，由父母而聚之；心则天也，躯壳成而天寓焉。天寓而知觉生，天离而知觉泯，心之来处，乃太虚是已。（言九七）

又：

> 此心灵昭不昧，众理具，万事出。果何从而得之，吾生之前，此心放在何处，吾殁之后，此心归宿何处，果有生殁欤？无欤，着想到此，凛凛自惕，吾心即天也。（言一九八）

这里的"心"的含义已不再只是一种知觉或知觉活动内容意义上的心，而是具有了"心即天"，"心之来处乃太虚"等的本体论的色彩，因而在《言志录》中，一斋所使用的心的概念虽然至少包含了两种不同的含义，但第一种知觉之心、理智之心，多数使用在其涵养省察工夫论中，而在真正心性论或本体论意义上，一斋所使用的心的概念无疑更接近于阳明心学中的心的含义。①

作为儒家心性论的另一重要范畴"性",一斋在《言志录》第一〇八、一〇九、一一〇条作了较为详尽的表述,一斋的心性论中有关"性"的论述也涉及了"善""恶""欲"等范畴。在第一〇八条中,对于"性"的由来,及其与人之善恶的关系,一斋作了如下的表述:

> 性禀诸天,躯壳受诸地,天纯粹无形,无形则通,乃一于善而已。地驳杂有形,有形则滞,故兼善恶,地本能承乎天以成功者,如起风雨以生万物是也。又有时乎风雨坏万物,则兼善恶矣。其所谓恶者,亦非真有恶,由有过不及而然。性之善与躯壳之兼善恶亦如此。

这里一斋承袭了儒家传统中"性本善"的观点,并将其原因归结为"性禀诸天",而"天纯粹无形,无形则通,乃一于善而已"。这是对"性本善"在形而上层面的论证,带有浓重的理学特点,但一斋的善恶论特别是关于"恶"的认识可以说与朱子学及阳明学的善恶论均有不同。众所周知,朱子是在其理气观的基础上提出其善恶论的。朱子认为"人物受天之气为形,受天之理为性",因而性之所以无不善,是由于其出于天之理,理是形而上的规范,因而性无不善;朱子认为"性即理",因而这种天命之性无不善,而人、物等有形体之存在,因为受天地之气,气乃形而下之"器",会有浑浊偏塞等问题,即气禀上的差异,对天命之性造成遮蔽,成为恶的来源,朱子因而也将至善无恶的天命之性与有善有恶的气质之性进行了区分。总之,朱子的理气观是理气不离的理气一元论,是形式与内容的统一,具有理性主义的特征,这种形而上的善恶解释也带有本体论的意味;②而心学的善恶论则带有强烈的观念论(Idealism)的特点,陆王均承认天命之性,而因为心学认为"心即理",而心

---

① 需要注意的是朱子学与陆王心学均承认理智之心与道德本性之心的两种含义,只不过两派侧重各有不同,朱子学侧重于前者,而陆王心学则更侧重于后者。详见方克立主编:《中国哲学大辞典》"心"词条,中国社会科学出版社1994年版。
② 关于朱子有关理气关系及有关天命之性与气质之性的区分,参见杨国荣主编:《中国哲学史》,中国人民大学出版社2012年版,第247—249页,第251页、252页。

之本体即为至善，因而天命之性也是善的，而阳明进一步将这种至善超验化，认为心之本体本来就是"明莹无滞"的，是终极之善，善恶的标准本就源自心之好恶，因而无善无恶的至善之心是可统摄所谓伦理层面的善恶的。阳明还指出"无善无恶者理之静，有善有恶者气之动，不动于气即无善无恶，是谓至善"，即阳明认为善恶并非源自躯壳，而是心为气所动之故，不动于气则可以做到无善无恶的至善。① 而一斋则将恶的原因归结于"躯壳受诸地"，而"地驳杂有形，有形则滞，故兼善恶"，即躯壳形体之"恶"源于"地驳杂有形"。一斋的这种善恶论，相对于朱子理性主义的源于天命之性和气质之性二分的善恶论，以及阳明的观念论的无善无恶论，可说带上了一种神秘主义的特点。关于躯壳之恶，一斋却又指出"所谓恶者，亦非真有恶，由有过不及而然"。而在第一〇九条中，他对于恶所产生的原因又作了进一步解释：

> 性虽善而无躯壳不能行其善，躯壳之设，本趋心之使役以为善者也。但其有形者滞，则既承乎心以为善，又有过不及而流于恶。孟子云：形色，天性也。惟圣人然后可以践形，可见躯壳亦本无不善。

将恶之原因归结为"过犹不及"，认为"性虽善而无躯壳不能行其善"，如将其中的躯壳理解为气质之气，即形而上的性与形而下的躯壳（气）是统一的，则一斋的性与躯壳关系其实与朱子的理气一元论有接近之处。另一方面，一斋认为"所谓恶者，亦非真有恶，由有过不及而然。性之善与躯壳之兼善恶亦如此"，甚至认为"躯壳亦本无不善"，则实质上与阳明的无善无恶论别无二致。因而一斋的心性论，可以说是一种兼收和融合了朱王的部分观点而又保持一定的独立性，展现出其建立自己一家之言的努力。

（五）修养工夫论

所谓修养工夫论，即关于心性修养的理论，也指具体修身的方法，

---

① 阳明有关无善无恶心之体的论证参见陈来：《有无之境——王阳明哲学的精神》，生活·读书·新知三联书店 2009 年版，第 230—240 页。

被认为是中国哲学特别是儒家哲学最重要的特质之一。儒家工夫论往往与其义理观相关联,义理没有形体而难以把捉,人如果要把捉义理,并参透其玄远、精妙的内蕴,并最终将之化为自身之生命境界去实践,需要通过做"工夫"来达到目的,因而工夫论被儒者认为是通往圣贤之路的途径及方法。心性修养问题在儒家理论体系中属人道论的范畴,心性论是从对心性认识角度的人道论,而工夫论则是如何进行修养达到理想人格的人道论。在宋明理学体系中修养工夫得到了进一步的重视,并进行了细致的划分。一般意义上的儒家工夫论从具体的方法手段上看又分为涵养工夫和省察工夫两类,涵养是直接培养心性本原,即对超越的内心体验,省察则是随时随事察识心中之理。如《言志录》第四条"天道以渐运,人事以渐变,必至之势,不能却之使远,又不能促之使速",属于涵养工夫,而第一一三条说"锅内之汤,蒸成烟气,气漏于外则汤减。人能窒欲,则心身并得其养亦如此",则是通过对于锅汤气漏于外则减的现象省察出"人能窒欲,则心身并得其养"的道理,属省察工夫。儒家工夫论经宋明理学的发展而大成,一斋的学问思想深受理学影响,涵养省察工夫是一斋著《言志录》的主要工夫手段之一。而有关工夫论的论述也是《言志录》最具特色的内容,占据了《言志录》乃至《言志四录》的大部分篇幅,可以说一斋历时四十余载著《言志四录》,其切问深思的心路历程本来就是一种工夫论的践履过程,故而《言志录》的工夫论色彩是不言而喻的。事实上如上文统计所示,工夫论内容构成了《言志录》大部分篇章的主要内容。

具体而言,一斋的"修养工夫"论,包括了为学工夫、为政工夫、心性涵养工夫、养生功夫等若干不同类别的工夫内容,基本上涵盖了传统儒家修身八条目——格、致、诚、正、修、齐、治、平的所有内容。《言志录》凡246条,其中有关心性修养工夫即诚意正心工夫的数量最多,达到了75条(含立志工夫15条),而修身齐家工夫次之,达到了68条(含养生工夫9条),再次是为政工夫47条,最后是为学工夫27条,各条内容之间虽然有交叉重叠,但总条目数占据了全书近90%的比重,因而将《言志录》称作一部儒者的"修养之书"、一部儒家工夫论著作也并不为过。需要指明的是,"言志"类本来也可划分至心性涵养类工夫论内容之列,因其对于全书的特殊意义,加之一斋有关"志"的思想阐述已形成体系并具有一定个人特色，因而在本书中将之和同样较为特殊的养生论一样，单独列为一类①。

工夫论本就为儒家思想不同于基督教、伊斯兰教等西方或中东思想的重要特色之一，具有主体实践理性的特征而更具实践指导意义，不似西方实践理性仍归于认识论范畴。一斋的《言志四录》之所以在后世产生诸多影响，正在于其广博精深的见识以及在儒家修养体贴的工夫方面有其独到的理解及阐发，因而也更易被后世学子仿效景从，流传不朽。

三、学术价值与现实意义

《言志录》思想的价值和意义，可以从学术及现实两个维度进行把握。在晚年所著的《言志晚录》中一斋曾言"少而学之壮有所为；壮而学之老而不衰；老而学之死而不朽"。这句话后来曾因日本时任首相小泉纯一郎在众议院讲话中所引用而一度引起热议，其中的"死而不朽"以及前文中提到的"古今第一等人物"等一斋所言的两句话，可以说是对一斋"生前身后名"的最为切适的概括。

（一）《言志录》的儒学思想史意义

首先，《言志录》思想体现出日本儒学者的自觉意识，有其独到的对儒家思想的传承和发展。从一斋所志向的"古今第一等人物"的角度而言，一斋不仅用自己身体力行四十余年的经历，笔耕不辍撰写出在日本历史上留下盛名的包括《言志录》在内的《言志四录》系列丛书，更为重要的是其在《言志录》有一种基于日本儒学框架下的独立思考，提出了多种不同于中国传统儒家观点的见解，就其儒家思想而言，于精微处有发展，于广大处有兼容，如《言志录》中有如下一段文字：

> 茫茫宇宙，此道只是一贯，从人视之，有中国，有夷狄，从天视之，无中国，无夷狄，中国有秉彝之性，夷狄亦有秉彝

---

① 此外养生工夫也可划分至修身工夫之中，本书为将其与精神修养及社会层面的修身相区别而单独列出。

之性；中国有恻隐、羞恶、辞让、是非之情，夷狄亦有恻隐、羞恶、辞让、是非之情，中国有父子、君臣、夫妇、长幼、朋友之伦，夷狄亦有父子、君臣、夫妇、长幼、朋友之伦，天宁有厚薄爱憎于其间，所以此道只是一贯。但汉土古圣人发挥此道者独先，又独精，故其言语文字足以兴起人心，而其实则道在于人心，非言语文字之所能尽，若谓道独在于汉土文字，则试思之，六合内同文之域凡有几，而犹有治乱，其余横文之俗，亦能性其性，无所不足，伦其伦，无所不具，以养其生，以送其死，然则道岂独在于汉土文字已乎，天果有厚薄爱憎之殊云乎。（言一三一）

从上述话语中不难看出一斋作为一名日本儒者，具有基于日本儒学立场的强烈自觉意识和力图摆脱华夷思想桎梏的意识，正如日本学者山崎道夫所指出的那样，一斋的儒学思想"在调和程朱与陆王之学的过程中，呈现出自身的优点及特色"[①]。

又如在对待西学态度上，一斋也有其基于传统儒家立场的独到见解：

泰西之说，已有渐盛之机，其所谓穷理，足以惊人，昔者程子以佛氏之近理为害，而今洋说之近理，甚于佛氏，且其所出奇技淫巧，导人奢侈，使人不觉骎骎然入于其中，学者当亦以淫声美色待之。（言一六九）

从中可见一斋已经认识到了西学在其所处时代兴起的必然趋势，对西方科学知识的态度上也持有部分的认同，认为"其所谓穷理，足以惊人"，同时又对其有所戒备乃至拒斥，认为是"奇技淫巧，导人奢侈"。从历史发展角度而言，学习西方先进科学知识，在认识论层面也属即物穷理之范畴，并不应被简单列入奇淫技巧之列，如此才能有科技的昌明、生产力的发展、生活质量的提高。但另一方面，在接受西方先进技术理念及以此为基础的价值观一个多世纪后，从当今世界的社会现状而言，人们在工具理性的指引下无所不

[①] 山崎道夫：《佐藤一斋全集》（第四卷），（日本）明德出版社1992年版，第15页。

用其极地利用技术来拓展欲望空间,"骎骎然"于各种声色享受,而陷于精神的空洞和价值的虚无,可以说在对工具理性无限扩张应有所节制的问题上,一斋百余年前之所言却也不无一定道理,显示了其基于儒家智慧的前瞻性。

(二)《言志录》的现实意义

一斋的《言志录》及其系列续作的现实意义同样可从两个方面进行把握。首先,是对于时政的影响层面。如前所述,一斋曾在其晚年71岁时(1842)将所著《言志录》《言志后录》进献给将军并因此获赏,可见《言志录》等著作在当时幕府执政期间已有一定影响力,并多次就佩里舰队航至日本等时政问题向幕府提出应对之策的资政建议。不仅如此,一斋《言志录》等作品中所包含的阳明学等儒家思想及其所发展的日本儒学工夫论思想也影响到同时代日本政治精英,特别是其所培养的弟子及一斋的私淑者,这些精英成为后来推动明治维新的重要骨干成员。佐藤一斋门下弟子人才辈出,徒子徒孙中有许多对近代日本影响深远的精英领袖,如教育家佐久间象山、横井小楠和吉田松阴等,而倒幕运动及明治维新史上的众多英雄豪杰如伊藤博文、木户孝允、高杉晋作、山县有朋、井上馨、前田一诚、久阪玄瑞等人均出自一斋门下或是其再传弟子。因而有学者指出一斋是"官学阵营的异学导师,明治维新的摆渡人"。也有学者认为,作为处于当时文教中心的重要人物,一斋思想是现代日本思想的准备,是近代思想的近世前提,通过一斋的有关人生、学问、政治、命运等的箴言思想,不仅可以了解幕末儒学的状态,也可把握明治维新的主要动力的武士精神——幕末武士的心性的重要线索。[①]

其次,是《言志录》的后世影响力问题。时至今日一斋《言志录》等作品中的名言警句仍在日本民间传播,并影响着一代又一代为其言志思想魅力所吸引的后学。一斋不仅在今日日本仍是家喻户晓的人物,而且其影响力甚至已经并不仅局限于日本本土境内。据国内学者考证,在毛泽东早年读书笔记《讲堂录》中所记下古今中外"立德、立功、立言三不朽"的人物及言论中,便有佐藤一斋的名字在列(另

---

① 栗原刚:《佐藤一斋——克己の思想》,(日本)讲谈社2007年版,第8页。

外两个日本人是福泽俞吉、西乡隆盛）。①而有关一斋和《言志四录》的读物屡屡登上当代日本畅销书排行榜，如斋藤孝撰写的《最强的人生指南———解读佐藤一斋〈言志四录〉》（日本祥云社，2010年出版），就曾与漫画版《资本论》一道名列当年各大书店畅销书的前列，而《言志四录》系列的出版物更是种类繁多，并不断再版，足见一斋思想的魅力之强健、生命力之长久。

据说在佐藤一斋的故里岐阜县惠那市岩村町，家家户户的屋檐下都挂着木札雕版，上书《言志四录》中的"人皆知洒扫一室，而不知洒扫一心克己之功夫，在呼吸之间也""少而学之壮有所为；壮而学之老而不衰；老而学之死而不朽"等名言。在其离世一百六十多年后的今天，有关一斋的各种景仰及纪念活动仍在继续，其在《言志录》等著作中的名言警句依然在民众间传颂，其魅力之动人、影响之久远，固然离不开其中讲述的义理之精微深刻，而其中所包含的广泛而丰富的工夫论的实践指导意义同样不可忽视，可以说正是他一生践履不息的修养工夫成就了他，令其真真正正做到了自己所言的"死而不朽"。

---

① 周朝晖：《佐藤一斋〈言志四录〉漫笔》，《书屋》2014年第01期。

参考文献

[1] 相良亨,沟口雄三,校注.日本思想大系46:佐藤一斋[M].东京:岩波书店,1980.

[2] 井上哲次郎,蟹江义丸,编.日本伦理汇编:阳明学部[M].东京:育成会,1901.

[3] 冈田武彦,监修.佐藤一斋全集:栏外书6[M].东京:明德出版社,2002.

[4] 冈田武彦,监修.佐藤一斋全集:言志四录(上)[M].东京:明德出版社,2002.

[5] 川上正光全,译注.言志四录:一[M].东京:讲谈社,1975.

[6] 久须本文雄,译注.座右版言志四录[M].东京:讲谈社,1996.

[7] 栗原刚.佐藤一斋——克己の思想[M].东京:讲谈社,2007.

[8] 刚田武彦,编集.阳明学の世界[M].东京:明德出版社,1986.

[9] 相良亨.近世日本儒教的谱系[M].东京:理想社,1975.

[10] 陈来.有无之境——王阳明哲学的精神[M].北京:生活·读书·新知三联书店,2009.

[11] 陈来.宋明理学[M].北京:生活·读书·新知三联书店,2011.

[12] 蒙培元.理学范畴系统[M].北京:人民出版社,1998.

[13] 杨国荣,主编.中国哲学史[M].北京:中国人民大学出版社,2012.

附录：佐藤一斋年谱

凡例

1. 本年谱主要参考田中佩刀的《佐藤一斋全集》版年谱（1990）及中村安宏《佐藤一斋年谱稿》（2018）并参照《佐藤一斋全集》中一斋著述等资料编订而成。其中田中佩刀的全集版年谱是其根据佐藤一斋著述、参考高濑代次郎的《佐藤一斋及其门人》（1922）以及斯文会《日本儒学年表》等资料编纂而成，先后经历了田中发表于《斯文》第42期（1965）的《佐藤一斋先生年谱》，《斯文》第53、54期合刊（1968）上的《佐藤一斋先生年谱补正》，《明治大学教养论集》通卷第69期（1972）的《改稿佐藤一斋先生年谱》，《明治大学教养论集》通卷第99期（1976）的《补正佐藤一斋先生年谱》等数稿的修订而成；中村安宏版则是在田中版的基础上的摘要及补全，主要结合对各版本一斋诗文集《爱日楼全集》等著述中的相关记录分析编订而成，并补充了田中版中所遗漏的部分一斋著述。

2. 年谱按照佐藤一斋生卒年份编年记述，所有具体日期均采用日本年号纪年日期（旧历），并标明公历年份及一斋年龄等信息以便参考。

3. 将佐藤一斋本人事迹及与其相关人物、事件进行区别注明，〇标识为一斋本人事迹，◇标识为与一斋相关人物及事件。

4. 同一时期历时数年完成的著作，按不同年号在该时期最后依序统一列出。

5. 完成时间不详的著作、弟子及后人编著的一斋相关著作在年谱最后统一列出。

1772年（安永元年） 1岁

〇10月20日上午6时许，出生于江户浜町（今东京都中央区日本桥人形町一丁目附近）岩村藩藩邸，初名信行，通称几久藏。其父佐藤信由时年45岁，其母名留，时年33岁，父信由育有二子二女，一斋为次子，其长兄早夭。

◇同年正月田沼意次（1719—1788）任幕府老中。

1778 年（安永七年） 7 岁
〇跟随三井亲和（1700—1782）学习书法，其习作署名为文孝，是一斋少年时曾用名，传其十余岁所写书法已不逊于成人，少时亦习北条学派兵学、小笠原学派理学，并曾跟随藩医和田圭言识字。

1781 年（天明元年） 10 岁
◇一斋所在岩村藩藩主松平乘薀（1716—1783）隐居，其养子松平乘保（1749—1826）继任。

1786 年（天明六年） 15 岁
〇开始学习宋儒之学（另一说为始于天明五年）。
◇8 月，老中田沼意次失势。
◇9 月，将军德川家治（1737—1786）去世。

1787 年（天明七年） 16 岁
◇4 月，德川家齐（1773—1841）任将军。
◇6 月，松平定信任老中首座。

1788 年（天明八年） 17 岁
◇正月，柴野栗山（1736—1807）任幕府儒者①。

1789 年（宽政元年） 18 岁
◇9 月，冈田寒泉（1740—1816）任幕府儒者。
〇11 月 23 日作《古文孝经解意补义》自序，该书是一斋对明朝孙本撰《孝经解意》的补义，表述了一斋对《孝经》的见解，以及对孙本的部分观点的赞同。补义后附松平乘衡（林述斋，1768—1841）于翌年 3 月所作书后题记。

---

① 江户时代幕府官职，为将军讲学，主管文教，一般为林家世袭。

1790年（宽政二年） 19岁

◇5月24日，宽政异学之禁开始。

○同年冬，作《石经大学考》自题。

○11月1日，作《论语互辩》自序，该书附有同年12月佐藤惟孝识、同年12月16日杉本良敬识等内容，该书书名亦可见于一斋后来的著述《萱园辟芜》一书中。

○开始担任岩村藩藩主松平乘保的近侍。

○与松平乘衡（林述斋）一道结识井上四明（1730—1819）、鹰见星皋（1750—1811）等人物。

1791年（宽政三年） 20岁

○2月，批判徂徕学著作《萱园辟芜》成书，该书后由一斋三子佐藤立轩（1822—1885）整理为《辩道薙芜》，收录于《佐藤一斋全集》第一卷中。

○自2月至翌年6月，开始对王阳明产生兴趣，并为陆象山所倾倒，致力于陆王之学。

○8月因故被免去近侍之职，并于10月脱离仕籍，该事件对一斋影响颇大，导致此后一斋于宽政四年2月开始游学，并对其造成了长期的挫折打击，此事即此后一斋所言之"世故"。关于免职原因，一种说法认为是由于一斋与同藩友人在江户墨田川乘舟游玩之际友人落水溺死，一斋无法回藩而出走大阪。另一种说法则认为是一斋在墨田川乘舟游玩之际，与向将军进献贡品的船只相撞，导致对方船上女子坠船溺亡而受累免职，一般认为后说可信性更高。免职事件也被认为与宽政四年一斋易名为捨藏相关。

◇9月，尾藤二洲（1745—1813）任幕府儒者。

◇出身佐贺的古贺精里（1750—1817）受幕府之命前往昌平黉讲习经典。

1792年（宽政四年） 21岁

○2月，在松平乘衡的劝说下游学大阪，师从怀德堂中井竹山（1730—1804），并与竹山之子中井曾弘（1767—1803，字伯毅，号蕉园）、丸川松隐（1758—1831，后任新见藩儒者）等人为友，后又拜访京都皆川淇园（1734—1807），同年6月返乡，竹山赠言"困而后瘳，仆而复兴"，关于一斋与竹山之间的师生之谊见于一斋晚年所著的《言志晚录》别存（第44条）。

○传一斋记行诗集《西游诗草》为此时游学之际所作，后收录于《爱日楼全集》。

○8月，作《启蒙图考》自序。

○将名号由信行改为坦，通称亦由几久藏改为捨藏，字大道、公道等。

1793年（宽政五年） 22岁

○2月2日拜入林锦峰（1767—1793，名信敬）门下，并寄居于林氏府邸。4月20日锦峰去世，7月原岩村藩主松平乘薀三子松平乘衡继任，12月林述斋（即松平乘衡）任昌平黉长官大学头[1]之职，一斋自此拜入述斋门下。

○4月5日，抄录陆象山门人袁燮所著《絜斋毛诗经筵讲义》，作《题毛诗讲义后》。

◇7月，松平定信被免去老中一职。

○12月6日，作《心得录》（井上四明题字），为全80条的箴言集和随想录，一斋其后的《言志四录》的著作也采取了这种体例，后收录于《爱日楼全集》。

○有古董商欲将王阳明所书轴卷、苏东坡《墨妙亭诗》售与一斋，因价高而未能成交，传由名为中村景莲者购得，后于文政年间（1818—1830）又辗转入一斋之手。

○作《爱日楼手抄》，内容涉及（宋）蔡渊《易象意言》、（宋）张淏《云谷杂记》、（宋）张栻《南轩文集》、（明）朱国祚编《湧幢小品》、（明）田艺蘅《香宇外集》和《栎翁稗说》、黄琱龚《杨复所先生家藏文集抄》等。

○开始与松崎慊堂（1771—1844）、清水赤城（1766—1848）、市野隼卿等人结交。

1794年（宽政六年） 23岁

○4月，送仁正寺藩主归藩，作《送仁正侯还藩序》述逆境感怀。

---

[1] 大学寮的长官，相当于我国古代的国子监祭酒。

◇12月，幕府儒者冈田寒泉易职。

1795年（宽政七年） 24岁
〇1月，著《发音发》。
◇7月，父信由辞去官职，一斋义兄信久继任家老之职。
〇自同年起开始创作《大学一家私言》。

1796年（宽政八年） 25岁
〇2月，与辞官后的父亲信由一道游历畿内地区，探访大和、伊势、摄津、播磨等地名胜。传记行诗《西游漫草》即为此时所作，但同名诗集是否存在尚无定论。
◇5月，古贺精里任幕府儒者。
〇6月，时隔数年与山本北山（1752—1812）在本所（今东京都墨田区南部）东江寺重逢，北山与一斋均对古文辞学派（徂徕学派）持批判态度，后一斋受北山所托，为其《孝经楼漫录》作序，批判正学派朱子学者。
◇8月16日，佐藤信久去世，其长子信义（生卒不详）继任父职。

1797年（宽政九年） 26岁
◇10月，幕府儒者柴野栗山易职。
〇同年冬，一斋与幕府家臣片冈思温（名包孝）之女刊（1775—1804，字如兰，号香圃女史）结婚，两年后长女希楚出生。

1799年（宽政十一年） 28岁
〇至同年9月，致力于《古本大学》写作。
〇9月，制定《塾规三条》，后收录于《俗简焚余》。

1800年（宽政十二年） 29岁
〇4月6日，受平户藩主松浦静山（1760—1841，在任时间为1775—1806）之邀，赴长崎及平户，于平户藩校维新馆讲授《大学》，回乡途中在大阪与皆川淇园再次相会，9月返乡。

1789—1800 年（宽政年间）

○1789—1793 年（宽政元年至五年），完成《九卦广义》，松平乘衡作跋，后收录于《宽政未定稿》。

○宋学论著《理学真伪论》成书。

○摘选《伊川击壤集》中部分内容供门下弟子学习，后曾作《选击壤集序》。

○《宽政未定稿》成书，共六卷四册。

○《陈庄窝诗抄 一斋甲稿抄成书》，共一册。

○这一时期与近江仁正寺藩主市桥长昭（1773—1814，在任时间为 1785—1804）交好，二人常互赠对诵诗文。

○三谷慎斋拜入一斋门下。

1801 年（享和元年） 30 岁

◇9 月 29 日，本居宣长去世。

1802 年（享和二年） 31 岁

○10 月 15 日，游历武州本牧（今横滨市中区）锦屏海，门人齐藤文德随行，作《追苏游录》。

○抄录（清）朱鹤龄编《尚书埤传》。

1801—1803 年（享和年间）

○《享和始存稿》成书。

○与幕臣成岛司直（1778—1862）交好，二人同入水月楼诗会，成为一生好友。司直小一斋六岁，后曾编纂《御实纪》。

○与市河宽斋之子、书法家米庵（1779—1858，名三亥，字孔阳，号米庵、小山林堂等）交好。

○享和、文化年间曾赴因幡（今鸟取县东部）若樱藩前藩主池田定常（1767—1833，在任时间为 1785—1801，号冠山、天山等）的白陶堂、姬路藩（今兵库县西部）藩主酒井忠道（1777—1837，在任时间为 1790—1814）藩邸讲学、入诗会等。

1804 年（文化元年） 33 岁

○正月 15 日至 4 月 8 日，因在八代洲河岸林家宅邸西侧建爱日楼，寄居于佐藤信义的龙口宅邸，此期间日记载于《侨居日记》。
◇中井竹山去世。
○8月16日，妻刊过世。刊与一斋育有希楚、燕、铉等三女。
○《一斋居士甲子稿》成书，共三卷一册。
○菅茶山（1748—1827）来到江户并登门拜访。
○大洼诗佛（1767—1837）登门拜访。
○与画家谷文晁（1763—1840）频繁往来。

1805年（文化二年） 34岁
○11月，任林家家塾塾长，此后直至1841年（天保十二年）任幕府儒者前，一斋一直担任此职，后由河田迪斋继任。任塾长后一斋命林单山作林家门人记《升堂记》索引，以便检索。

1806年（文化三年） 35岁
○2月28日随林述斋赴小金井赏樱，作《小金井观樱记》。
○4月12日，游镰仓，门人三谷恂甫（慎斋）随行，作《相中游记》。

1807年（文化四年） 36岁
○正月8日，赴杉田村赏樱，三谷恂甫、平出济士随行，作《杉田村观梅记》。
○2月，收安积艮斋（1791—1860）为弟子。
○4月19日，与高远藩徂徕学者中根君美（名经世，号东平）之女庸（1779—1852，号梅闺）成婚，1811年（文化八年）9月次子其次出生，翌年6月29日夭折。
◇柴野栗山去世。

1808年（文化五年） 37岁
○6月16日，出席市河宽斋（1749—1820）六十岁贺寿会。

1810年（文化七年） 39岁
○12月上旬，完成《林氏略系》校对。
○林述斋刊行《佚存丛书》（日本所保存的在中国已佚失的著作），据考证其中对各类著作进行说明的跋文为一斋所代作，并收录于《爱日楼全集》之中,可见一斋亦可能曾参与相关编纂工作。

1811 年(文化八年) 40 岁
〇2 月,德川家齐袭将军位后朝鲜通信使来贺,小仓藩主小笠原忠固、龙野藩主胁坂安董为首,林述斋(任副使)、古贺精里等赴对马接待(5 月 1 日抵达),留守江户的一斋根据述斋等人一行的日程作《陟岵日录》,传一斋未能随行是因其母患病之故。
◇12 月,幕府儒者尾藤二洲退职。
〇收渡边华山(1797—1866)为弟子。

1813 年(文化十年) 42 岁
〇5 月 26 日,开始创作《言志录》,后于 1824 年(文政七年)出版。
◇12 月 14 日,尾藤二洲去世。

1814 年(文化十一年) 43 岁
〇7 月 21 日,父佐藤信由去世。

1816 年(文化十三年) 45 岁
〇10 月 14 日,母亲留去世。
〇作《哀敬编》。
〇自同年起开始创作《论语栏外书》,据考证成书应在 1836 年(天保七年)之前。

1816 年(文化十四年) 46 岁
〇策划出版(清)吴志忠校订本朱熹《四书集注》,3 月作《吴氏校本四书集注序》,后出版于 1855 年(安政二年)。
〇4 月 18 日,收昌谷精溪(1792—1858)为弟子。
◇5 月 3 日,幕府儒者古贺精里去世,7 月其子侗庵(1788—1847)继任。

1804—1818 年(文化年间)
〇《一斋居士稿》成书,共四册。

○1804—1816年（文化元年至十三年）编辑蒙学著作《课蒙背诵》。

○与安中藩主板仓胜尚（？—1820，在任时间为1805—1820）交好，二人往来甚密，胜尚在江户期间，时常一道谈经论史、商榷政务要领，并常于胜尚家中庭园畅谈抱负、作诗抒怀，胜尚返回属藩后亦保持书信往来。

○与清末藩公子毛利元世有交往。

1818年（文政元年） 47岁

○4月29日，收冈永兰洲（1798—1869）为弟子。

○9月12日起，游历日光、鹿岛等地，12月3日归家，著《日光山游记》。

○同年，收若山勿堂（1802—1867）为弟子。

1820年（文政三年） 49岁

○收大岛松洲（1793—1832）为弟子。

1821年（文政四年） 50岁

○7月，从江户出发，至美浓上有知（今岐阜县美浓市）探访祖先遗迹及墓地。其后造访近江小川村（今滋贺县高岛市安云川町上小川）的藤树书院，后又拜访京都北郊林罗山祠堂奉先堂，并在京都探访祖先墓地，于京都初遇时任院传奏的日野资爱（1780—1846，后又担任武家传奏），赖山阳（1780—1832）等人也曾在京都为一斋举行送别宴，后山阳与一斋保持书信往来，传山阳深为一斋文章所倾倒。京都之行后一斋经大阪、岩村等地返回江户。

1823年（文政六年） 52岁

○9月，《白鹿洞书院揭示问》碑刻完成。

1824年（文政七年） 53岁

○11月5日，受弘前藩主津轻宁亲（1756—1833，在任时间为1791—1825）之邀，赴其藩邸讲学，自此每月均前往讲学。

○《言志录》出版。

○同年福知山藩朽木纲条（1801—1836）曾跟随一斋学习。

○同年起至 1826 年（文政九年）武田信义整理《书经佐藤一斋先生说》讲义录。

1825 年（文政八年） 54 岁
○（清）朱锡旂校定本《四书集注》出版，一斋作《刻四书集注叙》。
○河田迪斋（1806—1859）自同年起拜入一斋门下，后成为一斋学问上的传人，并继任林家家塾塾长。

1826 年（文政九年） 55 岁
◇6 月 26 日，岩村藩主松平乘保去世，次子乘美（1792—1845）继任藩主。
○9 月 14 日，收泽村西陂（1800—1859）为弟子。
○11 月，著《岩村神主祭式调查书》。
○自同年起开始担任岩村藩家老，另一说认为一斋只是享受家老待遇并未实际担任此职。

1827 年（文政十年） 56 岁
○9 月 10 日，题《小学书栏外书》
○11 月 29 日，作《王文成公三百年忌辰祭告文》为王阳明没后三百年祭，有学者认为，阳明生于 1472 年 10 月，恰为一斋出生日之三百年前，或因此故一斋作上文。
○松崎慊堂、依田半七、山角武太夫等人搜集整理一斋书简，编成《手简》。

1828 年（文政十一年） 57 岁
○9 月 9 日，开始创作《言志后录》，后于 1837 年（天保八年）成书，并于 1846 年（弘化三年）出版。

1829 年（文政十二年） 58 岁
○9 月 20 日，收国分鹤村（1804—1899）为弟子。
○9 月，《爱日楼文诗》出版。
○12 月上旬，作《大学摘说》（《大学栏外书》）自识，12 月末作《大学古本旁释补》自序，在此期间校对《中庸栏外书》《孟子栏外书》等著作。

〇林述斋作《爱日楼文诗叙》,并于文中提及一斋学业有成、声名远播,"王侯大人"争相邀请讲学,并咨问民政国是。

〇同年,收永山二水为弟子。

1804—1826年(文化至文政年间)
〇《爱日楼稿本》前四册成书。

1830年(天保元年)59岁
〇12月26日,《传习录栏外书》成书。
〇同年先后收奥宫慥斋(1811—1877)、吉村秋阳(1797-1866)为弟子。

1831年(天保二年)60岁
〇10月,受福知山朽木纲条之托作《惇明馆记》。
〇同年,因藩主放自家粮米给饥荒难民而作《济廒略记》,后收录于《俗简焚余》。

1832年(天保三年)61岁
〇6月,著《初学课业次第》。
〇6月下旬,受高远藩主内藤赖宁(1800—1862)之托作《学问所创置心得书》。
〇同年《付绅录》成书。

1833年(天保四年)62岁
〇正月上旬,嘱河田迪斋修订《启蒙图考》而成《易学启蒙图考》,中旬《易学启蒙栏外书》成书。
〇6月(一说为天保五年),第八女绅嫁一斋门人河田兴(字犹兴,通称八之助,号迪斋),迪斋此后成一斋学问继承人,据考一斋是听从林述斋之言,从门下才俊中选出后继者,一斋因而关注迪斋,并将迪斋引见于述斋。绅是一斋与其第三任妻子庸所生,庸与一斋育有二子七女。
〇自同年起至1835年(天保六年),与大盐中斋(1793—

1837）间有书信往来。

○同年，收佐久间象山（1811—1864）为弟子。1838年后一斋将《言志后录》稿本示与象山，后者受嘱作《一斋先生言志后录付存念申述案》。

1834年（天保五年） 63岁

○正月25日，收山田方谷（1805—1877）为弟子。

○6月，长门清末藩主毛利元世（1796—1845，在任时间为1818—1845）作《各心得之条款》识，据考为一斋代作，文化年间一斋与元世交好，《某侯代撰》《女中掟》等均为一斋之代作，因而后收录于《俗简焚余》。

○9月，收中岛操存斋（1822—1868）为弟子，师从一斋四年左右。

1835年（天保六年） 64岁

○正月，收岭田枫江（1817—1883）为弟子，师从一斋至1837年（天保八年）。

○7月8日，收大桥讷庵（1816—1862）为弟子。

1837年（天保八年） 66岁

◇2月19日，大盐平八郎之乱开始。

○3月6日，在给山田方谷的书信中对大盐的行为进行批评。

◇4月，将军德川家齐隐退，德川家庆（1793—1853）继任。

○受水户藩主德川齐昭（1800—1860，在任时间为1829—1844）之托，对《弘道馆记》进行增删点评，并于9月18日作答复。齐昭在天保年间经常邀请一斋至其藩邸讲解经典，并时有诗文交流。

1838年（天保九年） 67岁

○正月，开始创作《言志晚录》，至1849年（嘉永二年）成书，翌年9月出版。

◇11月，大学头林述斋以老迈为由辞官，12月其三子林煌（1793—1846，号柽宇、培斋）任大学头，六子林炜（1800—1859，号復斋）任学问所御用主管，辅佐其兄。

○自同年起至1859年（安政六年）一斋作日记《腹历》。

1839年（天保十年） 68岁
〇5月14日，渡边华山被捕。
〇5月28日，横井小楠（1809—1869）见一斋，并于此后听一斋讲解经典，翌年返回熊本。
〇12月10日，《近思录栏外书》成书。

1840年（天保十一年） 69岁
〇2月2日，《吴子副诠》成书。
〇汇集1799年（宽政十一年）至同年的俗简成《俗简焚余》。
〇同年校勘朱熹《小学》。
〇自同年起至1841年（天保十二年），一斋口授的笔录《一斋先生近思录讲说》成书，又称《宁浦笔录》，宁浦即冈本宁浦（1789—1848，名惟密，通称退藏）。

1841年（天保十二年） 70岁
〇正月下旬，一斋校定的《音训五经》出版。
◇德川家齐去世，水野忠邦开始推行天保改革。
〇4月，在岩村藩建书堂静修所，书堂二层为东暧楼。传书堂匾额中的"静修"二字为訾刻阳明书作。
〇手抄林述斋《封禅书》。
◇7月14日，林述斋去世。
〇11月26日，一斋担任幕府儒者，俸禄二百俵，扶持（有俸禄的侍从）15人，入住昌平坂学问所官邸。
〇12月11日，初次拜见将军德川家庆。

1842年（天保十三年） 71岁
〇2月，将八代洲河岸旧寨赠予河田迪斋，移居至昌平坂学问所内的官邸，
〇4月，为将军德川家庆讲《易》。
〇6月下旬，《孙子副诠》成书，与1840年（天保十一年）成书的《吴子副诠》合编成《孙吴副诠》，于1846年（弘化三年）出版。
〇9月，将《爱日楼文诗》四卷、《孙子副诠》一卷、《言志录》一卷、《言志后录》一卷进献给将军，获赏银7锭。

○同年，岩村藩主松平乘美隐退，松平乘乔（1821—1855）继任。

1843 年（天保十四年） 72 岁
○获官赐本所（今东京都墨田区南部）宅邸，后经个人请求于 1845 年（弘化二年）3 月将赐地置换为矢之仓旧宅宅地。
○同年，收金子得所（1823—1867）为弟子。

1830—1844 年（天保年间）
○时常出席菊地五山（1776—1859）的诗歌会。
○松山藩久松定通（1804—1835，藩主在任时间 1809—1835）在此期间曾跟随一斋学习。
○松山藩久松胜善（1817—1856，藩主在任时间 1835—1856）在此期间曾跟随一斋学习。
○久留米藩有马赖永（1822—1846，藩主在任时间 1844—1846）、有马赖咸（1822—1881，藩主在任时间 1846—1871）在此期间曾跟随一斋学习。
○佐贺藩锅岛直正（1814—1871，藩主在任时间 1830—1861，号闲叟）自这一时期开始邀请一斋至藩邸讲学及参加诗会。
○收川路圣谟（1801—1868）为弟子。
○1833 年（天保四年）后，收牧野默庵（1795—1848）、牧野松村（1795—1848）为弟子。

1844 年（弘化元年） 73 岁
○11 月，校订林述斋遗作诗稿。

1845 年（弘化二年） 74 岁
◇2 月，再次担任老中首座的水野忠邦辞职（此前曾一度被罢免），阿部正弘（1819—1857）继任。
○7 月，因参与致荷兰国书事宜，与儒官古贺侗庵同获赐时服[①]。

[①] 官赐的春秋或冬夏两季的服装。

1846年（弘化三年） 75岁
〇12月2日，大学头林桎宇去世。
〇《言志后录》出版。
〇同年，名古屋藩德川庆藏（1836—1849，藩主在任时间1845—1849）曾跟随一斋学习。

1847年（弘化四年） 76岁
◇正月，林桎宇之子健（1828—1853，号侗斋、壮轩）任大学头。同月，古贺侗庵去世。

1844—1848年（弘化年间）
〇津和野藩龟井兹监（1825—1885，藩主在任时间1839—1871）在此期间曾跟随一斋学习。
〇与宇和岛藩伊达宗城（1818—1892，藩主在任时间1844—1858）曾有交流。
〇与土佐藩山内丰熙（1815—1848，藩主在任时间1843—1848）、山内丰信（1827—1872，藩主在任时间1848—1859）曾有交流。

1848年（嘉永元年） 77岁
〇收中村敬宇（1832—1891）为弟子。

1849年（嘉永二年） 78岁
〇闰4月19日，老中、若年寄等官员至昌平学问坂，向群儒征求海防、时务意见，一斋作和文《海防策》《时务策》以及汉文《海防策一道》。
〇5月下旬（或为嘉永五年），《秃箒聚葩》成书。

1850年（嘉永三年） 79岁
〇3月，将军德川家庆至学问所听讲学，一斋及同僚讲解了朱熹的《白鹿洞书院揭示》，获赐物品。
〇9月，《言志晚录》出版。
〇11月29日，因教业勤勉而获得俸禄提升。
〇同年，抄录《一斋先生高丽本论语书入》，成书应在此年以前。

1851年（嘉永四年） 80岁
○2月，收楠本端山（1828—1883）为弟子。
○3月28日，池田草庵（1813—1878）初次听一斋讲学。
○5月，自题《言志耋录》，后于1854年（安政元年）2月出版。
○同年，一斋亲笔所书《佐藤一斋日记》成书。
○同年，收吉村斐山（1822—1882）为弟子。

1852年（嘉永五年） 81岁
○正月29日，妻子庸去世。

1852年（嘉永五年） 81岁
○6月3日，佩里舰队航至日本，9日浦贺奉行井户弘道、户田氏荣等人在久里浜负责接见，接受美国总统米勒德·菲尔莫尔国书。此国书译为日文后幕府曾令广泛传阅并征求意见，6月15日，大学头林伣斋、西丸留守居①筒井政宪（1778—1859）、林复斋、佐藤一斋、古贺茶溪、安积艮斋等六人任"异国书翰和解"专任官员，负责将由英文、中文、荷兰文三种语言书写的国书中的中文版译成日文，一斋因此于9月获赏银20锭。
◇6月22日，将军德川家庆去世，10月23日德川家定继任，同年9月大学头林伣斋去世，林复斋继任。
○7月21日，完成《存意书·返翰大意》，此前7月8日幕府曾向一斋征询回复美国总统国书意见。
○8月，春日潜庵（1811—1878）来访。
○11月11日，一斋及儒者杉原平助（心斋）、松崎满太郎任布衣②之职。
○12月，一斋及儒者杉原平助、松崎满太郎、林莺溪、安积祐助（艮斋）等人因向德川家定献获封将军之职贺文而获赐时服。

1848—1854年（嘉永年间）
○与津藩藤堂高猷（1813—1895，藩主在任时间1825—1869）

---

① 德川幕府官职名，又称御城使。
② 德川幕府官职名称。

曾有交流。

1854年（安政元年） 83岁

○2月，《言志耊录》出版。

◇3月3日，《日美和好条约》签订。

○7月，收东泽泻（1832—1891）为弟子。

1855年（安政二年） 84岁

◇10月，堀田正睦（1810—1864）任老中首座。

○12月，因年迈而授业恳笃，获赐黄金二锭、时服二套。此外还因幕府庆典、勤勉兢业等多次获赏银或时服。

◇12月，河田迪斋任幕府儒者。

○与林莺溪、古贺谨一（茶溪）、杉原平助等人赴将军居所讲学。

1856年（安政三年） 85岁

◇5月，一斋之子立轩任见习幕府儒者。

○手抄观弈道人（纪昀）《槐西杂志》。

1857年（安政四年） 86岁

◇6月17日，阿部正弘去世。

○8月，与林莺溪、林民部（名升，号学斋）、杉原平助、安积祐助、木村金平等人第二次为将军德川家定讲学。

1858年（安政五年） 87岁

◇4月23日，井伊直弼（1815—1860）任大老，6月老中堀田正睦被罢免，8月8日将军德川家定去世，10月25日德川家茂（1846—1866）任将军。

○5月，收仓田何庵（1827—1919）为弟子。

◇6月19日，《日美友好通商条约》签订。

◇9月，安政大狱开始。

○同年，收楠本硕水（1832—1916）为弟子。

1859年（安政六年） 88岁

◇正月17日，幕府儒者河田迪斋去世。

◇ 6月，横滨、长崎、箱馆开港，开始与西方各国进行自由贸易。
○自1838年（天保九年）至此年的日记《腹历》完成。
○9月24日，于昌平坂的官宅去世。

1826—1859年（文政至安政年间）
○《爱日楼稿本》全书成书，共十册。

安政年间
○收冈谷繁实（1835—1919）为弟子。

年份不详的著述、边白笔记、讲义录、手抄本

著述
○《爱日楼书目》
○《爱日楼题赞撮录》
○《意见书》（手书稿）
○《御宛行渡方定》
○《磕子时器杂记》
○《贺表》（与林复斋、安积艮斋等合著）
○《近思录说》
○《悬锤时器杂记》
○《稿本》
○《吴草庐定论》
○《左传杂记》
○《佐藤一斋书简》（手书稿）
○《自鸣钟时刻考》
○《周易图考》
○《周易栏外书》
○《尚书栏外书》
○《圣堂汉文讲义轨范》（与安积艮斋合著）
○《白鹿洞书院揭示译》
○《名号录》

边白笔记

○朱熹《易经本义》边白笔记
○林述斋《家园吟》边白笔记
○叶采《近思录集解》边白笔记
○朱熹《诗经集注》边白笔记
○《大学古本》边白笔记
○《大学古本旁释补》边白笔记
○朱熹《白鹿洞书院揭示》边白笔记
○三轮执斋《标注传习录》边白笔记
○芦屋山人《和汉年契》边白笔记

讲义录

○《书经皋陶谟讲义》

手抄本

○《侨居杂抄》（内容包括《老子学庵笔记》《格古要论》《解人颐》《书影》《说略》《池北偶谈》《经义考》等）
○纪昀等《四库全书总目录抄》

门人及一斋后人编著出版书籍

○西村尚轩编《先考遗章》
○佐藤立轩编《爱日楼全集》

入门时间不详弟子

镰原桐山（1774—1852）、竹村悔斋（1778—1813）、丹羽濑格庵（1789—1839）、氏家绿山（1797—1847）、菊地幽轩（1799—1803）、田边恕亭（1812—1862）、长户得斋（生卒年不详）、柳泽芝陵（1816—1845）、荒川秀山（生卒年不详）、松山隆阿弥（1795—？）等。

总跋

2013年本人在日访学期间，为调研日本阳明学的生成轨迹，前往日本阳明学创始人中江藤树的家乡滋贺县高岛市，参访了"近江圣人中江藤树纪念馆"、挂有光格天皇1796年亲赐"德本堂"堂匾的藤树书院以及日本阳明园，真切感受到了阳明心学文化在日本经久不衰的影响力和日本阳明学的特色，萌生了将"原汁原味"的日本阳明学介绍到我国的想法。后与国际中江藤树思想学会合作在北京大学举办"阳明学与东亚文化"学术研讨会（2014年12月），又受邀参加贵州阳明文化研究院举办的"阳明文化与社会主义核心价值观"高端学术论坛（2015年1月），进一步认识到译注日本阳明学原著对于中国学界深化研究阳明学普世价值和时代意义的必要性，确立了进行"日本阳明学家经典著作译注与研究"课题的基本构想。随之在贵州师范大学的领导和该校社科处的支持下进行课题设计、论证和组建团队，申报了2015年国家社科基金重点项目，于当年6月成功获批立项（项目批准号：15AZX011）。可以说，没有这一课题的立项，就没有这套《日本阳明学家经典著作译注与研究丛书》，因此我们首先要向为这一课题的构思、设计、选材、论证及成功申报给予诸多支持和帮助的时任贵州师范大学副校长的徐晓光教授，贵州阳明文化研究院院长郭齐勇教授、常务副院长韩卉教授，日本中江藤树纪念馆馆长中江彰先生，国际中江藤树思想学会常务副会长海村惟一教授，贵州师范大学刘齐文教授，北京大学潘钧教授等表示由衷的谢意。

这套丛书是在上述国家重点课题结项成果的基础上编辑而成的。课题的目标是对日本近世6位著名阳明学家的7部原著进行中文译注，对著者的生平和该著的成书经纬、思想内容及其价值意义进行专题研究，可称是一项集文本译注与思想研究为一体的综合性、多单元的大课题。其翻译任务之艰巨、注释工作之庞杂、研究难点之繁多、校勘和统稿之耗力，在中国日本学翻译与研究史上也属罕见。也正因如此，本课题从立项开题，确定课题组成员对应6个单元的任务分工开始作业，到完成课题结项，及至编辑成丛书出版，共耗时7年之久。

7年来，课题组成员以完成课题任务为使命，在中外有关专家、学者的支持和指导下，围绕课题的宗旨和目标、翻译的原则和文体、注释的范围和体例、研究的路径方法和内容创新等，先后召开了规模不等的研讨会十数次，集思广益解决译注和研究过程中的问题，公开发表学术论文11篇。为提高译注和研究的水平和质量，在兢兢业业进行艰苦汉译作业的同时，多方求教于阳明学研究专家，"恶补"中日阳明学有关理论知识，广泛借鉴前人的研究成果，潜心研究作家作品和竭力撰写"思想评述"。没有这样一支日文功底深厚、汉译经验丰富、学术思想活跃、内聚力强和敬业务实的学术团队，要完成如此艰巨的课题是不可想象的。这一课题凝聚了每位成员的智慧和汗水。我作为课题主持人，在此谨向课题组全体成员致谢并道一声辛苦。他们是：担任第一辑《中江藤树〈翁问答〉译注与研究》译著的北京邮电大学日本文化研究所所长左汉卿副教授；担任第二辑《熊泽蕃山〈集义和书〉译注与研究》译著的贵州师范大学讲师张凌云博士、严薇老师以及负责审定的刘齐文教授；担任第三辑上卷《三重松庵〈王学名义〉译注与研究》译著的贵州师范大学刘静讲师、担任第三辑中卷《三轮执斋〈日用心法〉·〈四句教讲义〉译注与研究》译著的贵州师范大学潘琳静讲师、担任第三辑下卷《佐藤一斋〈言志录〉译注与研究》译著的外交学院日语教研室主任代红光博士；担任第四辑《大盐中斋〈洗心洞札记〉译注与研究》译著的北京邮电大学日语专业负责人李凡荣博士。

当然，本课题之所以能够顺利完成和出版，必须感谢众多中日有关专家、学者的热情支持、多方指导和帮助。他们是：在开题活动中为课题开展出谋划策的贵州师范大学社科处处长杨斌教授、贵州大学王晓梅教授、浙江工商大学李国栋教授等，在课题研究中惠予我们诸多启迪和指导的时任中华日本哲学会会长的王青教授、北京大学魏长海教授、浙江省社会科学院钱明研究员和吴光研究员、复旦大学吴震教授、南开大学刘岳兵教授、山东大学邢永凤教授、日本国际基督教大学小岛康敬教授、日本帝京大学安达义弘教授等，对课题稿件进行审阅和指教的贵州省社会科学院王路平研究员、贵州师范大学娄贵书教授、海南大学金山教授、中国科学院诸葛蔚东教授、宁波社科院陈礼权研究员、广岛大学客座讲师杨刚博士等，谨记于此，一并表示衷心的谢忱和敬意。

本丛书得以作为"阳明文库"系列之一出版，有赖于贵州日报当代融媒集团和孔学堂书局的青睐和鼎力支持。在此谨向为策划、组织丛书出版殚精竭虑的张发贤副总编辑，向为丛书文稿的编辑、校对付出辛勤劳动和智慧的编辑们致以诚挚的感谢！

我们深知，日本阳明学是思想史上一个奇特的现象，日本近世阳明学家著作是其集中体现，能否完成好其经典著作的译注与研究任务，对于我们这个多出身于日本语言文化专业的课题组而言，无疑是非常艰巨的挑战。所以尽管我们磨砺7年，尽了最大努力，但肯定会有不少力所不逮乃至错谬之处，敬请读者和学界同仁不吝批评和指正。

课题主持人·丛书主编　刘金才谨识
2022年10月16日于北京